投资者情绪、私人信息与 IPO 抑价

张小成 邓 杨 著

国家自然科学基金项目"投资者情绪和信息结构双重异化对 IPO 定价效率影响研究"(71861007)阶段性成果

国家自然科学基金项目"投资者观测性异质对 IPO 抑价影响机理研究"(71361005)总结性成果

贵州财经大学第六期学科建设阶段性成果

贵州财经大学科研启动项目(2019YJ009)阶段性成果

贵州财经大学校级重点项目(2019XZD01)阶段性成果

科学出版社

北 京

内 容 简 介

本书在结合我国证券市场实际的基础上，以投资者情绪、私人信息和制度变迁为研究视角，构建投资者不同情绪下的 IPO 定、抑价模型及制度变迁下的 IPO 定、抑价模型，分析投资者情绪、私人信息对 IPO 抑价的影响及制度变迁下投资者情绪对 IPO 抑价的影响，同时对不同发行制度下我国 IPO 高抑价现象进行系统研究，以期从理论上解释我国 IPO 异象，并从理论、实证和数值分析上进行解释和论证。

本书面向具备一定证券市场知识，且具有一定的数学基础的读者，旨在帮助他们了解我国 IPO 相关知识。

图书在版编目（CIP）数据

投资者情绪、私人信息与 IPO 抑价 / 张小成, 邓杨著. —北京：科学出版社，2021.3
ISBN 978-7-03-058751-0

Ⅰ. ①投⋯ Ⅱ. ①张⋯ ②邓⋯ Ⅲ. ①股票价格-研究-中国 Ⅳ. ①F832.51

中国版本图书馆 CIP 数据核字（2018）第 206891 号

责任编辑：杭 玫 / 责任校对：贾娜娜
责任印制：张 伟 / 封面设计：无极书装

科学出版社 出版
北京东黄城根北街 16 号
邮政编码：100717
http://www.sciencep.com

北京虎彩文化传播有限公司 印刷
科学出版社发行 各地新华书店经销

*

2021 年 3 月第 一 版　开本：720×1000 B5
2021 年 3 月第一次印刷　印张：15 1/4
字数：318 000

定价：138.00 元
（如有印装质量问题，我社负责调换）

作者介绍

张小成，男，湖南洞口人，重庆大学经济与工商管理学院管理科学与工程专业博士，中央财经大学理论经济学博士后，贵州财经大学大数据应用与经济学院教授，美国南加州大学商学院信息与运营管理系访问学者，主要研究方向：金融工程与证券投资。长期从事IPO定、抑价方面研究，主持国家自然科学基金项目2项（71361005，71861007），参与国家级项目3项，主持和参与省部级等项目8项，并在《中国管理科学》《系统工程理论与实践》《系统工程学报》和《管理工程学报》等期刊上发表与IPO相关的论文20余篇。

邓杨，女，湖南邵阳人，博士研究生。

前　言

　　IPO（initial public offering，首次公开募股）抑价问题是证券市场的核心问题，也是金融学界研究和探索的焦点问题。无论是成熟的证券市场还是新兴的证券市场，IPO 抑价现象普遍存在，但与成熟的证券市场相比，新兴的证券市场存在更高的 IPO 抑价，其中亚洲各国更为严重，而我国 IPO 平均首日抑价一直远超其他国家。面对全球 IPO 抑价普遍存在的事实，国内外诸多学者对 IPO 抑价现象进行了卓有成效的探索，取得了很多重要的成果，并提出了多种理论和假说，然而迄今为止尚没有一种理论能够得到一致认同。

　　与国外资本市场相比，虽然我国证券市场经过了三十年的发展，取得了较大的成绩，但 IPO 抑价却远远高于其他国家，且长期居高不下。近年来，我国证券市场又出现了"三高"（高市盈率、高超募和高发行价）现象，且 IPO 高抑价和高超募同时存在。我国 IPO 异常现象已成为又一大 IPO "未解之谜"，并成为国内外学者、投资者、新闻媒体和我国监管当局等共同关注和讨论的热点。许多学者试图结合国外 IPO 抑价理论，对中国 IPO 进行实证分析，并提出了一些理论描述和假设，然而已有的实证研究只能得出影响 IPO 抑价的相关因素，却不能从理论上解释我国 IPO 高抑价存在的根本原因。

　　自 1990 年我国证券市场成立以来，IPO 抑价一直居高不下。据统计，到 2014 年底，我国 IPO 平均抑价为 113.6%，最高的 1991 年平均抑价为 641%，最低的 2011 年为 21.08%。我国 IPO 抑价居高不下的根本原因何在？为何我国 IPO 高抑价现象存在？制度变迁和抑价之间的影响机理何在？鉴于这些问题，从理论和实证上找出我国 IPO 高抑价的原因，这对厘清我国证券市场化改革过程中存在的问题，推动我国证券市场发展有重要的借鉴意义。

　　在结合我国证券市场实际的基础上，以投资者情绪、私人信息和制度变迁为研究视角，构建 IPO 定、抑价模型，分析投资者情绪、私人信息等对 IPO 抑价的影响机理，并对不同发行制度下我国 IPO 高抑价现象进行研究，同时从实证和数值方面进行分析。本书将从六个大的方面对 IPO 抑价进行研究。

　　对不同信息结构下机构投资者和散户投资者及机构投资者之间可观测性异质对 IPO 抑价的影响研究中，运用博弈论方法，构建完全信息和不完全信息下机构投资者和散户投资者可观测性异质下的 IPO 定、抑价模型，分析机构投资者、散户投资者可观测性异质对 IPO 抑价的影响，并进行数值分析和实证分析。理论分析和实证分析表明，当机构投资者在追求期望效用最大化时，有有意抑价的激励；IPO 中不但有机构和发行人的有意抑价，也有机构投资者和潜在投资者观测性异质而引起的无意抑价，且机构投资者和潜在投资者观测性异质分歧越大，有意抑价不变，无意抑价增大，IPO 抑价越高；而当机构投资者存在可观测性异质时，由于信息不对称，机构投资者为规避"赢者诅咒"，与同质情况下相比，IPO 发行价更低，而 IPO 抑价更高。数值分析和实证分析结果支持了结论；无论在完全信息还是不完全信息下，投资者之间的可观测性异质与 IPO 抑价正相关。

对不同信息结构下机构投资者不可观测性异质对 IPO 抑价的影响研究中，运用行为金融理论工具，构建机构投资者不可观测性异质下的 IPO 定、抑价模型，分析机构投资者不可观测性异质对 IPO 抑价的影响。研究表明，无论是在完全信息还是不完全信息下，机构投资者不可观测性异质程度越大，IPO 抑价越高，不可观测性异质程度越小，会导致跌破发行价，从而产生"赢者诅咒"（winner's curse）现象，数值分析也得到了同样的结论，但投资者存在私人信息下的 IPO 抑价最低，数值分析也得到了同样的结论。

对投资者可观测性异质对 IPO 抑价的影响研究中，构建了投资者可观测性和不可观测性异质下 IPO 定、抑价模型，分析投资者可观测性和不可观测性异质对 IPO 抑价的影响，研究发现，投资者可观测性和不可观测性异质都对 IPO 抑价产生较大的影响，投资者结构决定投资者不可观测性和可观测性异质对 IPO 抑价的影响程度。当机构投资者与散户投资者数量之比大于 1 时，不可观测性异质对 IPO 抑价的影响大于异质分歧，当机构投资者和散户投资者数量之比小于 1 时，异质分歧对 IPO 抑价的影响大于不可观测性异质。

对不同发行机制下投资者可观测性异质对 IPO 抑价的影响研究中，构建固定价格发行和询价发行机制下的 IPO 抑价模型，分析投资者可观测性异质对 IPO 抑价的影响，研究表明，固定价格发行和询价发行都不能消除 IPO 抑价；在两种发行方式下，投资者可观测性异质越大，无意抑价越高，IPO 抑价也越大；与固定价格发行相比，询价发行机制下由可观测性异质引起的无意抑价越低，IPO 抑价越低。最后，进行数值分析和实证分析，从而为结论提供定量支撑。

对超募制度变迁下投资者可观测性异质对 IPO 抑价的影响研究中，构建新股超募前后 IPO 抑价模型，分析投资者可观测性异质对 IPO 抑价的影响，研究表明，新股超募制度的变化并不能消除 IPO 抑价，在其他情况相同的条件下，与禁止超募相比，准许超募制度降低了 IPO 抑价，提高了 IPO 定价效率；然而，当不同的超募制度下投资者可观测性异质发生改变时，可能会导致与结论恰好相反的结果，即准许超募反而提高了 IPO 抑价。

对老股转让制度下投资者可观测性异质对 IPO 抑价的影响研究中，构建老股转让前后的 IPO 定、抑价模型，分析投资者可观测性异质对 IPO 抑价的影响，研究表明，老股转让制度的实施并不能抑制 IPO 抑价，在其他情况相同的条件下，老股转让制度的变化降低了 IPO 抑价，提高了 IPO 定价效率；不论是在新股超募还是老股转让制度下，散户投资者越乐观，IPO 抑价越高，IPO 定价效率越低，而机构投资者恰好相反，散户和机构投资者之间的可观测性异质越大，IPO 抑价就越高，IPO 定价效率就越低，但当新股超募和老股转让制度下投资者观测性异质发生改变时，则出现与结论恰好相反的结果，即老股转让制度下的 IPO 抑价反而高于新股超募制度下的 IPO 抑价。

本书的主要内容都做了数值分析，部分内容做了实证分析，数值和实证分析表明，投资者观测性异质对 IPO 抑价产生了较大的影响，且与 IPO 抑价负相关，从而为最后的结论提供了支撑。

在本书的写作过程中，笔者的研究生邓杨、郭建林、关晓琳、袁桥桥、张梦怡做了大量的分析整理工作，没有他们的积极努力与认真钻研，本书不可能顺利完成，在此一并表示感谢。由于著者水平有限，书中难免存在不足之处，恳请读者提出宝贵意见，以便今后进一步修改和完善。

张小成

2019 年 6 月

目　　录

第1章　导论 ··· 1
  1.1　研究背景和意义 ··· 1
  1.2　国内外研究现状及发展动态分析 ································ 7
  1.3　研究内容 ·· 28
  1.4　研究方法 ·· 31
  1.5　研究特色及创新 ·· 32

第2章　基本概念与理论基础 ·· 34
  2.1　基本概念 ·· 34
  2.2　相关理论基础 ·· 38

第3章　机构投资者和散户投资者观测性异质对IPO抑价影响 ···· 46
  3.1　引言 ··· 46
  3.2　问题描述和基本假设 ·· 47
  3.3　询价下IPO均衡定价 ·· 48
  3.4　投资者同、异质对IPO抑价的影响 ······························ 51
  3.5　数值分析 ·· 55
  3.6　实证分析 ·· 61
  3.7　本章小结 ·· 65

第4章　机构投资者可观测性异质对IPO抑价影响 ··················· 66
  4.1　引言 ··· 66
  4.2　机构投资者概述 ·· 68
  4.3　机构投资者可观测性异质与IPO均衡定价 ····················· 72
  4.4　定、抑价比较和数值分析 ··· 75
  4.5　实证研究 ·· 80
  4.6　本章小结 ·· 83

第5章　信息不对称条件下投资者可观测性异质对IPO抑价影响 ·· 84
  5.1　引言 ··· 84
  5.2　可观测性异质和私人信息 ··· 85
  5.3　理论模型 ·· 87

5.4 可观测性异质和私人信息结构对 IPO 抑价影响分析 ⋯⋯⋯⋯⋯⋯ 91
 5.5 进一步研究 ⋯⋯⋯⋯⋯⋯⋯⋯⋯⋯⋯⋯⋯⋯⋯⋯⋯⋯⋯⋯⋯⋯⋯⋯⋯ 97
 5.6 本章小结 ⋯⋯⋯⋯⋯⋯⋯⋯⋯⋯⋯⋯⋯⋯⋯⋯⋯⋯⋯⋯⋯⋯⋯⋯⋯ 101

第6章 机构投资者不可观测性异质对 IPO 抑价影响 ⋯⋯⋯⋯⋯⋯⋯⋯ 103
 6.1 引言 ⋯⋯⋯⋯⋯⋯⋯⋯⋯⋯⋯⋯⋯⋯⋯⋯⋯⋯⋯⋯⋯⋯⋯⋯⋯⋯⋯ 103
 6.2 机构投资者不可观测性异质因子度量 ⋯⋯⋯⋯⋯⋯⋯⋯⋯⋯⋯⋯ 105
 6.3 机构投资者不可观测性异质模型 ⋯⋯⋯⋯⋯⋯⋯⋯⋯⋯⋯⋯⋯⋯ 106
 6.4 机构投资者不可观测性异质对 IPO 抑价影响分析 ⋯⋯⋯⋯⋯⋯⋯ 109
 6.5 进一步讨论 ⋯⋯⋯⋯⋯⋯⋯⋯⋯⋯⋯⋯⋯⋯⋯⋯⋯⋯⋯⋯⋯⋯⋯ 114
 6.6 本章小结 ⋯⋯⋯⋯⋯⋯⋯⋯⋯⋯⋯⋯⋯⋯⋯⋯⋯⋯⋯⋯⋯⋯⋯⋯ 120

第7章 信息不对称条件下投资者不可观测性异质对 IPO 抑价影响 ⋯ 122
 7.1 引言 ⋯⋯⋯⋯⋯⋯⋯⋯⋯⋯⋯⋯⋯⋯⋯⋯⋯⋯⋯⋯⋯⋯⋯⋯⋯⋯⋯ 122
 7.2 理论模型 ⋯⋯⋯⋯⋯⋯⋯⋯⋯⋯⋯⋯⋯⋯⋯⋯⋯⋯⋯⋯⋯⋯⋯⋯ 124
 7.3 机构投资者不可观测性异质对 IPO 抑价影响分析 ⋯⋯⋯⋯⋯⋯⋯ 128
 7.4 本章小结 ⋯⋯⋯⋯⋯⋯⋯⋯⋯⋯⋯⋯⋯⋯⋯⋯⋯⋯⋯⋯⋯⋯⋯⋯ 134

第8章 投资者可观测性异质与不可观测性异质对 IPO 抑价影响 ⋯⋯ 135
 8.1 引言 ⋯⋯⋯⋯⋯⋯⋯⋯⋯⋯⋯⋯⋯⋯⋯⋯⋯⋯⋯⋯⋯⋯⋯⋯⋯⋯⋯ 135
 8.2 投资者可观测性异质和不可观测性异质 ⋯⋯⋯⋯⋯⋯⋯⋯⋯⋯⋯ 136
 8.3 理论模型 ⋯⋯⋯⋯⋯⋯⋯⋯⋯⋯⋯⋯⋯⋯⋯⋯⋯⋯⋯⋯⋯⋯⋯⋯ 138
 8.4 IPO 抑价比较分析 ⋯⋯⋯⋯⋯⋯⋯⋯⋯⋯⋯⋯⋯⋯⋯⋯⋯⋯⋯⋯ 142
 8.5 本章小结 ⋯⋯⋯⋯⋯⋯⋯⋯⋯⋯⋯⋯⋯⋯⋯⋯⋯⋯⋯⋯⋯⋯⋯⋯ 151

第9章 不同发行机制下投资者可观测性异质对 IPO 抑价影响 ⋯⋯⋯ 153
 9.1 引言 ⋯⋯⋯⋯⋯⋯⋯⋯⋯⋯⋯⋯⋯⋯⋯⋯⋯⋯⋯⋯⋯⋯⋯⋯⋯⋯⋯ 153
 9.2 我国 IPO 发展历程 ⋯⋯⋯⋯⋯⋯⋯⋯⋯⋯⋯⋯⋯⋯⋯⋯⋯⋯⋯⋯ 155
 9.3 我国 IPO 询价发行机制 ⋯⋯⋯⋯⋯⋯⋯⋯⋯⋯⋯⋯⋯⋯⋯⋯⋯⋯ 156
 9.4 不同发行机制下的 IPO 抑价模型 ⋯⋯⋯⋯⋯⋯⋯⋯⋯⋯⋯⋯⋯⋯ 157
 9.5 IPO 抑价比较分析 ⋯⋯⋯⋯⋯⋯⋯⋯⋯⋯⋯⋯⋯⋯⋯⋯⋯⋯⋯⋯ 161
 9.6 数值分析 ⋯⋯⋯⋯⋯⋯⋯⋯⋯⋯⋯⋯⋯⋯⋯⋯⋯⋯⋯⋯⋯⋯⋯⋯ 163
 9.7 实证分析 ⋯⋯⋯⋯⋯⋯⋯⋯⋯⋯⋯⋯⋯⋯⋯⋯⋯⋯⋯⋯⋯⋯⋯⋯ 168
 9.8 本章小结 ⋯⋯⋯⋯⋯⋯⋯⋯⋯⋯⋯⋯⋯⋯⋯⋯⋯⋯⋯⋯⋯⋯⋯⋯ 173

第10章 超募制度变迁下投资者可观测性异质对 IPO 抑价影响 ⋯⋯⋯ 175
 10.1 引言 ⋯⋯⋯⋯⋯⋯⋯⋯⋯⋯⋯⋯⋯⋯⋯⋯⋯⋯⋯⋯⋯⋯⋯⋯⋯⋯ 175
 10.2 基本理论模型 ⋯⋯⋯⋯⋯⋯⋯⋯⋯⋯⋯⋯⋯⋯⋯⋯⋯⋯⋯⋯⋯ 176
 10.3 超募制度变化前后投资者可观测性异质对 IPO 抑价比较分析 ⋯ 182
 10.4 实证分析 ⋯⋯⋯⋯⋯⋯⋯⋯⋯⋯⋯⋯⋯⋯⋯⋯⋯⋯⋯⋯⋯⋯⋯⋯ 189

	10.5 本章小结	197
第11章	**老股转让制度下投资者可观测性异质对IPO抑价影响研究**	**198**
	11.1 引言	198
	11.2 老股转让制度前后IPO定、抑价模型	199
	11.3 老股转让制度前后IPO抑价比较分析	201
	11.4 实证分析	206
	11.5 本章小结	212
第12章	**研究结论、启示与展望**	**214**
	12.1 结论	214
	12.2 经济学启示	216
	12.3 展望	217
参考文献		**219**

第1章 导 论

1.1 研究背景和意义

公司 IPO 问题,近年来一直备受金融研究者的关注,尤其是 IPO 抑价问题更成为学术界关注的焦点和热点问题。无论是成熟的还是新兴的证券市场,IPO 抑价现象普遍存在,但与成熟的证券市场相比,新兴的证券市场存在更高的 IPO 抑价,其中亚洲各国更为严重,而中国 IPO 平均首日抑价一直远超其他国家,平均 IPO 抑价高达 113.6%(Liu and Ritter, 2010)。

面对全球 IPO 抑价普遍存在的事实,国内外诸多学者对 IPO 抑价现象进行了卓有成效的探索,取得了很多重要的成果,并提出一系列关于 IPO 抑价的理论假说。Ibbotson(1975)首次开启对 IPO 抑价的研究,并提出"市场有效而无法解释首日抑价现象——IPO 之谜"以来,越来越多的学者对这一现象进行研究,并提出或建立了委托-代理理论(Baron and Holmström, 1980)、行为金融理论(Miller, 1977)、"赢者诅咒"理论(Rock, 1986)、信号传递理论和信息不对称理论(Allen and Faulhaber, 1989; Benveniste and Spindt, 1989)、市场反馈假说(Jegadeesh et al., 1993)、股权分散假说(Booth and Chua, 1996)及承销商声誉假说(Booth and Smith, 1986)等多种理论或假说,从不同的角度对 IPO 抑价现象进行解释。然而到目前为止,还没有一种理论或假说解释能占据主导地位,每种理论或假说也没有构建起清晰的逻辑体系。中国新股发行市场上同样存在 IPO 抑价现象,且与大多数国家相比,新股抑价幅度非常之大,且长期居高不下,具体见图 1.1 和图 1.2。

从图 1.2 可以看出,我国每年 IPO 平均首日抑价中,最高的是 1995 年,IPO 平均首日抑价高于 600%,而 1991~1993 年的 IPO 平均首日抑价也高于 400%,最低的 IPO 平均首日抑价是 2011 年,其平均首日抑价也高于 21%,每年的 IPO 平均首日抑价高于 130%。虽然我国证券市场尚处于完善阶段,但一级市场的超额回报率与其他国家证券市场初始阶段相比高出太多。尽管我国 IPO 高抑价降低了新股发行风险,但也为资本市场的健康发展带来了诸多不利影响:一是一级市场

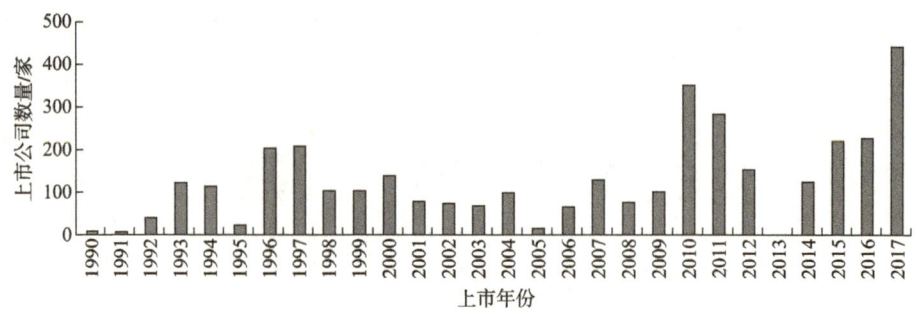

图 1.1 中国每年上市数量

资料来源：CSMAR 数据库

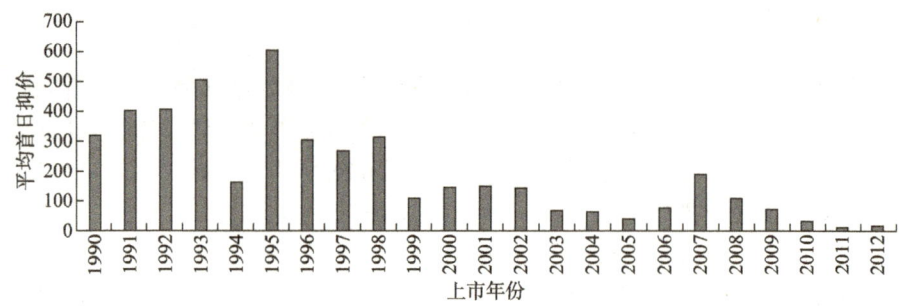

图 1.2 中国每年 IPO 平均首日抑价

资料来源：CSMAR 数据库

和二级市场之间存在过高的、非理性的差价。新股发行市盈率相对固定，新股供给实行额度控制，导致新股需求大大超过供给，二级市场新股首日涨幅（新股发行价与上市首日收盘价比较）不仅远远超过发达国家成熟的股票市场，还大大超过了发展中国家新兴的股票市场。二是巨额申购资金低效率盘踞一级市场，致使一、二级市场资金失衡。新股发行不存在风险，一级市场的资源配置功能将不复存在，任何企业只要能够获得上市资格，总可以成功筹集到所需资金。为此，监管部门承担起了上市资格审查的职能，但由此而引发的权力寻租和企业对上市资格的争夺不但加大了新股的发行成本，而且对 IPO 供给的严格管制进一步刺激了投资者对新股的狂热。三是资源配置缺乏效率。由于一、二级市场之间存在巨大利差，大量资金专门在一级市场从事新股申购，损害了整个社会资源配置的效率。四是巨大规模资金的短期套利行为，客观上导致了新股发行定价和上市定价的高风险。新股发行时大家争抢申购，上市后马上抛出套现，这显然造成了一级市场的不理性和二级市场的巨大风险。

中国 IPO 市场正在快速发展，到 2017 年底，中国共有 3 483 家企业上市，总融资金额高达 100 069.11 亿元[①]，总市值高达 8.532 万亿美元（包括证交所和深交所），位居全球第二[②]。IPO 扩容不仅快速推动了实体经济发展，也极大地优化了企业资本结构。事实上，IPO 市场的扩容不仅对中国国有企业摆脱困境和中小企业融资具有重大意义，对助力中国供给侧结构性改革也具有不可估量的意义和作用[①]。相比 IPO 市场的飞速发展，学术界（尤其是金融学界）对中国 IPO 市场的研究相对来说是滞后的。特别是近年来，我国监管当局在借鉴西方发达国家成熟 IPO 发行经验的基础上，出台了一系列政策和措施，以期降低 IPO 抑价，提高 IPO 定价效率。然而，却出现诸如"三高"、"暴涨、暴跌"以及高抑价（Liu and Ritter, 2010; Su and Bangassa, 2011）等定价扭曲现象，直接制约证券市场资源配置功能的发挥。我国 IPO 实践表明，完全复制或部分移植邻国成熟证券市场经验，不一定适合我国国情。如何结合我国证券市场实际，从理论和实证上对我国上述"异象"进行深入研究，已成为当前我国证券市场亟待解决的问题。这不仅有助于加深人们对我国 IPO "异象"的理解，也可为我国监管当局在制定 IPO 市场化改革政策时提供理论和实践依据。

自 1990 年我国股票市场建立以来，我国监管当局一直在努力探索证券市场的市场化改革，从 1990~1998 年固定市盈率发行的审批制到 1999~2004 年的核准制，再到 2005 之后的询价发行机制，试图找到适合我国特殊国情下的 IPO 定价发行机制，推动我国证券市场科学、健康和合理发展，使之成为我国经济快速、平稳发展的促推器。毋庸置疑，证券市场对国民经济的发展作用巨大，不但对协助我国国有企业摆脱困境具有不可替代的作用，而且对解决中小企业融资难问题具有不可估量的作用。

与成熟资本市场比较，我国证券市场一直存在 IPO 超额首日回报。1991 年我国 A 股年平均抑价高达 641%，2011 年平均抑价最低为 21.08%，IPO 抑价总体呈下降趋势，见图 1.3。我国一级市场和二级市场之间存在过高的、非理性的差价，致使一、二级市场资金失衡，巨额申购资金低效率盘踞一级市场，导致巨大规模资金的短期套利行为，二级市场投资存在巨大的风险。与其他国家相比，截至 2014 年底，我国平均首日抑价远远高于其他国家，为 113.5%；印度位居第二，为 88.0%；美国为 16.9%；德国为 23.0%；俄罗斯最低，为 3.3%，亚洲国家的 IPO 平均抑价明显高于其他国家，成熟资本市场 IPO 抑价明显低于新兴的资本市场，具体见图 1.4。

---

① 数据主要来源：CSMAR 数据库、《中国统计年鉴》和《2017 年沪深港通市值位列全球第二强》。
② 助力供给侧结构性改革 提升资本市场服务实体经济功能. 中国证监会，www.csrc.gov.cn，2017-02-10。

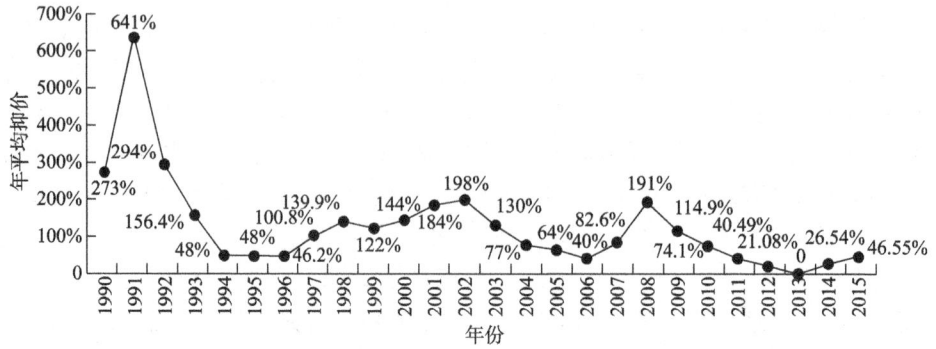

图 1.3 1990~2015 年我国 A 股年平均抑价

资料来源：http://site.warrington.ufl.edu/ritter/ipo-data/

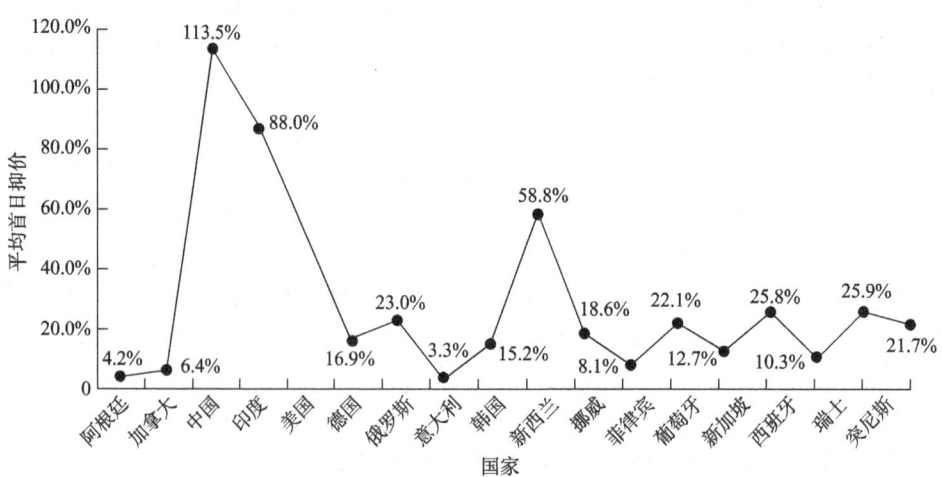

图 1.4 截至 2014 年全球 17 个国家的平均首日抑价

资料来源：http://site.warrington.ufl.edu/ritter/ipo-data/

近年来，随着我国询价机制市场化改革推进，更出现了"三高"（高市盈率、高超募和高定价）问题。据统计，2009~2012 年，我国 A 股平均超募资金为 5.06 亿元，平均超募比例为 131%，IPO 平均抑价为 36.18%，其中创业板上市公司 IPO 超募尤为突出，且截至 2012 年底，在我国创业板上市的 355 家公司超募资金共计 1 276.17 亿元，总体超募比例高达 165%，IPO 平均抑价为 34.41%。很明显，这段时期我国 IPO 高超募和高抑价同时存在，见图 1.5。

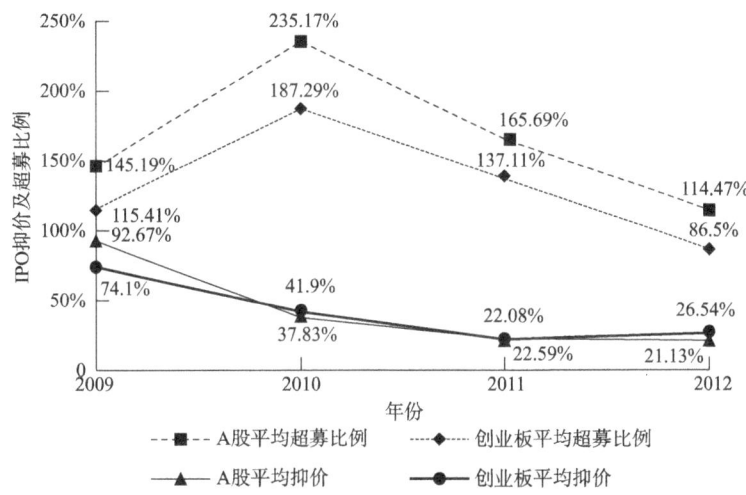

图 1.5　2009~2012 年我国 A 股及创业板市场 IPO 抑价及超募比例

资料来源：CSMAR 数据库

我国 IPO 高超募和高抑价同时存在的原因，除了我国证券市场 IPO 发行制度尚未完善外，另一个重要的原因还在于我国证券市场投资者存在严重的非理性投机行为。长期以来，我国证券市场一直以散户投资者为主，其比例高于 60%，远远高于西方发达国家。散户投资者一直主导着我国证券市场交易，缺乏风险意识和投资经验（孙苗青，2010；Greenwood and Nagel，2009），并且表现出过分乐观的心态（Hsu and Shiu，2010；谭松涛，2013），使我国证券市场带有浓厚的投机氛围。一系列研究表明，散户投资者有一套克服不利于自身发展的替代机制，"搭便车"（夏冬林和钱苹，2000；Næs and Skjeltorp，2003）和从众心理（刘祥东等，2014；Rahman et al.，2015）便是其中的典型代表。近年来，为扭转我国证券市场低迷的状况，保护中小投资者的利益，在借鉴西方发达国家 IPO 发行经验的基础上，监管当局相继出台了一系列重要的政策和措施，引导和规范投资者特别是中小投资者的投资理性。毋庸置疑，投资者理性对证券市场的影响极其重大，遗憾的是，该现象尚未引起学术界和我国监管当局的足够重视。

尽管我国在借鉴邻国经验的基础上，询价市场化改革取得一定的成效，然而，与成熟的资本市场相比，中国证券市场仍具有较高的 IPO 抑价，长期存在 IPO 超额首日回报（Liu and Ritter，2010），且远远高出其他国家。除了我国特殊国情下的 IPO 发行机制外，另一个重要的原因还在于中国股票市场信息不对称程度较高（Lin et al.，2007；刘静和陈璇，2008），投资者存在严重的非理性投机行为（Cai and Zhu，2015）。长期以来，散户投资者一直主导着我国证券市场交易，信息缺乏和从众心理使我国 IPO 市场带有浓厚的投机氛围，导致我国证券市场资源配置严重失衡，IPO 抑价较高，也伴随诸如"三高"问题，"老股东套现"、"暴涨、暴跌"

及高抑价问题等,为保护投资者利益,促进证券市场的健康、稳定发展,我国监管当局不得不采取行政干预的手段叫停部分改革措施。毋庸置疑,信息不对称和投资者情绪对我国证券市场的影响日益凸现,遗憾的是,该现象尚未引起学术界(尤其是金融学界)的足够关注。

理论研究和实践表明,完全复制或部分引进成熟资本市场国家的 IPO 发行机制并不一定完全适合我国国情。基于此,结合我国特殊的制度环境,探索出一条完全适合中国特殊国情的 IPO 发行机制的市场化改革道路,已成为目前我国监管当局亟待解决的问题,而投资者理性培养和制度设计是我国市场化改革成功与否的最为关键考虑的内容。因此,研究制度设计与投资者行为之间的影响机理,分析和解释我国 IPO 异象,并厘清它们之间的传导机理,不仅能促进我国证券市场的健康发展,也能为我国 IPO 市场化的改革提供一定的理论指导。

依据我们的初步研究及中国证券市场化改革的实践,我们发现,当前中国证券市场不可忽略的重大问题是 IPO 发行机制市场化改革进程中所暴露的诸多弊端和重大风险(如投资者非理性投机、信息不对称),已成为影响和制约中国 IPO 市场资源配置最为关键的因素。这些重大问题无时无刻不在提醒我们,有必要结合中国 IPO 发行机制,针对制度变迁和投资者非理性情绪进行深入研究,构建贴近中国证券市场实际的理论模型,探讨投资者情绪、制度变迁和 IPO 抑价之间的作用机理,对既有的制度经济学和行为金融理论体系进行拓展甚至创新,应该是具有理论与实践双重意义的重大研究问题。正是基于中国 IPO 市场化改革过程中暴露的这些重大问题和制约市场资源有效配置的因素方面的深刻思考,我们将本书研究对象定为"观测性异质、制度变迁和 IPO 抑价"。希望本书所得到的一系列研究成果,从理论体系完善和改革实践指导两个方面,为中国 IPO 市场的下一步市场化改革提供一定的理论借鉴。

同时,为了进一步健全机制、提高效率,有必要对新股发行体制进行改革和完善以适应市场的更大发展的询价制度。中国证券监督管理委员会于 2009 年颁布了《关于进一步改革和完善新股发行体制的指导意见》,该意见的总体思路是新股定价进一步市场化,培育市场约束机制,推动发行人、投资人、承销商等市场主体归位尽责,并更加重视中小投资人的参与意愿,逐步与国外询价机制接轨,并体现我国的特色。这些制度上的差异对 IPO 询价效率有何影响?对此问题的回答从理论上可以丰富对询价发行机制的研究,从实践上对进一步完善我国现行询价制度、改进询价效率具有一定的参考意义。

综上所述,本书的学术意义和实用意义具体体现在以下几个方面。

(1)通过追踪国际研究热点问题,吸收和借鉴先进研究方法和思路,有利于缩短我国与国际学术前沿之间的差距,从而推动国内金融领域的其他相关研究。通过分析发行人和机构投资者、机构投资者和散户投资者及机构投资者之间的观测性异质对 IPO 抑价的影响，从理论上丰富行为金融理论和 IPO 抑价理论研究，以期从理论上解释"IPO 高抑价"现象，从而为限制"IPO 高抑价"和"逆向选择"等对证券市场不利的现象提供理论参考。

（2）寻找 IPO 抑价的真正原因，把 IPO 抑价分为有意抑价和无意抑价，并分析信息不对称条件下投资者可观测性异质对 IPO 抑价的影响，并结合我国证券市场的特性寻找我国 IPO 特殊高抑价的原因，从而为监管方提供政策依据，促进我国证券市场的发展和完善，提高资金配置效率。

（3）对 IPO 抑价的研究会涉及发行人、承销商及投资者的行为特征、价值取向，因而有利于深刻了解我国证券市场的微观结构，为其他相关政策的制定提供有用信息。在 CARA 模型的基础上，以发行人和机构投资者期望效用最大化为目标，研究询价下 IPO 定价模型，为一级市场的管理提供相关的理论与方法，力图发展资本资产定价模型，进一步完善现代证券投资理论。

（4）通过比较研究固定价格发行和询价发行以及超募制度和老股转让制度变迁下投资者观测性异质对 IPO 抑价的影响，既可以分析制度变迁下投资者可观测性异质变化，也可以检验制度变迁下 IPO 抑价问题。这不仅可以找出我国 IPO 抑价一直居高不下的原因，也可以找出我国证券市场市场化改革存在的问题，进而为我国下一步市场化改革指明方向。

此外，本书研究将进一步丰富与拓展信息不对称和行为金融理论，在 IPO 抑价理论上具有前沿性和原创性，也可为发行人和承销商防止 IPO 发行失败和规避"逆向选择"提供理论指导，为投资者预防"赢者诅咒"风险提供理论参考。

1.2　国内外研究现状及发展动态分析

IPO 抑价一直是证券市场领域研究的核心话题。面对全球化普遍存在 IPO 抑价的事实，国内外学者试图从理论、方法和实证等多方面对 IPO 抑价进行研究，提出了诸多理论和假说。这些理论和假说主要体现在两个方面：一方面是基于 IPO 市场参与主体之间存在信息不对称，发行人和承销商有意将 IPO 价格定在其内在价值以下，导致上市首日存在超额回报。持这类观点典型代表理论如下：委托-代理理论（Baron and Holmström，1980）、信息不对称理论（Benveniste and Spindt，1989）、信号传递理论（Allen and Faulhaber，1989）和"赢者诅咒"理论（Roll，1986）等。此外，这些理论还得到 Muscarella 和 Vetsuypens（1989）、Su 和 Fleisher（1999）、夏新平和汪宜霞（2002）、Amihud 等（2003）、Su（2004a）、Tourani-Rad 等（2016）的实证支持。另一方面是发行人和承销商有意将 IPO 定价定在其内在价值以上，投资者过度乐观或狂热，其早期后市交易偏离内在价值，导致错误定价，从而产生 IPO 高抑价。其典型代表理论是行为金融理论（Aggarwal and Rivoli，1990）。此外，行为金融理论也得到 Jiang 和 Li（2013）、邵建新等（2013）、文凤华等（2014）、汪昌云和武佳薇（2015）、俞红海等（2015）、Gao 等（2016）、Clarke 等（2016）、宋顺林和王彦超（2016）、陈鹏程和周孝华（2016）的实证支持。

现有关于 IPO 抑价解释的观点中，最普遍的观点是参与主体之间信息不对称而导致的有意抑价行为。然而，部分学者却认为 IPO 抑价可能是信息不对称和投资者情绪共同影响的结果。纵观国外既有的关于 IPO 抑价研究的文献，在研究方法上，已有的理论研究由于中外发行制度上的差异而使其假设与我国的 IPO 现状不符，国外学者的这些理论并不能完全解释中国 IPO 高抑价长期存在的事实，国内对于 IPO 抑价的研究大都是从实证的角度进行分析，理论研究极少涉及。更有甚者，国内外关于 IPO 抑价理论研究尚未拓展到投资者观测性异质的研究深度，也未涉及我国 IPO 发行制度改革。对于像我国这样尚未成熟的资本市场来说，信息不对称和投资者非理性更为严峻。因此，如何结合我国证券市场实际，构建贴近我国证券市场实际的 IPO 抑价理论模型，对既有的信息不对称和行为金融理论体系进行拓展甚至创新，不仅是具有理论与实践双重意义的重大研究问题，也是我国下一步市场化改革迫切需要解决的问题。

1.2.1　国外 IPO 抑价研究现状

自 Rock（1986）首次用 IPO 抑价程度衡量 IPO 定价效率进行系统研究以来（目前已成为国际上通用的标准），国内外学者对 IPO 抑价进行了大量的深入研究，并提出了多种理论和假说。已有的国内外主要研究成果可以归纳为两种观点：第一种观点是由于信息不对称，发行人和承销商为规避发行失败和"逆向选择"风险，发行人有意降低 IPO 定价，即发行人和承销商有意将 IPO 价格定在其内在价值以下，导致 IPO 高抑价。第二种观点是发行人和承销商将 IPO 发行价定在其内在价值以上，投资者过度乐观或狂热，其早期后市交易偏离内在价值，导致市场错误定价，从而产生了 IPO 高抑价状况。关于 IPO 抑价理论具体如下。

1. 运用信息不对称理论研究 IPO 抑价

1）委托-代理理论

委托-代理理论起源于 20 世纪 30 年代初，美国经济学家伯利和米恩斯针对企业经营权与所有权存在较大的缺陷的状况，提出了经营权和所有权分离的"委托-代理理论"，这成为现代"委托-代理理论"的开端。20 世纪 70 年代，随着契约理论和信息经济学在经济学领域的突破，威廉姆森等提出了"交易费用理论"，科斯提出了"产权理论","委托-代理理论"取得迅猛的发展。特别是20世纪80年代，随着委托-代理理论的深入研究，国外很多学者开始运用该理论对IPO抑价进行研究，试图从委托代理的角度解释IPO抑价现象。

Baron和Holmström（1980）认为，由于发行人以自己的期望发行收益最大化为目标，IPO抑价越低，其期望收益越高，而承销商为降低后市维护成本和承销期间的工作，为最大化自己的期望收益，有有意抑价的意愿，因此他们之间存在潜在利益冲突。然而在IPO定价实践中，投资银行之间竞争非常激烈，同时考虑到投资银行和机构投资者之间长期的合作关系，导致这一结论很难获得有力的证据支持，Baron和Holmström也承认这一观点。比较而言，Baron（1982）的模型更能解释IPO抑价，他认为，发行人事先不拥有关于本身IPO潜在市场需求和IPO市场状况，而承销商却完全掌握了这些信息。更有甚者，发行人很难了解承销商的股票配售机制和市场反应，这说明Baron的假设与IPO定价实际是吻合的。由于发行人不了解IPO市场需求和市场状况，也没有IPO承销渠道，发行人为规避发行失败风险，只能将IPO定价权和股票配售权委托给承销商代理。

Baron认为发行人对IPO市场需求信息掌握的程度越高，IPO发行价格越高，其获得的发行收益越低。承销商发挥IPO定价的建议作用与发行人对IPO市场需求信息了解程度负相关，这表明一旦发行人完全掌握IPO市场需求信息，将不会把IPO定价权授予承销商。对于理性的发行人和承销商而言，为防止发行失败，他们之间必须进行妥协定价，在利益冲突中找到均衡点。Baron认为，如果承销商和发行人之间关于证券市场IPO信息不存在信息不对称时，结合"委托-代理理论"中委托人风险中性、代理人风险规避，发行人和承销商之间签订IPO包销合同是最优的。IPO发行中，掌握信息的发行人仅需要承销商的销售服务，承销商提供IPO销售服务，而发行人根据收益最大化原则自行确定IPO发行价。如果承销商在签订合同之前拥有IPO市场的私人信息，承销商为实现自己的利润最大化，可能向发行人提供IPO市场错误信息，导致在Baron的模型中无法找到最优解，由此引起的"逆向选择"导致所签合同可能偏离最优。这时所得到的IPO均衡发行价低于信息对称条件下的最优解。

从Baron研究可推断，IPO抑价是由于承销商和发行人之间存在信息不对称的结果，此时的IPO抑价就是承销商所拥有信息的报酬。疑惑的是，承销商的承销费应该与IPO定价正相关，即IPO发行价格越高，承销费用也越高，IPO抑价发行只会降低承销费，那么承销商为何要提高IPO抑价呢？因此，可以推测出，承销商利用信息不对称提高IPO抑价，并把股票配售给自己的忠实客户以增强其竞争力。Habib和Ljungqvist（2001）以美国1991~1995年IPO数据为样本进行实证研究发现，销售费用与IPO抑价负相关。但在网络泡沫期间，尽管网络股非常热销，但是网络股的 IPO 抑价却高达 100% 以上，因而交易费用替换理论（tradeoff theories）并不能解释这段时间 IPO 的抑价现象。

然而，Muscarella 和 Vetsuypens（1989）以 1980~1987 年美国的 38 个投资银行的 IPO 数据为样本进行实证研究，他们的实证研究结果并不支持 Baron 的假设。当承销商本身发行 IPO 时，他们的股票也会出现 IPO 抑价现象。更有意思的是，在 17 家自己担任本公司 IPO 上市的主承销商中，其 IPO 抑价平均高达 13.23%，而没有自己担任本公司上市的主承销商的其 IPO 平均抑价只有 2.17%，远远低于前者的 IPO 抑价水平，可能是承销商将自己的股票抑价发行，进而说明 IPO 抑价是公开发行上市的必要成本之一。

Biais 等（2002）认为承销商可能与有信息的机构投资者合谋从而使发行人利益受损。因此，他们在结合 Baron 的代理成本及 Benveniste 和 Spindt（1989）的有用信息机构投资者定价假设的基础上，以最大化发行人收益为目标，合理设计 IPO 定价最优机制。在这个定价机制中，把 IPO 定价与无信息散户投资者的股票配售比例挂钩，IPO 定价越高，无信息投资者（如散户）的股票配售比例越小。机构投资者收集信息的真实程度与散户投资者的 IPO 配售比例相反，这与 Benveniste 和 Spindt（1989）信息收集论一致。根据上述结论，委托方（发行人）可以通过以下方式缓解代理人（承销商）之间的矛盾：一是发行人与承销商讨价还价，并监督承销商努力承销；二是发行人与承销商在设计合同时，采取适当的激励机制。随后，Ljungqvist 和 Wilhelm（2003）以 1996~2000 年美国的 2 178 个 IPO 数据为样本进行实证研究，得到了与 Biais 等（2002）一致的结论，即发行人激励越大，IPO 首日收益率就越低。此外，他们还研究了承销商补偿在缓和发行人与承销商之间利益矛盾中的作用，认为如果通过设计合约使承销商补偿对发行人的价值更敏感，这既能减少他们之间矛盾，也能降低 IPO 抑价。

2）信息不对称理论

信息不对称理论的提出要追溯于 20 世纪 70 年代，1970 年，美国经济学家 Akerlof 发表了《柠檬市场：质量的不确定性和市场机制》一文，开创了对信息不对称理论和"逆向选择"理论研究的先河。2001 年，Spence、Akerlof 和 Stiglize 三位美国济学家因对信息不对称理论的突出贡献而获得诺贝尔经济学奖。1982 年，Baron 在假定发行人和承销商存在信息不对称条件下，构建委托-代理模型，研究委托-代理关系中的承销商"道德风险"问题，从而导致 IPO 抑价。Rock（1986）、Biais 等（2002）把投资者分为有信息投资者和无信息投资者，无信息投资者为规避"赢家诅咒"风险，可能会选择"逆向选择"，他们认为 IPO 抑价是发行人为防止发行失败而对无信息投资者的补偿。在 Rock（1986）模型的基础上，Beatty 和 Ritter（1986）进一步发展了其模型，他们引入了公司价值事前不确定性概念来衡量信息不对称程度,认为 IPO 公司价值的不确定性程度越高,投资者越愿意在申购之前花费更多的精力收集其信息,否则,他们将承担"赢者诅咒"风险。Lin 等(2007)以 1995~2002 年中国台湾的 89 个拍卖 IPO 数据为样本进行实证检验发现,当公司股票价值越高时,机构投资者拍卖的价值也越高,IPO 抑价也越高,这暗示了机构投资者比散户投资者更好地掌握关于 IPO 公司的价值信息。当机构投资者比散户投资者竞拍更高的价格时他们获得更高的信息租金。

IPO 经常会遇到信息不对称问题,Benveniste 和 Spindt(1989)的研究表明,IPO 抑价能有效降低上市公司信息不对称。同时,Brau 等(2007)认为设定内部股东股票锁定期也可以降低上市公司信息不对称问题。Brav 和 Gompers(2003)分别从三个方面对股票锁定期进行解释,即道德风险、信息不对称和寻租,但遗憾的是只有道德风险通过了检验,其他两个指标都不显著。然而在 Brau 等(2007)的实证检验中,道德风险和信息不对称都通过了检验。Yung 和 Zender(2010)为 Brav 和 Gompers(2003)、Brau 等(2007)关于股票锁定期的研究嫁接了桥梁,他们的研究表明:若上市公司的股票锁定期限由信息不对称决定,则股票锁定期限与 IPO 抑价正相关;若上市公司的股票锁定期限由道德风险决定,则股票锁定期限与 IPO 抑价无关。Hoque(2014)以 1999~2006 年英国的 1 117 个 IPO 数据为样本进行实证研究,分析信息不对称和道德风险对 IPO 抑价及股票锁定期限的影响,研究发现:信息不对称是影响英国 IPO 抑价的一个决定性因素,信息不对称程度越高,IPO 抑价越高,但道德风险却不是较高的;在英国证券市场中,信息不对称与股票锁定期限无关,甚至在高信息不对称的子样本中也一样,而道德风险则是驱动股票锁定期限的关键因素。

此外,Tourani-Rad 等(2016)以 1996~2012 年中国在香港上市的 135 个 IPO 数据为样本进行实证研究,比较分析香港上市大陆公司 IPO 抑价与信息不对称之间的关系,研究发现:大陆在香港上市公司和香港本地上市公司的信息不对称程度相似,且 IPO 抑价也相当,具有相同水平的定价效率,与大陆在本土上市的公司相比,具有较低的定价信息不对称、较低的 IPO 抑价和较高的定价效率。Li 等(2016)以 2001~2011 年中国 A 股 1 326 个 IPO 数据为样本进行实证检验,分析师预测偏差越小,市场情绪对 IPO 抑价影响越小,这也说明信息不对称是噪音交易的基本原因,且与 IPO 抑价正相关。同时,信息不对称理论还得到了 Tourani-Rad 等(2016)、Li 等(2016)、Joh 和 Kim(2017)、张小成等(2012)、沈哲和林启洪(2013)、陈鹏程和周孝华(2016)的实证支持。

3)信号传递理论

信号传递理论起源于 1977 年 Ross 提出的资本结构信号模型,从信息不对称角度解释了之前一直为经济学界所关注的上市公司质量与资本结构关系问题。1979 年,巴恰塔亚构建了股利信号模型,他认为在完美的情况下,现金股利具有信息内容是未来预期盈利的事前信号。随后，McCall 等（1983）在构建信号传递模型中，强调信号传递中传递成本的重要性，并描绘了博弈参与者信号传递对策之中存在分离均衡的充分条件。信号传递理论运用于 IPO 抑价研究始于 Allen 和 Faulhaber（1989），他们在假定发行人对自己所投资的项目相比外部人而言更具有信息优势，而外部投资者不知道这些信息，为了让投资者确信自己投资的项目可靠，且具有良好的利润预期，发行人会给投资者一个信号：以一个较低的价格发行，或把自己所持有的股票的信息传递给投资者。投资者观察到信号后，必然会修正自己对公司价值的先验估计，从而参与 IPO 申购，确保 IPO 发行成功，并为下一次增发打下基础。从这点来说 Allen 等关于信号转移理论解释 IPO 抑价是形式化的 Ibbotson（1975）提出的"尝甜头假说"（leave a good taste），与 Ritter（1984）的研究结果是一致的。

Benveniste 和 Spindt（1989）构建投资者信息不对称条件下的拍卖模型，分析承销商如何根据投资者拥有的信息来确定 IPO 定价和分配股票，发现机构投资者的私人信息越真实，IPO 定价越高，分配给他们的份额就越多。Bakke 等（2012）在 Benveniste 和 Spindt（1989）定价模型的基础上，增加了一个公共信号变量，构建 IPO 定价模型，他们认为，公共信号通过两个途径影响 IPO 均衡抑价：一是投资者对股票分配需求，二是投资者揭示其真实私人信息的激励。因此，IPO 抑价就是投资者揭示其拥有的私人信息而减少公共信号所得的补偿。

Grinblatt 和 Hwang（1989）在假定发行人风险规避的基础上，引入现金流量方差和均值两个变量，扩展 Leland 和 Plye（1977）的模型。研究发现，当发行人股票留存比例固定时，公司价值越高，IPO 抑价也越高；当发行人投资项目现金流方差不变时，发行人股票留存比例越大，IPO 抑价也越大；公司价值越大，IPO 抑价也越高。Welch（1989）以公司利益最大化为目标，构建 IPO 定价信号模型，他把发行人分为两类：一类是低质量公司，另一类是高质量公司。假定低质量公司模仿高质量公司需要承担直接成本，且在 IPO 以后，两类公司的质量已经成为共同信息，导致低质量公司 IPO 后立即变现，因为在信息对称的条件下，他们没有积极性去花较高的成本增发，而高质量的公司为了利益最大化，在 IPO 之时只能卖掉部分较少的股票，而在增发中出售大部分股权。总之，Welch 和 Allen 的研究都表明，发行人 IPO 抑价是一种有意行为，其目的是后面的增发。Allen 和 Faulhaber（1989）、Grinblatt 和 Hwang（1989）、Welch（1989）的信号传递理论都表明高质量的发行公司会以更低的价格和更少的数量进行 IPO，以此把它们与低质量公司区别开来。为了损失最小化，发行人会尽量少的对公众发行股票，而尽量多的自己持有股份。因为抑价程度越高，每股损失就越大。也就是说，抑价与股票留存比例之间是正相关关系。Chemmanur（1993）认为高质量公司抑价发行是为了使投资者制造有关本公司的信息。信息越多，揭示出公司高质量的信息概率就越大，公司就越有可能在增发时以接近其真实价值的价格出售股票。Su 和 Fleisher（1999）以 1987~1995 年在上海证券交易所上市的 308 个 IPO 数据为样本对 IPO 抑价进行研究，实证发现，IPO 抑价越高，公司增发中筹集资金越多，且 IPO 与增发之间的时间间隔越短。从而为 Allen 和 Faulhaber（1989）、Grinblatt 和 Hwang（1989）、Welch（1989）的信号传递理论提供了支撑。

信号传递理论作为以股利分配政策为主流的理论，不断地被人们广泛接受，但由于发行人信号选择太广泛，以致于持反对观点的学者们认为，信号传递理论主要存在以下缺陷：首先，市场对股利增减作出的相应反应，不仅信号传递理论可以解释，市场反馈理论及代理成本等其他理论也可以解释；其次，股利分配理论很难对不同行业、不同国家进行解释和预测；最后，企业不同生命周期阶段，其股利分配政策完全不同，而其预期的价值也不同，股利分配理论很难解释。

4）"赢者诅咒"理论

"赢者诅咒"指在拍卖过程中，拍卖品的事先价值不确定，以最高价赢得拍卖品的中标者对拍卖品估价过高，导致支付超过拍卖品价值的价格，从而会使其收益低于正常收益甚至亏损。Roll（1986）首次使用"过度自信理论"来解释公司收购中的"赢者诅咒"现象，他认为在假定市场有效而经理人非理性的基础上，由于竞价者过高地估计自己所拥有的私人信息，并对公司的管理和经营能力"过度自信"，进而过高评估并购公司，从而掉进了"赢者诅咒"的陷阱。Schnitzlein 和 Shao（2013）运用实验经济学方法，在多组共同价值拍卖（IPO 股票拍卖设计）构建有效价格中分析容量约束的作用，研究解释了为何一部分拍卖品的成交价格高于大多数买家（投标人）的预期，也解释了为何证券市场存在"赢者诅咒"现象。

"赢者诅咒"理论运用于 IPO 抑价解释始于经济学家 Rock（1986），他在假定投资者对公司质量和发展前景信息了解不一致的基础上，将投资者分为两种不同的信息类型：一是完全掌握 IPO 信息的拥有信息投资者，二是完全不了解相关 IPO 信息的无信息投资者，构建了一个投资者信息不对称条件下的经典"赢者诅咒"理论模型。他认为，当拥有信息投资者和无信息投资者同时申购股票时，无信息投资者就会面临一个"逆向选择"问题：若 IPO 发行价低于其期望价值，他们得到的新股申购数量就会减少；反之，如 IPO 发行价高于新股期望价值，他们就会得到申购数量的新股。这是由于拥有信息投资者会避开高出期望价值发行的股票，而追买低于其预期价值的股票，从而导致 IPO 市场上产生"赢者诅咒"。然而，在信息不对称的情况下，无信息投资者会预期到这种"赢者诅咒"风险，因此，他们需要为这种因配售偏差而引起的风险给予补偿，否则必然发生"逆向选择"。基于此,发行人和承销商为吸引更多无信息投资者参与 IPO 申购和认购,发行人只有将 IPO 发行价定在一个低于其价值的水平,从而导致 IPO 抑价。

Beatty 和 Ritter(1986)在 Rock 的模型的基础上,研究了 IPO 期望抑价与公司价值的不确定性之间关系。通过对 Rock 的模型推导得出:①IPO 公司价值的事先不确定程度越高,IPO 期望抑价程度越高;②一旦 IPO 平均初始报酬率与公司价值的事先不确定性不能匹配,那么承销商的市场份额将下降。很显然,IPO 公司价值的不确定性程度越高,投资者越愿意在申购之前花费更多的精力收集其信息,否则,他们将承担"赢者诅咒"风险。在实证研究中,他们以发行规模、公司年限和新股发行前一年的营业收入为事先不确定性的替代变量进行研究,借鉴 Ritter(1984)实证研究方法,以 1977~1982 年美国的 IPO 数据为样本,并分成两组子样本进行分析,实证结果支持这两个结论。此外,"赢者诅咒"理论还得到 Koh 和 Walter(1989)及 Michaely 和 Shaw(1994)的支持。Leite(2006)却对 Rock 的模型假设提出疑问,他认为 Rock 把投资者分为拥有信息和无信息的标准模型在实践中是有局限的,主要是因为在实践中,IPO 抑价与市场回报正相关,即市场回报越高,发行人 IPO 定价越谨慎,主要是由于公共信号与边际投资者的质量负相关;反之,市场回报与 IPO 抑价正相关。Hanley 和 Wilhelm(1995)也认为知情机构投资者在 IPO 抑价和溢价发行中能分配到的股票份额没有差别。

Aggarwal 等(2002)认为,由于 IPO 配售偏差,相比非知情散户投资者而言,知情机构投资者获得了 IPO 超额回报,究其原因主要是知情的机构投资者分配到更多股票数量。这一结论随后得到了 Chidambaran 和 Prabhala(2003)的支持。Amihud 等(2003)以 1989~1993 年以色列的 284 个 IPO 数据为样本进行实证研究,发现非知情信息投资者在此期间的 IPO 平均首日报酬率为-1.2%。因此,大多研究集中在如何通过调整配售比例使非知情信息投资者获取初始回报为零,知情信息投资者获得的 IPO 回报以补偿其收集信息成本。同时,研究表明投资者群体中的信息分布越均匀,IPO 抑价越低;而 IPO 抑价太高,承销商的市场份额会降低,IPO 抑价太低,承销商会失去投资者的支持。通过减少知情信息投资者和非知情信息投资者之间的信息不对称性可以降低 IPO 抑价。

2. 运用行为金融理论研究 IPO 抑价

行为金融理论应追溯于 1951 年,美国教授 Burrel 和 Bauman 认为,不仅考虑通过构建和使用量化模型来衡量投资者的投资收益,还应对投资者传统行为模式进行研究。随后,Tversky 和 Kahneman 分别在 1974 年与 1982 年发表了两篇论文,提出了前景理论,并指出人们在面对未来不确定的事件时不一定总是理性,这一核心观点的提出对行为金融学的创立和发展产生了深远的影响。1985 年,de Bondt

和 Thaler 在 *Journal of Finance* 上发表了题为 "Does the Stock Market Overreact" 一文，引发了学术界对行为金融理论研究的激情，从而被学术界视之为行为金融研究的正式开端。此后，行为金融研究取得了突破性的进展。

随着行为金融学广泛、深入的研究，学术界开始从心理账户（de Bondt and Thaler，1985）、心理预期（Miller，1977；Gouldey，2006）、行为偏差（Loughran and Ritter，2002）和投资者情绪（Ljungqvist et al.，2006）等方面对 IPO 抑价现象进行研究。早期关于运用行为金融理论对 IPO 抑价进行研究，始于 20 世纪 90 年代。Aggarwal 和 Rivoli（1990）认为相对于股票内在价值来说，IPO 抑价主要原因并不是 IPO 定价显著偏低，可能恰好相反，是由于证券市场的暂时狂热或者分析师对新股前景的过度乐观，尽管发行人 IPO 定价偏高，新股热销和过度乐观导致了 IPO 抑价。这一观点得到了 Rajan 和 Servaes（1997）以及 Bossaerts 和 Hillion（2001）的支持。在此之前，Tinic（1988）以及 Ritter（1991）也认为 IPO 市场上可能存在泡沫。

由于 IPO 公司的内在价值很难测度和准确计算，故只有用初始报酬率来衡量 IPO 抑价程度，而这样的研究隐含着的一个关键的假设：上市公司的首日收盘价为公司内在价值，然而，二级市场的股票交易价格等于其内在价值是在股票市场有效的情况下才发生的。一旦二级市场是非有效的，即当存在噪音交易（de Long et al.，1990；Campbell and Kyle，1993）时，股票的首日收盘价格就会偏离其内在价值，必然导致市场对股票的错误定价，（Chen et al.，1999）再次证明了这一观点，并指出，二级市场的首日收盘价格与 IPO 发行价之差可能既有发行人有意定低价格部分，也包含市场错误定价部分，很显然，IPO 抑价既有 IPO 有意抑价，也有市场错误定价导致 IPO 无意抑价部分（Reber and Vencappa，2016）。

Cornelli 等（2006）以投资者情绪作为预发行市场上的 IPO 交易价格的代理指标，以 1995~2002 年 12 个欧洲国家的 486 个 IPO 数据为样本进行实证研究，检验散户投资者非理性行为是否推动 IPO 市场交易价格。通过实证分析发现，散户投资者存在过度乐观情绪，导致平均首日收盘价提高了 40.5 个百分点，而一年以后，部分股票的市场交易价格发生了反转。Ljungqvist 等（2006）在假定承销商、发行人及机构投资者是理性的，而散户投资者是非理性投资者的基础上，发行人以期望收益（IPO 发行收入和上市后出售所持股份收入之和）最大化为目标。为追求期望收益最大化，发行人不但利用交易市场上投资者的乐观情绪有意抬高 IPO 发行价，而且与机构投资者以及承销商私下合谋，要求他们在股票上市后的一段时间内维持股票的价格，以吸引更多的潜在投资者买进股票，进而抬高或维持 IPO 交易价格，以达到三方共同盈利的目的。

Derrin（2005）在 Benveniste 和 Spindt（1989）的 IPO 定价模型的基础上，通过引入投资者情绪因素，构建了投资者情绪下的 IPO 定、抑价模型。他认为，IPO

上市后的交易价格主要取决于掌握私人信息的投资者和噪声交易者的情绪，若投资者存在过度乐观情绪，则承销商必然会适当抬高 IPO 定价，但考虑到未来在二级市场上的价格支持成本，承销商不可能将这些乐观情绪完全反映到 IPO 定价中，从而导致 IPO 抑价。随后，Jiang 和 Li（2013）以中国香港 293 只股票为样本，从实证的角度进一步论证了 Derrin 的观点。此外，Gao 等（2016）以 2010~2012 年中国的 479 个 IPO 数据为样本进行实证研究，分析机构投资者和散户投资者性情绪对首日报酬率和长期报酬率的影响，研究表明：机构投资者和散户投资者性情与 IPO 首日报酬率正相关，而只有散户投资者情绪与 IPO 长期报酬率负相关。Clarke 等（2016）以 2003~2014 年印度的 362 个 IPO 数据为样本进行实证分析，实证结果为 Derrin 的投资者情绪下 IPO 定、抑价模型提供有力的实证支持。此外，俞红海等（2015）、宋顺林和唐斯圆（2016）、Gao 等（2016）、Clarke 等（2016）、叶建华（2017）为 Derrin 的投资者情绪下 IPO 定价模型提供了有力的实证支持。

Welch（1992）认为，由于投资者申购股票的行为不是同时发生的，而是有一个动态变化的过程，故投资者最早期的股票认购状况会影响到其他投资者的购买意向。当投资者之间存在信息不对称时，无信息投资者为了规避"赢者诅咒"风险，会在申购之前了解 IPO 市场状况和其他投资者的购买意愿。当其他投资者放弃购买股票的声音越来越大时，信息投资者可能会怀疑自己了解的信息的真实性，最终放弃购买股票，从而产生负面的"信息叠加效果"，而当股票最初的发售出现"热销"时，由于羊群效应，引起后面的投资者大量认购股票。因此，Welch 认为，为了使投资者之间产生正向"信息叠加效应"，发行人会有意降低 IPO 定价，从而可以先吸引潜在投资者认购股票，进而吸引更多的其他投资者认购该股票，以防止 IPO 发行失败。Amihud 等（2003）以 1989~1993 年以色列的 284 个 IPO 数据为样本进行实证分析，实证发现，在以色列 IPO 市场中，新股认购中不存在适度认购的情况，要么认购不足要么超额认购，很少有适度超额认购的情况，从而支持了 Welch 的这一观点。Cai 和 Zhu（2015）以中国 2001~2011 年 A 股市场 1 326 个 IPO 数据为样本进行实证研究，研究表明，分析师预测偏差越小，市场整体情绪影响 IPO 首日报酬率越低，也就是说信息不对称是噪音交易产生的原因，且在 IPO 期间对金融分析师产生积极的影响。同时，他也指出这一现象在新兴证券市场尤为明显。

此外，Neupane 等（2014）以 2007~2011 年孟买证券交易所上市的 172 个 IPO 数据为样本进行实证研究，分析得出股票的质量和市场情绪两个因素对 IPO 投资者的影响更大，研究表明，机构投资者 IPO 投资由公司质量决定，而散户投资者 IPO 投资却由市场情绪决定，并指出情绪推动型交易者 IPO 定价影响以及公司质量对首日报酬和后市报酬的影响。Aissia（2014）以 2002~2012 年法国的 234 个 IPO 数据为样本进行实证研究，分析投资者情绪、偏态偏好和不确定性潜在因素对 IPO

首日报酬率的影响,研究表明,首日报酬高的 IPO 具有更高的异质偏差、换手率和势力,表明投资者更偏好投资类似彩票特征及投资者情绪类的股票。此外,在市场有利的情况下,投资者情绪和偏态偏好更能影响 IPO 首日回报。Chan（2014）以 2002~2004 年中国 A 股的 226 个 IPO 数据为样本进行实证研究,分析机构每天交易与股票价格波动性之间的关系,以 1994~2004 年美国网络泡沫 IPO 数据为样本进行实证研究,分析散户投资者情绪对 IPO 首日回报的影响,研究表明,在网络泡沫期间,散户投资者情绪与 IPO 首日回报正相关,尤其在 1999~2000 年表现最强。更有甚者,散户投资者过度乐观情绪导致了散户需求与长期 IPO 之后的价格表现负相关,乐观的散户投资者可能导致美国 IPO 短期定价过高,而在长期 IPO 价格下跌。

3. 其他关于 IPO 抑价研究理论

1) 股权分散假说

股权分散假说就是假定公司股权分散程度低,IPO 定价越低,IPO 可能抑价也越高,发行人通常以较低的价格发行来吸引更多的投资者,从而产生过度需求,这样会导致股权分散,既可避免出现大股东而威胁自己的控股地位,发行人也可以继续通过对公司的控制来为自己谋求利润。在信号传递理论中,发信号者是新股发行人,即发行人比投资者拥有更多的信息。Booth 和 Chua（1996）最早提出股权分散假说,他们认为发行人通过股权分散来增加投资者的需求,从而增加后市的流动性,进而影响 IPO 抑价。假定 IPO 抑价加速了上市公司股权分散,这就导致该股票的后市流动性增加。他们以 1977~1988 年美国的 2 151 个 IPO 数据为样本进行实证检验,为股权分散假说解释 IPO 抑价提供了证据。Brennan 和 Franks（1997）以 1986~1989 年英国的 69 个 IPO 数据为样本进行实证分析,发现 IPO 抑价与外部股东数量正相关,也就是说发行人通过 IPO 抑价来吸引投资者超额申购,通过歧视性分配达到分散股权目的,进而防止外部新的大股东出现,进而论证了 Booth 和 Chua 的假说。Pham 等（2003）以 1996~1999 年澳大利亚的 113 个 IPO 数据为样本进行实证检验,研究发现,IPO 抑价与股权基础宽度正相关,而与股票分配过程中外部股东分布形成不平等负相关,也就暗示了 IPO 抑价与外部股权分散程度正相关,从而为股权分散假说提供了证据。Su(2004b)以中国的 384 个 IPO 数据为样本进行实证检验,发现内部人持股和 IPO 抑价是加强公司质量的信号,内部持股比例越高,IPO 抑价也越高。Zheng 和 Li（2008）以 1993~2000 年美国纳斯达克上市的 1 192 个 IPO 数据为样本进行实证分析发现,IPO 抑价与小机构股东数量正相关,上市后抑价与股东数量变化负相关,小机构股东数量多的公司二级市场的流动性高,从而进一步论证了 Booth 和 Chua 提出的股权分散假说。Hearn（2014）以 2000~2003 年北非的 86 个 IPO 数据为样本进行实证,支持了 Brennan 和 Franks

的股权分散假说。

股权分散假说从一定角度解释了 IPO 抑价，但 Stoughton 和 Zechner（1998）、Field 和 Sheehan（2004）、Elston 和 Yang（2010）持反对观点。Stoughton 和 Zechner（1998）认为发行人对吸引大股东很感兴趣，并指出 IPO 抑价与总股东数量负相关，大股东数量正相关，小机构股东数量负相关，恰好得到与 Brennan 和 Franks 提出的股权分散假说相反的结论。Field 和 Sheehan（2004）研究发现抑价对外部大股东影响较小甚至没有影响，IPO 抑价与股权结构之间的关系较弱。Elston 和 Yang（2010）以 1996~2001 年德国的 267 个 IPO 数据为样本进行实证检验，发现风险资本持股和内部人持股并没有对 IPO 抑价产生显著的影响。

2）市场反馈假说

市场反馈假说源自 Jegadeesh 等（1993），他们试图在对 Allen 和 Faulhaber（1989）所提出的信号传递理论进行实证检验中发现，IPO 抑价越高的公司，其二级市场增发的概率也越高，增发的规模也越大。他们在论证信号传递理论的同时也提出了市场反馈假说，并以四个假设组合来检验市场反馈假说：首先，IPO 后市抑价比 IPO 首日抑价更能预测随后的增发；其次，IPO 后市抑价比 IPO 首日抑价更能预测增发的规模；再次，IPO 后市抑价比 IPO 首日抑价更能预测首次增发的时间；最后，IPO 后市抑价比 IPO 首日抑价更能预测股票增发的价格。实证检验表明：IPO 后 20 天的后市回报与增发的概率和规模显著正相关；后市回报高的公司比后市回报较低的公司更迅速增。从而说明 IPO 首日抑价并不是唯一可以预测增发的因素，从而为市场反馈假说提供有力的实证支撑。随后，市场反馈假说得到 Habib 和 Ljungqvist（2001）、Boot 和 Thakor（1997）、Subrahmanyam 和 Titman（1999）的支持。

van Bommel（2002）通过引入信息成本构造市场反馈模型，研究认为：如果发行人定价过低，则会降低信息的生产。由于存在信息成本，对于一个给定的上市公司来说，是很难对 IPO 期望抑价进行评估的，这暗示了小公司上市的 IPO 抑价更高。随后，van Bommel 和 Vermaelen（2003）以 1987~1995 年美国的 1 543 个 IPO 数据为样本进行实证，检验其构造的市场反馈假说模型，结果与理论一致，具有正向市场反馈的 IPO 公司其资本支出有增加趋势。Su（2004a）以 1994~1999 年中国的 587 个 IPO 数据为样本进行实证检验，分析 IPO 抑价是否与上市前信息不对称有关，且 IPO 抑价程度能否作为公司质量的信号。实证结果论证了"赢者诅咒"和信号模型，且市场反馈假说比信号传递理论更具有解释力度。

此外，Benveniste 和 Spindt（1989）、Hanley（1993）、Lee 等（1996）、Cornelli 和 Goldreich（2001，2003）从侧面研究了市场反馈假说。Benveniste 和 Spindt 的定价模型暗示了 IPO 发行价基本上会低于由市场总需求所确定的均衡价格，以确保那些愿意反映真实需求信息的投资者获得收益。Hanley（1993）以 1983~1987

年美国的 1 430 个 IPO 数据为样本进行实证检验,发现承销商并没有将询价区间调整到最大限度,只是对 IPO 发行价进行了部分调整。当承销商将 IPO 发行价上调时,IPO 抑价也越高,从而为 Benveniste 和 Spindt 的定价模型提供了实证支持。Lee 等(1996)与 Cornelli 和 Goldreich(2001)也研究发现有信息的投资者申购的份额越多,得到的股票也越多。Cornelli 和 Goldreich(2003)进一步对机构投资者的申购单进行分析发现,承销商在 IPO 定价时更多依赖机构投资者的报价而不是申购数量。

3)避免诉讼假说论

从法律角度解释 IPO 抑价的理论主要是避免诉讼假说。该假说由 Ibbotson(1975)提出,他认为受美国《证券法》和《证券诉讼法》影响,IPO 抑价可能是避免未来诉讼的一种表现。随后,Tinic(1988)进一步发展了避免诉讼假说,他认为,由于监管者、发行人和承销商之间存在信息不对称,发行人和承销商难以预测当 IPO 出现法律问题时需承担的责任,为避免 IPO 过程中遭到法律投诉,IPO 抑价可以成为避免法律诉讼的一种保险。Hughes 和 Thakor(1992)指出,在美国上市申请中(如提供虚假的财务信息和制度信息等)会面临法律的制裁,遭受损失的投资者可以对 IPO 公司提起诉讼,导致发行人和承销商声誉、经济遭受损失,为避免法律诉讼风险,发行人和承销商必须进行 IPO 抑价。Alanazi 和 Al-Zoubi(2015)以 2003~2010 年海湾 6 国的 139 个 IPO 数据为样本进行实证分析发现,在 IPO 市场中,政府监管较弱的国家更趋向保护投资者利益。Liu 等(2014)以 1997~2009 年中国 A 股的 963 个 IPO 数据为样本进行实证,分析法律保护与 IPO 抑价之间的关系,研究发现,法律保护能降低 IPO 抑价,并取得与 Engelen 和 van Essen(2010)一致的结论。

尽管避免诉讼假说在一定程度上解释了 IPO 抑价现象,但 Alexander(1991)、Drake 和 Vetsuypens(1993)、Lowry 和 Murphy(2007)提供了大量不支持避免诉讼假说的证据,他们认为避免诉讼假说并不是对 IPO 抑价进行合理解释的一种有效方法。Alexander 研究发现,在被起诉的 IPO 案例中,IPO 抑价较低公司遭受诉讼的比例较低,反而是抑价过高的公司遭受诉讼的比例较高,说明 IPO 抑价并不能使公司避免诉讼。Drake 和 Vetsuypens 以 1969~1990 年 93 家公司的 IPO 数据为样本进行分析,研究得到与 Alexander 一致的结论,即 IPO 抑价并没有消除公司免除诉讼的威胁,并进一步指出 IPO 抑价并不是公司避免法律诉讼的充分条件,也不是一个公司应采取的有效的方式(IPO 抑价避免诉讼成本太高)。Lowr 等指出,尽管其他国家对投资者的保护并不如美国法律严谨(Ritter,1991),但众多的研究表明,IPO 抑价已成为一个全球普遍现象,因此,从避免诉讼假说的角度解释美国 IPO 抑价难以令人信服。

4）承销商声誉和制度论

早期利用承销商声誉来解释 IPO 抑价要追溯到 1986 年，Booth 和 Smith 在 *Journal of Financial Economics* 上发表的 "Underwriting and the Certification Hypothesis" 一文，他们认为承销商与投资者尤其是机构投资者之间存在长期合作关系，一旦承销商采取短期行为，同意发行人提高 IPO 定价，尽管短期内会增加承销费用，但长期会损坏其声誉。Allen 和 Faulhaber（1989）、Nanda 和 Yun（1997）都认为承销商在 IPO 抑价中起到了非常重要的作用。随后 Carter 和 Manaster（1990）、Ruud（1993）、Beatty 和 Welch（1996）、Carter 等（1998）也认为，由于承销商在 IPO 上市要承担起后市的价格维护，为降低后市维护成本，IPO 抑价成为必然。当然，承销商可能使 IPO 发行价高于其期望价值，如新股上市后市表现不佳，承销商会采取价格支持手段，人为抬高二级市场价格，推动产生 IPO 抑价，若存在首日抑价，则承销商会获得超额利润。

Chua（2014）则认为顶级的承销商会考虑声誉，低级的承销商却不会，因此他们会适当降低 IPO 估价，从而提高 IPO 抑价，降低 IPO 长期绩效，低级的承销商却恰好相反。Kirkulak 和 Davis（2005）以 1998~2005 年日本的 687 个 IPO 数据为样本进行实证检验发现，当市场需求较大时，IPO 抑价与承销商声誉正相关，而当市场需求较小时，IPO 抑价与承销商声誉负相关，从而为承销商声誉假说提供了有力的证据。Su 和 Bangassa（2011）以 2001~2008 年中国 A 股的 590 个 IPO 数据为样本进行检验，发现承销商声誉对 IPO 抑价影响不大，但承销商声誉与 IPO 长期绩效存在显著正相关关系。

Cheung 等（2009）以 1992~2006 年中国 A 股的 1 446 个 IPO 数据为样本研究了监管制度如何影响 IPO 抑价，发现此阶段中国 IPO 抑价是逐步降低的。Tian（2011）通过研究 1992~2004 年中国 A 股的 1 377 个 IPO 数据样本发现，中国 IPO 高抑价原因是政府干预 IPO 定价和控制股票供给。Ekkayokkaya 和 Pengniti（2012）以 1990~2007 年泰国的 487 个 IPO 数据为样本研究了泰国政府制度改革与 IPO 抑价之间的关系，发现政府制度改革降低了 IPO 抑价。Akyol 等（2014）以 1998~2012 年欧洲的 3 677 个 IPO 数据为样本研究监管制度的变化对欧洲 IPO 抑价影响，发现监管制度提高了公司治理结构透明度和减少了 IPO 估价过程中的信息不对称，从而降低了欧洲国家的 IPO 抑价。

近年来，许多学者开始研究文化制度、法律制度及税收政策对 IPO 抑价的影响，并取得较好的成绩。Engelen 和 van Essen（2010）通过研究来自 21 个国家的 2 920 个 IPO 数据大样本发现，21 个国家质检 IPO 抑价水平大约相差 10%，法律制度越完善的国家，IPO 抑价越低。Banerjee 等（2011）通过研究发现，国家水平的信息不对称与 IPO 抑价存在显著正相关关系；本土投资者的母国偏见降低了 IPO 抑价；有效的合同执行机制能够降低 IPO 抑价；法律追索权力越大，IPO 抑价越大。Costa 等（2013）利用 31 国家的 IPO 数据样本，从文化的六个维度研究了文化对 IPO 抑价的影响，发现长期取向、权利距离与 IPO 抑价显著正相关；不确定性规避程度与 IPO 抑价负相关。进而论证了文化的差异导致 IPO 抑价也不同。Cai 和 Zhu（2015）以 1980~2012 年国外公司在美国上市的 503 个 IPO 数据为样本进行实证分析发现，与美国文化距离越大的国外注册发行人的 IPO 抑价也越高，对于那些先前在本国 IPO 的公司来说，由于美国投资者和发行人之间的透明度增加，故会减轻文化距离对 IPO 抑价的影响。

Rydqvist(1997)以 1980~1994 年瑞典的 251 个 IPO 数据为样本进行实证分析，发现通过税收政策可以解释新股首日超额回报现象。此阶段瑞典资本利得赋税远远低于工资的赋税，从而导致了较高的 IPO 抑价，而投资者得到了赋税较低的资本利得。Li 等（2016）以 1987~2010 年全球 9 687 个 IPO 数据为样本进行实证检验，发现资本利得税减少 IPO 发行数量的同时也进一步提升了 IPO 抑价。

1.2.2 国内 IPO 抑价研究现状

1. 国内 IPO 抑价研究趋势分析

我们选择以 CNKI 作为数据来源，出版物类型选择"CSSCI 期刊"，主题含有"IPO 抑价"作为选择标准进行主题论文筛选，共收集论文 164 篇，其总体趋势分析见图 1.6，选择作者关键词的最小出现次数为 2，作者关键字的重叠可视化如图 1.7 所示。通过关键词分析，与 IPO 抑价有关的主要作者关键词包括：股票发行、资本市场、证券市场、新股发行定价、投资者情绪、发行公司等；主要共生对包括投资者情绪与 IPO 抑价、资本市场与 IPO 抑价、信息不对称与 IPO 抑价、首日收益率与 IPO 抑价等。其中 IPO、抑价、资本市场、新股发行定价和投资者情绪为近几年研究的热点。具体见图 1.7。通过图 1.6 可以看出，国内学术界对于 IPO 抑价的研究处于上升趋势。

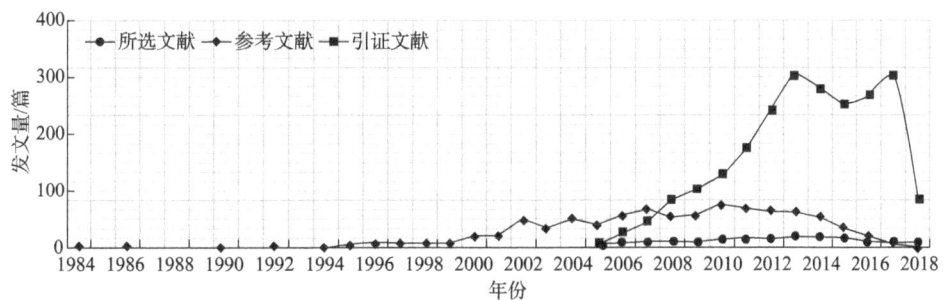

图 1.6　国内 IPO 抑价发表论文总体趋势分析

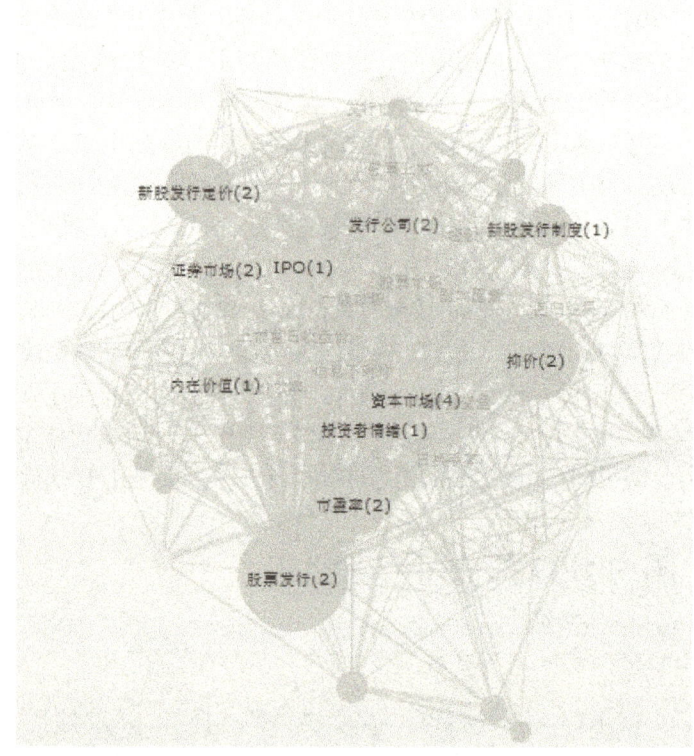

图 1.7　国内 IPO 抑价关键词共现分析

2. 国内 IPO 抑价研究现状

与国外证券市场相比，我国一级市场一直存在过高的超额初始回报率，导致大量的资金囤积在一级市场，造成证券一、二级市场资源配置严重失衡。我国 IPO 高抑价现象引起学术界广泛关注，国外的一些关于 IPO 抑价的理论根本无法解释我国的 IPO 高抑价现象。国内很多学者针对我国特殊的国情和发行机制对 IPO 抑价现象进行深入的探索，归纳国内这些研究主要表现在两个方面：一是在国外 IPO 抑价理论或假说的基础上，以我国 IPO 数据为样本进行实证分析，试图从国外的这些理论中找出我国 IPO 高抑价的原因。二是在借鉴国外 IPO 定价理论模型基础上，结合我国 IPO 定价实际，构建 IPO 定、抑价理论模型，以期解释 IPO 抑价现象。国内对 IPO 抑价的研究也主要集中在行为金融、信号传递、信息不对称、承销商声誉和制度内生性等方面，且大都以实证研究为主。国内学者对 IPO 抑价的研究要追溯于 21 世纪初期，陈工孟和高宁（2000）、王军波和邓述慧（2000）最先发起对我国 IPO 抑价现象的探索和解释。陈工孟和高宁（2000）以 1991~1996 年中国 A 股的 514 个 IPO 数据和 1992~1996 年 B 股的 86 个 IPO 数据为样本进行实证分析，发现 A 股市场 IPO 抑价是发行人的有意行为，且 IPO 抑价与上市滞后风险以及未来增发股票与否相关；而B股则不存在这种现象，从而从A股市场上论证了Allen和Faulhaber（1989）的市场反馈假说。王军波和邓述慧（2000）以1996~1998年深沪两市发行的384个IPO数据为样本进行实证分析，找出中国IPO市场存在超额初始回报率的原因。

关于运用行为金融理论研究：孙建军和王美今（2004）是最早运用行为金融对我国IPO进行研究的学者，他们认为沪深两市不但具有相同的投资者行为和风险收益特征，而且均未达到弱式有效，机构投资者是可能的噪声交易者风险源。随后，韩立岩和伍燕然（2007）以1997~2005年我国A股的815个IPO数据为样本进行实证检验，表明投资者情绪能解释我国IPO抑价之谜，且投资者情绪与市场收益之间存在反馈关系。张小成等（2008，2010，2011）结合我国IPO询价实际，通过构建投资者可观测性异质下的IPO定、抑价模型，分析投资者可观测性异质行为对IPO抑价的影响，认为投资者之间存在异质是我国IPO高抑价存在的根本原因。邵新建等（2013）也发现，承销商利用投资者过度乐观情绪，定价明显高于机构投资者报价均值，而承销商声誉能抑制这种拔高定价行为；定价拔高越大，IPO抑价越低。陈鹏程和周孝华（2016）将机构投资者私人信息和散户投资者情绪结合起来，发现IPO破发只与散户投资者情绪相关；散户投资者越乐观，IPO抑价越高。此外，行为金融理论也得到国内诸多学者的支持，林振兴（2011）、汪昌云和武佳薇（2015）、俞红海等（2015）、宋顺林和唐斯圆（2016）、宋顺林和王彦超（2016）分别从不同的侧面进行实证分析，解释投资者情绪对我国IPO抑价的影响。Gao等（2016）以2010~2012年中国的479个IPO数据为样本进行实证研究，分析机构投资者和散户投资者情绪对首日报酬率和长期报酬率的影响，表明机构投资者和散户投资者情绪与IPO首日报酬率正相关，而只有散户投资者情绪与IPO长期报酬率负相关。

关于信号传递理论与信息不对称理论研究：关于信号传递理论，张继强等（2003）以1998年深沪两市的102个IPO数据为样本对Allen和Faulhaber（1989）等提出的信号传递理论假说进行实证检验，发现IPO抑价、股权留存比率、发行规模都是企业质量的重要信号，IPO抑价越高，公司越可能增发，从而论证了Allen和Faulhaber（1989）等的信号传递理论假说。Su和Fleisher（1999）以1987~1995年在上海证券交易所上市的308个IPO数据为样本进行研究，发现IPO抑价越高，公司增发中筹集资金越多，且IPO与增发之间的时间间隔也越短，也为Allen和Faulhaber、Grinblatt和Hwang、Welch的信号传递理论提供了支撑。

此外，邱冬阳等（2010）、陈胜蓝（2010）、贺炎林（2011）通过实证检验，为信号传递理论提供了实证支撑。邱冬阳等（2010）以2006~2008年我国深圳中小板市场的233个IPO数据为样本进行实证检验，表明IPO公司上市首日开盘价对于明确的内控信息披露有显著正向反应。陈胜蓝（2010）以2001~2007年中国

A 股市场的 432 个 IPO 数据为样本进行实证分析，表明在控制公司盈余其他组成部分的影响后，操控性盈余对抑价有显著负向影响。贺炎林（2011）利用 2005~2008 年中国的 235 个 IPO 数据样本检验公共信息在 IPO 抑价中的作用，通过实证研究发现：公共信息对 IPO 抑价产生了显著影响，从而进一步发现定价方式由两阶段定价变革为初步询价定价，显著提高了 IPO 抑价水平。同时，信号传递理论还得到熊维勤等（2007）、莫鸿傲和陈彬（2013）及兰霜霜和程文莉（2015）的实证支持。

夏新平和汪宜霞（2002）以 1992~1999 年中国 A 股的 809 家 IPO 数据为样本，并选择了 56 家从事过增发的 IPO 公司为样本检验 Welch 等提出的信号传递理论，表明尽管我国 IPO 抑价与随后的增发有一定联系，但统计不显著，这说明信号传递理论并不能在我国的 IPO 市场上得到实证支持。胡丹和冯巧根（2013）以 2009~2011 年中国的 524 个 IPO 数据为样本进行实证研究，也发现 Loughran 和 Ritter（2002）、Edelen 和 Kadlec（2005）的信号传递理论并不能解释我国承销商根据公共信息对发行价的部分调整现象，IPO 前审计结果能起信号传递的作用。

对信息不对称理论的研究，Su（2004a）以 1994~1999 年中国的 587 个 IPO 数据为样本进行实证检验，分析 IPO 抑价是否与上市前信息不对称有关，IPO 抑价程度能否作为公司质量的信号，实证结果论证了"赢者诅咒"和信号传递理论。刘静和陈璇（2008）以 2001~2007 年我国深沪两市 A 股的 IPO 数据为样本对信息不对称理论进行实证检验，表明用信息不对称理论来解释中国 A 股市场的 IPO 抑价现象是有效的。随后，何巍巍（2011）、乔磊（2012）以我国创业板公司的 IPO 数据为样本进行实证检验，发现创业板市场信息不对称对 IPO 抑价产生较大的影响。武龙（2011）结合我国 IPO 发行实际，加入 IPO 噪声交易者因素，进行实证分析，发现 IPO 抑价由噪声交易和信息不对称决定。陈亮（2014）通过实证研究发现，当信息不对称程度较高时，IPO 抑价与会计稳健性之间显著负相关。张学勇等（2014）实证发现具有信息优势的券商背景的风险投资比其他风险投资对 IPO 抑价有显著负面影响。同时，信息不对称理论也得到施泽宇等（2012）、张小成等（2012）、沈哲和林启洪（2013）及陈鹏程和周孝华（2016）的支持。

关于承销商声誉假说，国内学者大都是以我国 IPO 数据为样本进行实证分析的，以检验承销商声誉假说在我国的适应性。高敏（2006）以 2001~2003 年我国 A 股的 165 个 IPO 数据为样本检验承销商声誉与 IPO 抑价之间的关系，发现 IPO 抑价与承销商声誉有显著正相关关系。何剑（2008）以 2005 年 12 月前所有我国 A 股的 1 332 个 IPO 数据为样本对承销商声誉进行检验，发现承销商的确影响了中国股市的 IPO 抑价。邱冬阳等（2010）以 2006~2008 年我国创业板的 IPO 数据为样本进行检验，发现承销商声誉与 IPO 抑价负相关，和高敏及何剑等的研究的结果恰好相反。何平等（2014）通过实证表明：声誉较高的承销商更能帮助不确定性高的公司降低 IPO 抑价，而对于不确定性较低的公司，其对 IPO 抑价的作用不显著。令人吃惊的是，与前面的研究恰好相反，蒋顺才等（2006）以 1990~2005 年我国 A 股的 IPO 数据为样本进行分析，发现我国承销商声誉对 IPO 影响不大，且 IPO 发行制度不同，承销商声誉也有着显著的差异。林雨晨和林洪（2014）以 2009~2011 年我国创业板的 IPO 数据为样本进行分析，也发现承销商声誉与 IPO 抑价没有显著影响，得到与邱冬阳等不一样的结论。

关于股权分散假说。Su（2004b）以中国的 384 个 IPO 数据为样本进行实证检验，发现内部人持股和 IPO 抑价是加强公司质量的信号，内部持股比例越高，IPO 抑价也越高。李曜和张子炜（2011）以我国创业板的 IPO 数据为样本进行分析，发现私募股权持股的公司 IPO 抑价更高，而天使投资持股的公司则对其 IPO 抑价没有影响。柴亚军和王志刚（2012）实证分析发现 IPO 公司参股的前九大股东持股比例越高，IPO 抑价也越高，且一年后相对其他股票而言，价格跌幅较大。但谢汉昌和王金波（2013）以 2009~2011 年我国 A 股的 718 个 IPO 数据为样本进行实证研究，发现管理层持股比例与 IPO 抑价并无显著关系，然而 IPO 破发却与预期存在显著负相关关系。冯照桢等（2016）认为 IPO 公司的异质性风险投资机构数量越多，IPO 抑价程度越低。于富生和王成方（2012）研究发现，IPO 抑价与国有股权比例正相关，但随着政府对 IPO 定价管制的提高，它们之间的正相关关系逐步减弱，甚至转向负相关。王成方和宋夏云（2015）也论证了于富生和王成方（2012）的观点。张华等（2014）以 2007~2011 年我国中小板的 IPO 数据为样本进行实证检验，发现终极控股股东控制权的偏离程度与 IPO 抑价负相关，一旦在发行前引入私募股权会减弱它们之间的关系。

关于制度内生性假说。针对我国特殊的制度背景，国内很多学者试图从我国 IPO 监管政策以及定价机制的变化找出 IPO 高抑价的原因。Cheung 等（2009）以 1992~2006 中国 A 股的 IPO 数据为样本进行实证分析我国监管政策的变化对 IPO 抑价的影响，发现固定市盈率发行定价极大地推动了 IPO 抑价，而监管变革后它对 IPO 抑价中的重要性逐渐消失，说明监管制度框架的确对中国 IPO 抑价做出了重大的贡献。Tian（2011）利用 1992~2004 年中国 A 股的 1 377 个 IPO 数据样本进行实证，指出中国 IPO 高抑价的最主要原因是政府对 IPO 定价监管的干预以及对 IPO 供给的控制。刘煜辉和熊鹏（2005）也认为政府管制的制度是中国市场存在极高 IPO 抑价的主要原因。这一结论也得到于富生和王成方（2012）、王成方和宋夏云（2015）等的支持。然而，李翔和阴永晟（2004）以 1997~2004 年我国的 743 个 IPO 数据为样本实证得出与 Cheung 等（2009）以及 Tian（2011）不同的结论，即政府管制并不是影响我国 IPO 高抑价的主要因素，反而放开管制之后的 IPO 抑价比前后两个管制时期都要高。

在对 Rock "赢者诅咒" 理论的检验上，王晋斌（1997）借鉴 Koh 和 Walter

的研究方法，以 1997 年沪市上市的 52 个 IPO 数据为研究样本进行实证分析，发现 Rock 的"赢者诅咒"理论并不能在我国得到实证支持。然而，Su（2004a）以 1994~1997 年中国 A 股的 587 个 IPO 数据为样本对"赢者诅咒"和信号传递理论进行检验，发现市场反馈理论比信号传递理论更能解释这段时间中国的 IPO 抑价现象。Yu 和 Tse（2006）通过对 1995~1998 年中国的 IPO 数据样本的分析，也认为"赢者诅咒"是中国 IPO 高抑价的主要原因，而信号传递理论假设在样本考察期内并未得到实证证据的支持。杜俊涛等（2004）通过实证研究也表明 Rock 的"赢者诅咒"理论在中国是适用的。同时，"赢者诅咒"理论也得到熊维勤等（2006）、刘志远等（2011）、张剑（2014）的支持。

我国证券市场早期采取市盈率管制措施，王军波和邓述慧（2000）、杜莘等（2001）以及韩德宗和陈静（2001）等认为我国 IPO 高抑价的根源在于发行价格定价过低。但随着市盈率放开以后，我国仍存在 IPO 高抑价，杜莘等（2001）发现市盈率放开后，新股发行市盈率并没有拉开差距，而 IPO 抑价还是居高不下，并指出影响 IPO 抑价的主要原因是来自二级市场股票价格。曹凤歧和董秀良（2006）也通过市政发现，我国 IPO 高抑价的主要原因是二级市场股票价格虚高。这也得到张人骥等（1999）、李乐等（2014）及宋顺林和王彦超（2016）的支持。田素华和何仁科（2002）通过比较境内外交叉上市企业的 IPO 价格，发现 A 股 IPO 定价明显高于 H 股，这表明 A 股 IPO 的定价不是过低反而可能是定价过高。李冬昕等（2014）也发现机构投资者报价差异性越大，IPO 定价越高。郭海星和万迪昉（2011）也认为我国承销商认证功能弱化，IPO 发行价格偏离其内在价值，从而导致 IPO 定价偏高。

目前，随着现代互联网技术的广泛应用，国内部分学者开始探索媒体以及网络评论对 IPO 抑价的影响。张雅慧等（2011）以 2009~2011 年我国创业板的 IPO 数据为样本进行实证研究，发现媒体报道与 IPO 抑价正相关，他们认为媒体报道影响投资者情绪进而对 IPO 抑价产生影响。林振兴（2011）通过投资者讨论信息进行独特的整理分析，分析投资者情绪对 IPO 抑价影响。黄俊和陈信元（2013）也以 2005 年 5 月前创业板的 IPO 数据为样本进行实证研究，发现媒体报道显著提高了 IPO 抑价，但长期而言，媒体报道越多，股票价格下跌越明显。媒体报道或网络评论对 IPO 抑价产生较大的影响这一结论也得到胡援成和管超（2014）、牛枫和叶勇（2015）及刘豪和胡艳（2015）的实证支持。

此外，翁宵暐等（2014）研究了家族成员参与管理对公司 IPO 抑价率的影响，发现家族成员参与管理降低了信息不对称，从而降低了 IPO 抑价。郝项超和苏之翔（2014）研究发现对于主板上市公司而言，标准风险提示信息对 IPO 抑价没有影响，特有风险提示信息可以降低 IPO 抑价，而中小板与创业板公司不存在这种现象。

1.2.3 研究评述

面对全球化普遍存在的 IPO 抑价现象，国内外学者从理论、方法及实证等多方面对 IPO 抑价进行研究，取得了很多重要的成果。这些成果不仅有助于深化人们深化对 IPO 抑价的理解，同时也为本书的研究开展提供很好的基础。但是我们也发现，由于定价制度、研究方法及研究内容所限，这些先前的理论积累对于本章关注的部分问题解释力有限，存在如下研究局限。

（1）结合中国制度背景从理论模型上对中国 IPO 抑价进行研究不足。尽管国外对 IPO 抑价这一现象进行了许多卓有成效的研究，然而到目前为止，尚没有哪种理论或假说解释占据主导地位，且各种理论或假说也没有构建起清晰的逻辑体系。在研究方法上，已有的理论研究由于中外发行制度上的差异而使其假设与中国的 IPO 现状不符，国外学者的这些理论并不能完全解释中国 IPO 抑价居高不下的事实。国内对于 IPO 抑价的研究大都是从实证的角度进行分析，试图找出影响 IPO 抑价的因素，理论研究极少涉及。因此，如何扩展现有 IPO 抑价理论，结合中国证券市实际，构建贴近中国证券市场实际的理论模型是目前国内外学术界应该关注的重要问题。

（2）从投资者不可观测性异质角度对 IPO 抑价进行研究缺乏。本项目主要以行为金融理论积累为基础展开，综观相关文献，这些理论基本上都是立足投资者情绪不变（Benveniste and Spindt, 1989; Gouldey, 2006）的基础上对 IPO 抑价进行研究的。这一假设与证券市场实际不符，尤其是尚未成熟的资本市场，信息不对称程度很大，随着信息逐步公开，投资者之间的分歧必然发生改变。因此，上市前后"投资者情绪不变"这一假设具有不吻合证券市场实际的属性。

（3）从投资者信息结构角度对 IPO 抑价进行研究缺乏。先前从信息不对称角度对 IPO 抑价进行研究的文献（Rock, 1986; Kyle, 1989; Brau et al., 2007; Tourani-Rad et al., 2016; Bakke et al., 2012）都是在假定投资者的信息结构不变的基础上进行的，这主要是由于国外询价机制中，所有投资者都可以参与 IPO 定价，故这一理论假设是符合国外询价实际的。然而在中国 IPO 询价机制中，只有机构投资者有参与 IPO 定价的权力，而散户投资者没有定价话语权，这是中国询价机制与国外询价机制最为明显的差异。中外询价机制的差异导致信息不对称理论关于"投资者的信息结构不变"这一假设带有明显的局限性。

（4）结合制度变迁与投资者观测性异质对 IPO 抑价进行研究缺乏。先前关于从行为金融理论和信息不对称角度对 IPO 抑价研究的文献有很多，但很少有学者融合行为金融理论和信息不对称理论对 IPO 抑价进行研究。Derrin（2005）通过引入机构投资者私人信号因素,构建了投资者情绪下的 IPO 定价模型,并研究发现 IPO 上市后的交易价格主要取决于掌握私人信息的投资者和噪声交易者的情绪,而承销商不可能将所有的乐观情绪完全反映到 IPO 定价中,从而导致 IPO 定价效率低。尽管 Derrin 融合了信息不对称理论和行为金融理论对 IPO 抑价进行理论与实证分析,但其理论模型中也有不太符合证券市场实际的属性,一是假定投资者对新股价值评估一致,二是投资者私人信息结构固定不变。目前,从投资者观测性异质和制度变迁对 IPO 抑价进行研究的文献尚未看到。如何构建投资者观测性异质下的定价模型,探索投资者观测性异质、制度变迁与 IPO 抑价之间的作用机理,是值得进一步研究的重大课题。

因此,以下科学问题具有重要的研究价值:①结合信息不对称理论和行为金融理论构建更贴近中国证券市场实际假设的理论模型。②进一步拓展信息不对称理论或行为金融理论,构建投资者观测性异质下的定价模型,深入分析投资者情绪对 IPO 抑价影响。③结合中国询价制度改革,构建投资者观测性异质和制度变迁下的定价理论模型,探索制度变迁、投资者观测性异质和 IPO 抑价之间作用机理,解释中国 IPO "异象"。

1.3 研 究 内 容

我们前期的研究(张小成等,2012)和发现为 IPO 抑价研究提供了新的思路。本书拟从八个方面开展研究:一是机构投资者和散户投资者可观测性异质对 IPO 抑价影响;二是机构投资者可观测性异质对 IPO 抑价影响;三是完全信息下机构投资者不可观测性异质对 IPO 抑价影响;四是信息不对称条件下机构投资者不可观测性异质对 IPO 抑价影响;五是投资者可观测性异质与不可观测性异质对 IPO 抑价影响;六是信息结构变化下投资者不可观测性异质对 IPO 抑价影响;七是询价和固定价格发行机制下投资者观测性异质对 IPO 抑价影响;八是新股超募制度变迁下投资者可观测性异质对 IPO 抑价影响。具体内容如下。

1.3.1 机构投资者和散户投资者可观测性异质对 IPO 抑价影响

在我国,尽管散户投资者作为价格的接受者,在 IPO 定价中没有话语权,但也是左右二级市场价格的主要力量,因此,必然对 IPO 抑价产生较大影响。针对这种状况,本部分研究了机构投资者和散户投资者可观测性异质对 IPO 抑价影响。

在考虑发行人期望效用最大化的同时,以机构投资者期望效用最大化为目标,确定其最优报价策略,然后运用博弈论,结合发行人和机构的最优报价确定 IPO 定价均衡模型。在 IPO 抑价比较分析时,针对机构投资者和散户投资者可观测性异质,分析机构、散户投资者、发行人在 IPO 抑价中对有意抑价和无意抑价的影响,试图从机构投资者和散户投资者可观测性异质的角度解释"IPO 高抑价之谜"和"跌破发行价之谜",并从数值分析和实证研究上为本部分结论提供支撑。

1.3.2 机构投资者可观测性异质对 IPO 抑价影响

前面分析机构和发行人、机构投资者和散户投资者之间的可观测性异质对 IPO 抑价的影响,但当所有参与询价的机构投资者之间存在可观测性异质的时候会产生怎样的影响呢?据此,考虑了机构投资者之间的可观测性异质,根据 CARA 模型,在每个机构投资者追求期望效用最大化的基础上,确定每个机构投资者的需求函数,从而确定 IPO 抑价模型,并与机构同质情况下 IPO 定、抑价模型进行比较分析。在此基础上,研究机构的不同行为(合谋和异质)下报价策略,试图从机构投资者之间可观测性异质的角度解释"IPO 高抑价之谜"和"承销商容许部分机构私下合谋行为",并结合数值分析以论证本部分的结论。

1.3.3 完全信息下机构投资者不可观测性异质对 IPO 抑价影响

在假定不存在信息不对称条件下,以机构投资者不可观测性异质为研究视角,构建机构投资者不可观测性异质下的 IPO 定、抑价模型,研究投资者不可观测性异质对 IPO 抑价的影响,并进行比较分析。同时,运用 Matlab 编程,结合定、抑价模型在机构投资者不可观测性异质情况下,对 IPO 抑价与投资者不可观测性异质之间的关系进行数值分析,为本部分的结论提供支撑。

1.3.4 信息不对称条件下机构投资者不可观测性异质对 IPO 抑价影响

在假定投资者拥有私人信息下,进一步融合行为金融理论和信息经济学理论,我们借鉴 Kyle（1989）引理①来求解投资者不可观测性下投资者效用函数中条件分布的期望和方差。通过确定投资效用函数和需求函数，运用纳什贝叶斯均衡，进而求解一、二级市场定价模型，分析信息不对称下机构投资者不可观测性异质对 IPO 抑价影响，并进行数值分析。

1.3.5 投资者可观测性异质与不可观测性异质对 IPO 抑价影响

在结合中国 IPO 询价实际的基础上，以投资者观测性异质为研究视角，应用纳什贝叶斯均衡，构建散户投资者不同观测性异质下的 IPO 定、抑价模型，探讨了投资者观测性异质对 IPO 抑价影响，并进行比较分析和数值分析，分析投资者可观测性异质与不可观测性异质对 IPO 抑价影响。

1.3.6 信息结构变化下投资者不可观测性异质对 IPO 抑价影响

结合 IPO 询价实际，在 CARA 模型的基础上，运用信息不对称理论和行为金融理论的工具，构建在投资者不同私人信息下 IPO 定、抑价模型的基础上，比较分析信息结构变化下投资者不可观测性异质对 IPO 抑价影响，并运用 Matlab 做图，进行数值分析。

1.3.7 询价和固定价格发行机制下投资者观测性异质对 IPO 抑价影响

我国 IPO 高抑价现象的研究中，很多学者已经意识到 IPO 高抑价部分来自发行人和机构投资者有意抑价行为，而部分来自投资者二级市场的过度狂热而导致的"错误定价"。然而，投资者这种"非理性"狂热情绪究竟怎样产生？它是如何影响 IPO 抑价的？它对 IPO 抑价水平究竟存在多大程度的影响？对于上述几个问题目前尚缺乏深入研究。这部分内容我们将探讨投资者可观测性异质的来源，并

---

① 若随机变量 $\xi_0, \xi_1, \cdots, \xi_k$ 相互独立，且 $\xi_0 \sim N\left(\alpha, \dfrac{1}{\tau_0}\right)$，$\xi_i \sim \left(0, \dfrac{1}{\tau_i}\right), i = 1, 2, \cdots, k$，令 $\tau^* = D^-\left(\xi_0 | \xi_0 + \xi_1, \cdots, \xi_0 + \xi_k\right)$，则有 $\tau^* = \tau_0 + \sum_{i=1}^{k} \tau_i$，$E\left(\xi_0 | \xi_0 + \xi_1, \cdots, \xi_0 + \xi_k\right) = \alpha + \sum_{i=1}^{k} \dfrac{\tau_i}{\tau^*}\left[\xi_0 + \xi_i - E(\xi_0 + \xi_i)\right]$。

建立投资者可观测性异质与 IPO 抑价之间的关系模型，从理论上对 IPO 高抑价现象进行理论解释，并以 1996~1999 年 7 月和 2005~2008 年在深沪市上市的 IPO 作为研究对象，从数值分析和实证研究上检验结论的合理性。

1.3.8 新股超募制度变迁下投资者可观测性异质对 IPO 抑价影响

结合我国特殊的制度环境，以投资者可观测性异质为研究视角，构建不同新股超募制度约束下的 IPO 定、抑价模型，探讨不同超募制度约束下投资者可观测性异质对 IPO 定、抑价影响机理，进行比较分析和数值分析，并在此基础上，选取询价发行机制后 2005~2008 年（禁止超募）及 2009~2012 年（准许超募）沪深 A 股上市的所有 IPO 公司为研究对象，运用多元回归模型，进行实证分析，为理论模型提供实证支持。

1.4 研 究 方 法

本书以数理模型推导、数值分析和实证分析为主要研究方法。其中博弈论和信息经济学中的理论分析框架与实证方法是研究的主要数学工具，具体方法如下。

1.4.1 数学建模方法

1. 效用函数确定

本书在借鉴 Makarov 和 Schornick（2010）效用函数的基础上，确定证券市场风险规避的投资者的基本效用函数，再根据 Kyle（1989）不完美竞争市场信息结构，构建投资者有私人信息下的效用函数，并根据 Kyle（1989）引理，确定机构投资者和散户投资者效用函数中的期望与方差，从而确定机构投资者和散户投资者在一、二级市场中的效用函数。

2. 纳什贝叶斯均衡

根据投资者效用最大化的原则，确定所有投资者在一、二级市场的需求函数后，根据一级市场均衡的条件 $\sum_{i=1}^{n} q_i = ks$ 和二级市场出清的条件 $\sum_{i=1}^{n} q_i + \sum_{j=1}^{m} q_j = s$ ，应用纳什贝叶斯均衡方法（不完全信息静态博弈方法），确定一、二级市场定价模型，确定 IPO 抑价。

1.4.2 数值分析方法

为了进一步说明问题，论证本书研究的结论，我们结合中国上市公司 IPO 数据，运用 Matlab 对一、二级市场定价模型进行编程绘图，分析投资者观测性异质对 IPO 抑价影响，以期得到部分经济学启示。

1.4.3 实证分析方法

以中国深沪两市上市公司数据为样本，以 IPO 首日超额回报为 IPO 抑价的代理变量（被解释变量），通过选取投资者可观测性异质（正负面消息传播次数、投资者在发行和上市期间对新股价值评估的变化及换手率等）代理变量指标作为解释变量（部分数据可能要通过爬虫软件网上收集），以其他影响 IPO 抑价的因素为控制变量（Rock，1986；翁宵暐等，2014；方匡南等，2015），构建多元回归模型，研究投资者可观测性异质对 IPO 抑价影响，以期为本书研究结论提供支撑，并得到部分政策启示。主要数据来源 CSMAR 数据库和 Wind 数据库。

1.5 研究特色及创新

本书的特色和创新之处可以从以下几个方面概括。

（1）以投资者可观测性异质和不可观测性异质这两个崭新的研究视角，揭示观测性异质与 IPO 抑价之间的作用机理。Kyle（1989）、Derrin（2005）、Gouldey（2006）、张小成等（2010）分别从投资者情绪和信息不对称角度对股票定价或抑价进行研究，但这些研究都是基于投资者情绪不变的基础上进行的理论研究，而证券市场中投资者情绪动态变化这一实际又决定了这些研究都具有不完美的性质。据此，本书将变过去静态、单一研究为动态、二元动态研究，拓展和深化 Kyle（1989）与 Derrin（2005）的理论，以投资者观测性作为新的研究视角，以期揭示投资者观测性异质与 IPO 抑价之间的作用机理。目前，学术界从投资者观测性异质角度进行研究处于起步阶段，尚未查到从这个维度对 IPO 抑价进行研究的相关文献，投资者观测性异质这个点是当前学术界研究最前沿的点。

（2）构建投资者可观测性异质下的 IPO 定价模型，拓展和深化 IPO 行为金融理论，揭示投资者可观测性异质对 IPO 抑价影响。在 IPO 定价实践中，投资者所获得的信息、评估方式和评价模型选择不一样，导致投资者对新股内在价值评估产生分歧，因此，股票内在价值事先确定这一假定并不符合证券市场实际［除非所有投资者事先共谋（Gouldey，2006）］。本书在拓展 Derrin（2005）研究的基础上，借鉴 Gouldey（2006）、张小成等（2010）等观点，结合投资者可观测性异质参数变量，构建贝叶斯均衡下的 IPO 定价模型，分析投资者可观测性异质下的 IPO 抑价问题，厘清投资者可观测性异质和 IPO 抑价之间的作用机理，从而深化和拓展 IPO 行为金融理论这一领域研究。

（3）构建投资者不可观测性异质下的定价模型，进一步扩展 Kyle（1989）定价模型，揭示投资者不可观测性异质对 IPO 抑价影响。我们进一步拓展 Kyle（1989）、Bakke 等（2012）理论，不再把投资者简单分为有信息投资者和无信息投资者，构建投资者不可观测性异质下的定价模型，分析投资者不可观测性异质与 IPO 抑价问题，厘清投资者不可观测性异质和 IPO 抑价之间的作用机理，从而进一步深化和拓展了 IPO 行为金融理论这一领域研究。

（4）构建不同 IPO 发行制度下的 IPO 定价模型，扩展 IPO 制度理论，揭示 IPO 制度变迁、投资者可观测性异质与 IPO 抑价之间的作用机理。结合中国 IPO 询价实际，构建不同制度下的 IPO 定价模型，从投资者观测性异质的角度分析中国制度变迁导致市场失灵的原因，解释中国诸多 IPO "异象"。本书研究成果将在这些方面试图提供相关的理论依据，分析这些异象存在的根本原因，为监管机构建立科学、合理的 IPO 制度提供理论参考，也为下一步市场化改革提供实证参考，因此具有很高的应用价值。

第 2 章 基本概念与理论基础

2.1 基本概念

2.1.1 IPO

IPO 指股份有限责任公司首次向社会公众公开招股的发行方式。通常，有限责任公司在申请 IPO 之前，应先进行股改，变更为股份公司。拟上市公司的股份是根据相应证监会出具的招股书或登记声明中约定的条款通过经纪商或做市商进行销售。一般来说，一旦公司首次公开上市后，该公司就可以申请到证券交易所或报价系统进行挂牌交易。

按照依法行政、公开透明、集体决策、分工制衡的要求，我国首次公开发行股票的审核工作流程分为受理、见面会、问核、反馈会、预先披露、初审会、发审会、封卷、会后事项、核准发行等主要环节，分别由证监会不同处室负责，相互配合、相互制约。1990~2004 年我国 IPO 一直采用固定价格发行方式，2004 年后采用新股询价机制，证券市场市场化改革迈出了最为关键的一步。

公司 IPO 过程中，各参与主体各司其职。公司及其董事：准备及修订盈利和现金流量预测、批准招股书、签署承销协议、路演。保荐人：安排时间表、协调顾问工作、准备招股书草稿和上市申请、建议股票定价。申报会计师：完成审计业务、准备会计师报告、复核盈利及营运资金预测。公司律师：安排公司重组、复核相关法律确认书、确定承销协议。保荐人律师：考虑公司组织结构、审核招股书、编制承销协议。证券交易所：审核上市申请和招股说明书、举行听证会。股票过户登记处：拟制股票和还款支票、大量印制股票。印刷者和翻译者：起草和翻译上市材料、大量印刷上市文件。

香港混合发售机制与新股询价机制比较，香港混合机制既充分发挥了机构投资者对最终发行定价的影响，使新股定价既能够反映市场需求，又能够保障散户投资者在新股认购中的利益。香港混合机制比较适合股市国际化程度高，且本地散户投资者比例较高的国家。

2.1.2 IPO 抑价

IPO 抑价是指 IPO 发行价明显低于上市首日收盘价格。也就是说，IPO 的股票上市后（一般指第一天）的市场收盘价高于其发行价格，其公式如下：（首日收盘价-发行价）/发行价，本书中的 IPO 抑价都是指首日抑价。发行市场与交易市场出现了巨额的价差，从而导致 IPO 存在较高的超额收益率。

IPO 抑价现象是一种国际 IPO 市场普遍存在的现象，一直是困扰国内外学术界多年的金融异象之一，是股票市场三大"未解之谜"之一，且深受国内外学者高度关注。国外关于 IPO 抑价的研究是建立在资本市场有效和投资者理性的基础上的，并提出了诸如信号传递理论、行为金融理论、信息不对称理论和承销商声誉假说等十大基本理论或假说。

国内学者对 IPO 抑价的研究大都是以我国 A 股的 IPO 数据为样本对国外的这些理论和假说进行实证分析的，检验国外这些理论在中国的适应性，从而从理论的角度解释我国 IPO 高抑价现象。我国证券市场自 1990 年成立以来，IPO 抑价一直居高不下，年平均抑价以 1991 年最高，达到 641%，其中飞乐股份 IPO 抑价最高，每股发行价为 1.14 元，而首日收盘价为 339.7 元，首日抑价率为 29 698%，到 2014 年底，IPO 平均抑价为 113.6%，远超世界上其他国家。我国这种异常超额首日回报，在全球很罕见，三十年来，创下"新股不败"的神话，致使一、二级市场资金失衡，巨额申购资金低效率盘踞一级市场，一级市场存在巨大规模资金的短期套利行为，而二级市场投资存在巨大的风险，造成资源配置的巨大浪费和二级市场的无效。

2.1.3 异质预期

人们大都可以接受在股票市场中不同投资者对股票未来走势的估计会存在不同的意见这一观点，但对存在异质预期的股票市场均衡问题作出学术研究却是近二三十年的事情，并且对异质预期的概念及形成机制等问题了解得还比较模糊，甚至在某些问题上仍存在一定误区，因此本章将从异质预期的概念、形成过程及形成机制三方面对异质预期相关问题进行阐述与梳理。

异质通常是指不同投资者对相同股票相同持有期下收益分布有不同的判断，也称为意见分歧。张维、张圣平提出传统资产定价模型的同质预期假设暗含着两个前提：一是投资者对所有股票信息免费并且同时获得；二是所有投资者处理信息的方式相同。现实的资产市场很难同时满足这两个前提,可观测性异质无疑是一个更加接近现实的假设。

异质预期体现在三个层次:先验的异质性预期、后验的异质预期和异质预期更新过程。异质形成过程表现为如下形式:每个投资者都有一个初始的先验预期,即拥有一个对证券市场投资组合收益的初始主观概率判断,然后在现实证券市场的资产收益实现以后,他们会将自己的主观概率与现实数据进行比较,同时充分利用拥有的信息,进行信念更新,最终形成后验的预期,这三个环节都可能因投资者种种因素的影响而异质。

Hong 和 Stein 提出异质有如下三种形成机理。

首先,渐进信息流动。由于信息扩散速度、信息获得渠道的差异性等,信息不可能瞬间同时到达所有投资者,已经收到信息的投资者会根据新信息修正预期,还没有收到新信息的投资者维持原来的预期,因此,即使初期所有投资者具有相同的预期,随着时间的推移,投资者之间也会出现信念差异。

其次,有限注意。经济生活中每天都会产生大量的信息,投资者不可能有时间和精力处理所有的信息,只能注意到有限的信息,对不同的信息和资产的注意程度也不同。行为金融的研究还发现,投资者的过度自信也会导致对信息的有限注意,当投资者过度相信自己的判断能力时,往往会忽视与他的判断不一致的其他信息。

最后,先验的异质性。即使不存在信息获取或注意力的差异,投资者之间也不太可能产生完全一致的判断,因为投资者存在先验的异质性。面对同样的信息,由于个人经历、教育背景、年龄、职业甚至性别的差异性,投资者之间往往存在不同的预期和判断。

2.1.4 可观测性异质

为了把投资者观测性异质体现在 IPO 定、抑价模型中,我们借鉴了 Gouldey(2006)异质理论,进一步对投资者之间异质进行扩展研究,假定机构投资者和散户投资者对新股的价值评估存在分歧,且是可观测性的。所有参与询价的机构投资者之间对新股价值不存在分歧,其先验价值评估为 V_1;同时所有的散户投资者对股票的价值评估不存在分歧,散户投资者对 IPO 先验价值评估为 V_2,其中 $V_1 \neq V_2$,且其都为投资者之间的共同知识,即机构投资者和散户投资者之间存在可观测性异质 $V_1 - V_2$。

2.1.5　不可观测性异质

在新股上市前后，当投资者收集的信息逐步完善时，投资者对新股的价值评估可能发生改变，导致投资者情绪发生改变（如从过度乐观到理性、从过度乐观到悲观、从悲观到乐观等），我们把这种上市前后投资者情绪上的变化称为不可观测性异质。为得到更贴近证券市场实际和可操作性的 IPO 理论模型，我们拟从投资者对新股价值评估的变化来度量不可观测性异质（如上市前投资者对新股的价值评估为 V_1，上市后其对新股的价值评估为 V_2，其中 $V_1 \neq V_2$，此时我们称投资者发生了不可观测性异质）。

2.1.6　有意抑价和无意抑价

为了更进一步分析 IPO 抑价，本章在首日抑价的基础上，引入有意抑价和无意抑价的概念，把 IPO 抑价分为有意抑价和无意抑价，并比较分析投资者可观测性异质对 IPO 有意抑价和无意抑价的影响。从而从投资者可观测性异质的角度解释不同发行方式下 IPO 高抑价长期产生的原因。

1. 有意抑价

诸多文献表明，新股 IPO 短期表现正的、非正常回报，长期回报则表现为负（Ibbotson，1975）。这些从理性角度出发的理论都暗含着的一个重要假设：首日收盘价就是公司的内在价值。但是二级市场的交易价格等于内在价值只有在市场有效的情况下才会发生。"赢者诅咒"（Michaely and Shaw，1994）理论认为，由于新股的价值不确定或投资者之间对发行人的状况存在信息不对称，投资者为规避"逆向选择"风险，就需要更大的期望收益来补偿，有有意抑价的激励。委托-代理理论（Habib and Ljungqvist，2001）却认为，尽管投资者对新股的内在价值不存在分歧，承销商不期望新股的价格高于二级市场均衡价，承销商有意将抑价发行的股票分配给自己的忠实客户以增强自身竞争力，也必然导致有意抑价。为了防止发行失败或顺利再融资，也避免二级市场股票价格大跌，不利于公司的声誉和发展，发行人也不期望新股的价格高于二级市场均衡价，这也可能产生有意抑价（Gouldey，2006）。综上所述，有意抑价（UP_I）就是在市场有效的前提下，IPO 发行过程中各参与主体人为因素引起的 IPO 抑价。

2. 无意抑价

当各参与主体信息不对称或尽管所有投资者可能获得发行公司同样的信息，但新股的内在价值事先不确定，不同投资者对新股价值评估的信息不同，对新股价值会产生异质评估，此时，新股可能被无意地错误定价，导致无意抑价（Leite，2006）。Beatty 和 Ritter（1986）认为如果一级市场存在超额申购时也会导致无意抑价，这种无意抑价可能是由二级市场的暂时狂热或者投资者对增长前景的过分乐观而引起的（Bossaerts and Hillion，2001）。当市场有效并存在噪声交易时，交易价格就会偏离公司的内在价值，造成市场对新股的错误定价（Chen et al.，1999）。此时，发行价与二级市场的交易价格之间的差距或许既包含了抑价部分又包含了市场错误定价部分，即抑价中包含了有意抑价和无意抑价，当然也可能导致首日收益率为负（下面都为"错误定价"）。因此，无意抑价（UP_{UI}）就是 IPO 发行过程中各参与主体对新股价值产生分歧等非人为因素引起的 IPO 抑价。

2.2 相关理论基础

2.2.1 IPO 定价基础——企业价值评估

股票价格主要是由公司的内在价值决定的。科学、合理的 IPO 定价不但使社会资源达到合理配置，使其实现优化配置，而且可以使企业成功实现项目融资，并实现企业本身价值的目标。根据市场理论，IPO 发行价格是由市场供给和需求决定的。承销商和发行人首先对证券市场上的需求进行分析，其次由主发行人和承销商商议确定 IPO 发行价，即发行人和承销商对公司进行价值评估，确定 IPO 发行价格区间，依据发行价格区间，收集市场上投资者需求信息，并通过对需求分析和未来股票预期的走势进行预测，最终确定合理的 IPO 发行价格，所以价值评估是 IPO 定价的基础。

公司的内在价值是由公司的财务状况、营运状况、偿债能力和发展能力等决定的，而公司 IPO 定价是在公司内在价值的基础上确定的，因此，公司的内在价值会直接影响到 IPO 的定价。公司价值评估方法有两大类：一是相对价值评估法；二是内在价值评估法。相对价值评估法是通过和其他企业进行对比，然后确定企业的相对价值。因此，股价与账面价值比率、市盈率和企业倍数指标成为评定上市公司的相对价值的手段。相对价值评估法的关键是找到与之具有可比性的公司，然后再进行估值，但是可比公司必须与被评估公司所处的行业属性、成长性、财务特征、股本规模等方面相类似，否则就会失去价值评估的意义。目前，相对价值评估法主要包括市盈率法、聚类法、市净率法和价格/销售收入比率法。内在价值评估法即绝对价值评估法，是指以现金流为基础，对上市公司未来预期的现金流进行贴现，所有贴现相加便为企业价值。内在价值评估法是目前国际上评估企业价值的基本方法。内在价值评估法主要包括现金流量贴现法、股利贴现模型、经济附加值模型和 EVA 模型等。

内在价值和相对价值两种评估方法各有利弊，内在价值评估法最大的优点是系统、全面的模型运算，可以了解的公司基本财务和经营状况，如果模型正确，便可以得到非常精准的评估结果，其缺点是一旦假设条件不准确，评估结果就很难保证准确性。下面就内在价值评估法和相对价值评估法中的最常见的方法：市盈率法、聚类法、现金流量贴现法三种估值方法进行简单介绍。

1. 市盈率法

市盈率法是一种相对价值评估法。市盈率指股票每股市价与每股收益的比率。我国以前采用固定市盈率定价法，即确定固定的市盈率，股票价格=市盈率×每股收益[①]，可知股票的发行价格仅与每股收益正相关，每股收益越高，IPO 发行价也越高。市盈率包括：核心市盈率、非杠杆市盈率、动态市盈率。核心市盈率是在总收益中剔除了暂时性收益，排除了人为操纵财务数据对市盈率的影响。非杠杆市盈率则是在计算企业价值的时候去除债务资本的影响因素，以此得出的市盈率。动态市盈率是当期的股票价格与当期每股收益的比值，其随着股票价格的变化而变化，市场相关性更强。与静态市盈率相比，动态市盈率能更好地体现公司营利能力的持续性和成长性。

市盈率法最大的优点是定价模型中的参数容易获取，且可操作性强，简单易懂，同时也能够有效合理地评价企业的价值。市盈率法比较适合发展较成熟的产业，如制造业、房地产业等。缺点是市盈率法是建立在公司之间的价值可比较的基础上，但实际上公司之间可复制性不强，影响因素众多，企业价值并不能直接通过一个简单的比较数据进行估算，不适合正处在成长过程中的企业和新兴证券市场。同时这种方法的另一个不足之处如下：在市盈率法中的可比公司的选择上主观性很强，在市场中根本不会存在成长性和风险性方面完全相同的公司，在选取可比较标准时，影响因素的选择也是主观的。

2. 聚类法

聚类法是一种相对价值评估法，是研究多事物分类问题的数量方法。关于聚

---

① 每股收益：earning per share，EPS。

类法的研究要追溯到 20 世纪初,泰伦(Tryon)和卡特尔(Cattell)首先提出聚类的思想,并在相关矩阵中提取出了相互关联的组进行聚类。

聚类法通过分类使得同组对象之间的相似性最大,不同组之间的差异性最大。运用聚类法进行分类后,同组对象之间具有了较强的可比性,有利于更好地分析同种属性对象以解决问题。常用的聚类法如下:有序样品聚类分析法、模糊聚类分析法、k-均值聚类分析法、系统聚类分析法等。有序样品聚类分析法中只有次序相邻的样品才能够被聚集到一类。模糊聚类分析法把模糊数学的理念运用到聚类分析中,但是对聚类人员的要求比较高,目前应用的还不够广泛。k-均值聚类分析法是一种非谱系聚类的方法,一般适用于大样本数据,现在应用得还比较少,在以后的批量评估中可能会得到很好地应用。系统聚类分析法首先将单个的样本看成独立的一个类,其次将性质最为相同的两个样本进行合并,原来的类数减一,一直进行下去,直到将所有的样本合成一类为止,最后根据聚类图决定将所有的样本分为多少类及各个类中包含哪些样本。

聚类法最大的优点是弥补了传统相对评估方法的不足,提高了评估结果的可信度和准确性;使用 SPSS 统计软件进行聚类评估比较简单,容易掌握,可以在实际中广泛应用。但是,在进行聚类评估时,不仅要考虑样本企业的行业因素,还要考虑同行业企业之间的差距。因为同一行业中的企业也可能有较大的差距,如果不去考虑企业间的差距,价值评估的结果可能会出现较大的误差。为了避免评估出现误差,尽量选择与被评估企业差距不大的样本企业,可以减小两者的差异性,从而提高评估结果的准确度。

3. 现金流量贴现法

现金流量贴现法就是把企业未来特定期间内预期的现金流量贴现为当前现值。企业的内在价值就是它未来的营利能力,只有当企业具备这种能力,它的价值才会被市场认同,因此,学术界把现金流量贴现法作为企业价值评估的首选方法。它在企业价值评估实践中得到了广泛应用,目前已经日趋完善和成熟。现金流量贴现法的基本计算公式为

$$C = \sum_{i=1}^{n} \frac{P}{(1+r)^i}$$

其中,C 为现金流量;P 为资产(企业)在 i 时刻产生的现金流;r 为反映预期现金流的折现率。

现金流和折现率是上述计算公式的两个基本输入变量。因此在使用该方法前要先对现金流做出合理的预测。在评估中要全面考虑影响企业未来营利能力的各种因素,客观、公正地对企业未来的现金流做出合理预测。之后是选择合适的折现率。折现率的选择主要是根据评估人员对企业未来风险的判断。由于企业经营

的不确定性是客观存在的，故对企业未来收益风险的判断至关重要，企业未来收益的风险和折现率成正相关。当未来收益风险较高时，折现率也应较高，当未来收益的风险较低时，折现率也应较低。

现金流量贴现法是一种评估企业内在价值的科学方法，且具有并购评估的特点，从本质上全面体现了企业的价值。与市盈率法和聚类法相比，现金流量贴现法能通过各种假设，反映企业管理层的管理水平和经验，因此最符合价值理论。但是，现金流量贴现法仍然存在弊端：首先，这种方法没有考虑企业项目之间的相互依赖性，也没有考虑项目之间的时间依赖性；其次，从折现率的角度来看，这种方法难以反映企业灵活性所带来的收益；最后，现金流量贴现法在遇到企业未来现金流量很不稳定、亏损企业等情况时，难以奏效。除此之外，使用这种方法，结果的正确性完全取决于所使用的假设条件的正确性，在应用中是切不可脱离实际的。

现金流量贴现法是比较权威的企业价值评估模型，其扎实的理论基础和有效性得到了理论界的认可，然而在实际的操作中，由于现金流的值是对未来的预测值，确定性和准确性很难保证，现金流也很难预测，所以该模型只适用现金流比较稳定的大型企业，不适合创建初期的中小企业。我国的创业板市场上市企业多属于中小企业，均处于起步阶段，现金流相当的不稳定，因此采用该方法计算的企业价值缺乏广泛的认同。

2.2.2 IPO 定价机制

IPO 定价机制是指关于获准首次公开发行股票资格的上市公司与其承销商在上市前确定股票发行价格并出售给投资者的一种制度安排。发行机制的核心内容是新股的定价过程和发售过程，其中，定价过程和发售过程往往紧密相连且相互影响，具有内在联系。从这一角度出发，发行机制最为本质的内涵就是新股的定价方式与发行方式。IPO 定价机制主要包括议价机制、竞价机制和混合机制。

1. 议价机制

议价机制是指由股票发行人与主承销商协商确定发行价格的机制。当发行人和主承销商在议定发行价格时，主要考虑二级市场股票价格的高低（通常用平均市盈率等指标来衡量）、市场利率水平、发行公司的未来发展前景、发行公司的风险水平和市场对新股的需求状况等因素。主要有两种方式。

1）固定价格发行机制

固定价格发行机制的基本做法是由发行人和主承销商在新股公开发行前商定

一个固定价格,然后根据这个价格进行公开发售。在我国台湾,新股发行价格是根据影响新股价格的因素进行加权平均得出的,市场上惯用的计算公式为

$$N = A \times 40\% + B \times 20\% + C \times 20\% + D \times 20\%$$

其中,N=新股发行价格;A=公司每股税后纯收益×类似公司最近3年平均市盈率;B=公司每股股利×类似公司最近3年平均股利率;C=最近期每股净值;D=预计每股股利÷1年期定期存款利率。

固定价格发行机制是指由股票发行人和承销商根据股票发行定价估算方法,估算出发行新股的市场价值,并在估值结果范围内预先商定一个固定的股票发行价格,公开发行时即以此固定价格招募股票。根据定价之后股票的分配方式,固定价格发行机制可以进一步分为允许配售和公开认购两种形式。前者允许承销商自由分配股票(至少是部分),后者则没有赋予承销商这种权力。在实践中,固定价格公开认购方法被更多采用,大多数新兴市场都曾经或正在使用这种方法。

固定价格发行机制的优点是操作程序比较简单,销售成本低。由于发行价格由发行人和承销商确定,没有投资者参与,故定价的准确与否在很大程度上依赖承销商的业务能力和主观判断,投资者是否接受这一价格有很大不确定性,因此这种发行方式的市场化程度较低,IPO抑价较高。固定价格发行机制比较适合市场容量较小、个人投资者比例较大、发行量不大的项目,因此许多新兴的市场在发展初期均采用固定价格发行机制。

由于在固定价格发行机制下,发行价格的确定是将投资者排除在外的,发行价格形成过程缺乏承销商与投资者的互动博弈,故这种方法的市场化程度不高,在IPO抑价上较差于其他方法。尽管如此,由于固定价格发行机制具有低成本的优势,并且比较符合"公平原则",因而比较适合市场容量较小、个人投资者比重较大的国家或发行量比较小的项目,所以说固定价格发行机制在世界各国使用仍然十分普遍。

2)市场询价发行机制

市场询价发行机制定价方式在美国普遍使用。当新股销售采用包销(firm commitment)方式时,一般采用市场询价方式,这种方式确定新股发行价格一般包括两个步骤:第一,根据新股的价值(一般用现金流量贴现等方法确定)、股票发行时的大盘走势、流通盘大小、公司所处行业股票的市场表现等因素确定新股发行的价格区间。第二,主承销商协同上市公司的管理层进行路演,向投资者推介该股票,并向投资者发送预订邀请文件,征集在各个价位上的需求量,通过对反馈回来的投资者的预订股份单进行统计,主承销商和发行人对最初的发行价格进行修正,最后确定新股发行价格。

在使用议价法定价时,新股发行价格是在按股票投资价值确定的基础价格之

上进行反复修正后确定的，修正的主要依据是行业平均市盈率或者三家至五家相似公司的平均市盈率及路演时投资者对新股价格的反馈信息。在一个有效的资本市场上，平均市盈率水平基本上反映了市场对该类股票的需求状况，而路演推介则是直接面向市场以征集市场需求量的，从这个角度来看，议价法可以看成是以股票价值为基础，通过"模拟"市场需求状况来确定新股发行价格的，定价的准确性在很大程度上取决主承销商的专业知识和经验。累计投标询价机制的主要特点如下。

（1）定价过程中的路演和征求订单机制。主承销商在初步确定新股发行价格区间之后，由发行公司召开路演推介会，征集机构投资者在不同发行价格下的需求数量订单，建立簿记，并在此基础上对发行价格进行修正，最后确定发行价格。

（2）分配股份的自主权。在累计投标询价机制下主承销商拥有根据预订单自主进行股票分配的权力。

（3）发行数量的控制权。在累计投标询价机制下主承销商对股票发行数量拥有最大可达预定发行数量15%的自主控制权。

（4）主要发售对象不同。在累计投标询价机制下，参与发行定价过程并获得股票分配的主要是大的机构投资者，并且往往是承销商的老主顾，中小投资者通常被排除在新股的发行定价过程之外，很少能获得新股分配。

（5）定价时机的确定。与固定价格发行机制事先确定发行价格不同，累计投标询价机制下股票的发行价格一般情形下都是在股票正式发售之前的最后一刻才最终确定的。

当然，累计投标询价机制也不可避免地存在问题。承销商拥有分配股份的极大权力，大大向机构投资者倾斜，而个人投资者却不得其门而入，IPO实际上是一个由主承销商操控的"黑箱"。一些媒体曾爆出许多承销商以分配IPO为条件，要求机构投资者在二级市场上购买股票或支付过高的交易佣金的丑闻。当承销商以自身利益最大化为根本取向时，也可能与关联机构投资者共同实施操纵行为，扭曲市场价格，损害其他投资者的利益。

2. 竞价机制

竞价机制完全由投资者来确定价格，所有投资者申报各自的申购价格和数量，主承销商对所有申报价格从高到低排序，当累计申购量达到新股发行量时，最低价位为有效价位。拍卖发行机制是市场化程度最高的一种发行机制，与固定价格发行机制和累计投标询价机制相比，竞价机制抑价程度最低，有效性最强。

拍卖发行机制的基本原则是通过投资者之间的公开竞价来产生发行价格，从而最大限度地发掘公司股票的投资价值，促使发行价格贴近市场价值，并按照投资者出价高低分配股票。在拍卖发行机制下，投资者在规定时间内申报申购价格和数量，申购结束后，主承销商对所有有效申购按价格从高到低进行累计，累计申购量达到新股发行量的价位就是有效价位，在其之上的所有申报都中标。根据投标人最终所付价格又可以将拍卖发行机制分为歧视价格拍卖（discriminatory price auction，各中标者的购买价格就是自己的出价）和统一价格拍卖（uniform price auction，所有中标人都统一按有效价位成交）两种形式。

拍卖发行机制的主要特征：

（1）拍卖发行机制提供了在 IPO 价格确立前收集投资者的需求价格、需求数量的机制，具有较高的市场化程度；

（2）股票的分配是根据事先规定的规则在现有的投标基础上进行的，承销商对股票自由分配的权力最小。

尽管拍卖发行机制的市场化程度最高，但承销商和发行人在发行中的影响力最小，保证了发行的透明度，减少腐败的发生，但在统一价格拍卖下容易引发"搭便车"行为。在拍卖中，出一个很高的价格就意味着在市场出清价上获得股票分配有了保证。市场存在少数"搭便车"者可能还不是大问题，一旦太多的人采用这种策略就可能会导致超额认购和严重溢价，从而扭曲定价过程。

3. 混合机制

混合机制是以上两种或两种以上的发行机制的结合。根据三种基本发行机制的不同组合可以分为累计投标询价/固定价格混合机制、累计投标询价/拍卖混合机制及固定价格/拍卖混合机制三种。其中，累计投标询价/固定价格混合机制使用最为广泛。累计投标询价机制用以确定发行价格，并向本地机构投资者与外国投资者发售一部分份额的股票，另一部分额度则用固定价格发售给本地小投资者，他们并不参与 IPO 的价格形成过程。由于混合机制在保护中小投资者利益的同时也充分发挥了机构投资者的主导作用，故比较适合新兴市场迅速发展、不断成熟的阶段，机构投资者的力量较大，但是散户投资者仍然占比较高的市场。

尽管关于混合机制的效率目前存在争议，但它在融合不同 IPO 发行机制以取长补短的方面的确具有其他机制不可比拟的优势，对于那些正在走向成熟或开放的新兴市场适用性更为显著。同时，混合机制凭借其所具有的这种平衡多方面利益的作用，影响力正日益上升，甚至在欧美等发达成熟市场中也得到了推广。

与国外相比，我国的询价机制是非完全的，非完全性体现在以下两个方面：①以累计投标方式进行发售的股票总数受到限制（公开发行量 4 亿股以下的不超过 20%，4 亿股以上的不超过 50%）。②承销商没有完全的股票分配权。累计投标配售中，出价高于发行价格的所有投资者都会得到完全相同的配售机会（同比例配售）。完全的累计订单询价机制，利用询价制度扩大发行定价的信息收集广度与深度，可通过询价掌握投资者的需求信息，并通过承销商的股票分配进行信息激励与信息甄别。非完全的累计订单询价，仅利用询价机制扩大 IPO 定价的信息收集，无法利用承销商的股票分配进行信息激励与信息甄别，因此对 IPO 效率的促进作用存在限制。

第3章 机构投资者和散户投资者观测性异质对 IPO 抑价影响

第1章和第2章我们对 IPO 抑价相关文献进行了评述,发现有关投资者可观测性异质的研究尚处于初步阶段。然而,询价下当机构投资者和散户投资者存在可观测性异质对 IPO 抑价会产生怎样的影响呢？我国 IPO 高抑价是否可以从机构投资者和散户投资者可观测性异质的角度进行解释？这就是本章研究的出发点,本章将针对机构投资者和散户投资者对 IPO 价值评估是否存在可观测性分歧两种情况进行 IPO 抑价比较分析。同时,针对我国 IPO 发行的实际情况进行实例模拟和实证分析,以论证本章和第2章的主要结论。

3.1 引 言

如何降低 IPO 高抑价促进证券市场健康、稳定发展,已成为我国亟待解决的重要课题,也是目前各国金融界共同关注的现实问题之一,因而受到国内外理论界广泛重视。纵观现有的研究文献,对 IPO 抑价来源的解释主要集中在两个方面,一方面,基于 IPO 发行过程中所存在的严重信息不对称,发行人由于多种原因有意降低了 IPO 定价。这种观点在成熟资本市场上占据主流地位,因为通常认为,成熟资本市场至少是弱势有效的。另一方面,由于投资者情绪的存在(Aggarwal and Rivoli,1990)或承销商托市(Ruud,1993)等原因,IPO 抑价可能来源二级市场的错误定价。尽管从理论上来讲,IPO 抑价可能是一级市场故意折价和二级市场错误定价的综合反映,但由于 IPO 抑价分解的困难,这方面的研究进展一直不大。从行为金融理论范围来看,以上两个方面并没有摆脱行为金融的研究框架。

行为金融理论以一系列投资者心理假设为基础进行分析,如投资者情绪、前景理论等,其中,从异质信念角度的分析可以将 IPO 高初始回报率与长期收益弱势现象统一起来,从而得到人们的普遍关注。Miller(1977)认为 IPO 短期的超额收益会导致散户投资者对新股价值的可观测性异质,尽管 Miller 的模型已经在一些实证中得到有力的支持,但他并不能解释新股发行首日收益率为负的情况。Gouldey(2006)在 Miller 的基础上进一步发展其定价模型,针对投资者可观测性异质,以发行人和承销商效用最大化为目标,确定 IPO 发行价,并提出 IPO 有意抑价和无意抑价的概念,指出 IPO 无意抑价是投资者可观测性异质信念的结果,而有意抑价是发行人和承销商为防止发行失败的有意行为。

以前的研究几乎都以 IPO 发行收入最大化为目标,极少考虑投资者的利益,然而,累计投标询价机制从本质上讲是一种信息收集机制。在询价发行机制下,承销商可以收集到具有信息优势的机构投资者对 IPO 的需求和估价信息,并能由此制定出更为准确的发行价格。为激励机构投资者私人信息的真实披露,询价规则的设计至关重要。由于多数国家禁止 IPO 实行差别价格发行,故承销商可利用的激励工具只剩下一种,即在 IPO 分配上对询价对象实行数量歧视。因此询价规则的设计主要就是 IPO 最优分配规则的设计,其目的是要通过歧视性的分配规则使参与询价的机构投资者能真实披露他们所掌握的私人信息。IPO 询价其实是发行人、承销商和投资者三方的博弈,机构投资者的报价策略将直接影响到发行价格的确定,因此,在 IPO 定价过程中应综合考虑 IPO 参与主体三方的利益。据作者所知,从综合考虑机构投资者和发行人效用的角度出发,研究机构投资者和散户投资者可观测性异质对 IPO 抑价影响的相关文献目前尚未看到。与目前研究不同的是,本章运用行为博弈理论,综合考虑 IPO 参与主体的利益,以机构投资者和发行人期望效用最大化为目标,求解出他们的最优报价策略,进而结合发行人最优报价区间确定 IPO 定价和抑价模型,并在此基础上,分析机构投资者和散户投资者的不同行为对 IPO 抑价影响。最后,本章通过实例模拟和实证分析为本章和第 2 章的结论提供了定量支撑。

3.2 问题描述和基本假设

尽管国外学者针对投资者行为对 IPO 抑价做出了一定的解释,但在中国证券市场上,IPO 高抑价却成为一种常态,且在研究方法上,已有的理论研究则由于中外发行制度上的差异而使其假设与我国现状不符,故国外学者的这些理论并不能完全解释中国 IPO 高抑价长期存在的事实。针对我国 IPO 具体情况,为求解出询价下 IPO 定、抑价模型,特做如下假设。

(1)设 IPO 发行规模 s 固定;承销商邀请 $n \geqslant 2$ 个机构投资者参与报价,且所有参与询价的机构投资者同质。发行人在询价前规定了机构投资者在本次 IPO 发行

中的配售比例为 k，$k \in (0,1)$，则机构投资者在本次 IPO 发行中的配售量为 ks。发行人在累计机构投资者的需求后并根据其配售比例 k 的总量确定发行价格。

（2）设 IPO 实行统一定价发行；机构投资者和散户投资者对新股价值评估为共同知识（可观测），假定参与询价的机构投资者认为新股的预期价值为 V_M，而散户投资者认为其价值为 V_I，则当 $V_I \neq V_M$ 时，存在可观测性异质；当 $V_I = V_M$ 时，则不存在可观测性异质。机构投资者的报价策略为一条连续可微的需求曲线 $q(p)$，连续报价策略的假设可以保证在均衡价格处股票的供给恰好等于申购需求。

（3）设发行人与承销商不存在分歧，且承销商以发行人效用最大化为目标；发行人从公司 IPO 中至少获得 π 元的净收益，则 $\pi > 0$，IPO 承销费率为 a，$a \in (0,1)$。则 IPO 发行价格 p 按如下规则确定

$$(1-a)sp \geq \pi$$

否则，发行人宣布取消 IPO，支付承销商的违约费。

（4）设在 $p = \pi/(1-a)s$ 时不存在需求不足的情况。因此，在 $p = \pi/(1-a)s$ 时，每个参与询价的机构投资者的需求量至少为 $\overline{q}$，$\overline{q} \in (ks/n, +\infty)$。

3.3 询价下 IPO 均衡定价

3.3.1 发行人最优定价区间

对发行人而言，进行 IPO 时的直接成本为发行费用（主要包含承销费用、审计费用、律师费用、上网发行费用、市场推介宣传费等），平均来说，承销费用占到七成左右，为简单起见，假定发行费用全部由承销费用承担。假定发行人风险中性，则发行人的效用 $U_C(p)$ 主要来自两个部分：净资产增加（一级市场）和上市后的抑价收益。

$$U_C(p) = (1-a)sp + bs(p_I - p)$$

其中，b 为未来每元的抑价收益的现值；p_I 为发行人认为其股票在二级市场的预期均衡价格（股票的预期价值）。

则在满足条件 $(1-a)sp \geq \pi$ 的情况下，发行人预期净收益最大化，即

$$\begin{cases} \text{Max}\left[(1-a)sp + (1-b)s(p_I - p)\right] \\ \text{s.t.} (1-a)sp \geq \pi \end{cases}$$

从上式可以看出，当 b 等于 0 时，发行人恰好最大化他的净收益，即 $p = p_I$。发行

人为了防止发行失败或者顺利再融资,也避免二级市场股票价格大跌,不利于公司的声誉和发展,不期望新股的价格高于其预期的二级市场均衡价。因此,发行人最优的定价区间应为 $[\pi/(1-a)s, p_I]$。在这个定价区间内,发行人为规避发行失败,对于 $p \in [\pi/(1-a)s, p_I]$,发行人是可以接受的。

3.3.2 机构投资者最优报价

由于机构投资者所面临的股票供给是确定的,发行价格事前未知,机构投资者必须针对所有可能的价格水平确定自己的最优需求量,则第 i 个机构投资者的需求曲线 $q_i(p)$ 为

$$q_i(p) = \begin{cases} q_i(p) & p < V_M \\ 0 & p \geq V_M \end{cases} \quad i = 1, 2, K, n$$

则其收益为 $\pi_i = (v_i - p)q_i(p)$,若机构投资者风险规避,设其绝对风险规避系数为 ρ,且为 CARA 模型的效用函数[①],则其期望效用为

$$E[U(\pi_i)] = E\{-\text{Exp}[p - \rho(V_M - p)q_i(p)]\}$$
$$= -\text{Exp}[p - \rho(V_M - p)q_i(p) - \rho\sigma^2 q_i^2(p)/2]$$

由上式可知,其期望效用最大化 $\text{Max} - \text{Exp}\{-\rho(V_M - p)q_i(p) - \rho\sigma^2 q_i^2(p)/2\}$ 可等价为 $\text{Max}(V_M - p)q_i(p) - \rho\sigma^2 q_i^2(p)/2$,则当 $\rho = 0$ 时,便可求出每个风险中性机构投资者的最优均衡报价。

于是机构投资者期望效用最大化的价格-数量组合可由下面的公式确定:

$$\begin{cases} \text{Max}\left[(V_M - p)q_i(p) - \rho\sigma^2 q_i^2(p)/2\right] \\ \text{s.t.} \sum_{i=1}^{n} q_i(p) = k \end{cases}$$

构造拉格朗日函数并求导,得

$$\begin{cases} -q(p) + (V_M - p)q'(p) - \rho\sigma^2 q(p) - \lambda n q'(p) = 0 \\ (V_M - p) - \rho\sigma^2 q(p) - \lambda = 0 \end{cases}$$

根据 $q_1(p) = q_2(p) = L = q_n(p) = q(p) = ks/n$,$p = \pi_c/(1-a)s, q(p) = \overline{q}$,解以上微分方程得到风险规避机构投资者期望的最优均衡报价为

---

① CARA 模型的效用函数:$E[U(W)] = -\dfrac{1}{\rho}\text{EXP}[-\rho U(W)]$,其中,$\rho$ 为投资者的风险规避系数,因此,当 $\rho = 0$ 时,则投资者风险中性。

$$p = V_M - \left(V_M - \frac{\pi}{(1-a)s}\right)\left(\frac{k}{n\bar{q}}\right)^{n-1} - \frac{(n-1)\rho\sigma^2 k}{n(n-2)}\left[1 - \left(\frac{k}{n\bar{q}}\right)^{n-2}\right] \quad (3.1)$$

令 $\rho = 0$ 则可得到风险中性的机构投资者均衡报价为

$$p = V_M - \left(V_M - \frac{\pi}{(1-a)s}\right)\left(\frac{k}{n\bar{q}}\right)^{n-1} \quad (3.2)$$

3.3.3 IPO 均衡定、抑价模型

结合发行人最优报价区间 $p \in [\pi/(1-a)s, p_I]$ 及机构投资者最优定价式（3.1）、式（3.2）可知，发行人面对风险规避机构投资者，其 IPO 定价应为

$$p = \begin{cases} V_M - \left(V_M - \frac{\pi}{(1-a)s}\right)\left(\frac{k}{n\bar{q}}\right)^{n-1} - \frac{(n-1)\rho\sigma^2 k}{n(n-2)}\left[1 - \left(\frac{k}{n\bar{q}}\right)^{n-2}\right], & \frac{\pi}{(1-a)s} \leq p \leq p_I \\ p_I, & p > p_I \end{cases}$$
$$\quad (3.3)$$

则发行人面对风险中性机构投资者 IPO 定价为

$$p = \begin{cases} V_M - \left(V_M - \frac{\pi}{(1-a)s}\right)\left(\frac{k}{n\bar{q}}\right)^{n-1}, & \frac{\pi}{(1-a)s} \leq p \leq p_I \\ p_I, & p > p_I \end{cases} \quad (3.4)$$

由式（3.3）可知，若机构投资者风险规避，则机构投资者的 IPO 期望抑价为 $UP_i = V_M - p$，即

$$UP_i = \begin{cases} V_M - \left(V_M - \frac{\pi}{(1-a)s}\right)\left(\frac{k}{n\bar{q}}\right)^{n-1} - \frac{(n-1)\rho\sigma^2 k}{n(n-2)}\left[1 - \left(\frac{k}{n\bar{q}}\right)^{n-2}\right], & \frac{\pi}{(1-a)s} \leq p \leq p_I \\ V_M - p_I, & p > p_I \end{cases}$$
$$\quad (3.5)$$

显然，根据式（3.5），若机构投资者风险中性，则机构投资者的 IPO 期望抑价为

$$UP_i = \begin{cases} V_M - \left(V_M - \frac{\pi}{(1-a)s}\right)\left(\frac{k}{n\bar{q}}\right)^{n-1}, & \frac{\pi}{(1-a)s} \leq p \leq p_I \\ V_M - p_I, & p > p_I \end{cases} \quad (3.6)$$

从式（3.5）、式（3.6）可以看出，机构投资者为规避风险和追求更高的 IPO 抑价，有有意抑价的激励，对机构投资者而言，其 IPO 期望有意抑价为 $UP_i = V_M - p$。

3.4 投资者同、异质对 IPO 抑价的影响

3.4.1 机构投资者和散户投资者同质对 IPO 抑价影响

对于散户投资者而言，无法参与新股价格确定，只是价格的接受者，对于 IPO 发行价而言，其期望抑价应为 $V_I - p$。当散户投资者和机构投资者对新股预期价值不存在分歧时，即 $V_M = V_I$，所以 $V_M - p = V_I - p$，则其 IPO 期望抑价和机构投资者的 IPO 期望抑价相等，都为式（3.5）或式（3.6）。

当 $V_I > p$ 时，机构投资者在追求效用最大化时，机构投资者和散户投资者的 IPO 期望抑价为 $V_M - p$，即 $\left(V_M - \dfrac{\pi}{(1-a)s}\right)\left(\dfrac{k}{n\overline{q}}\right)^{n-1} - \dfrac{(n-1)\rho\sigma^2 k}{n(n-2)}\left[1 - \left(\dfrac{k}{n\overline{q}}\right)^{n-2}\right]$ 或 $\left(V_M - \dfrac{\pi}{(1-a)s}\right)\left(\dfrac{k}{n\overline{q}}\right)^{n-1}$。由于 $V_M > p \geqslant \pi/(1-a)s$，则其期望抑价 $\mathrm{UP}_i > 0$，此时，IPO 抑价为机构投资者的有意抑价，而无无意抑价。从式（3.5）、式（3.6）可知，IPO 抑价 UP_i 与 k、V_M 正相关，与 n、$\overline{q}$ 负相关，则机构投资者可以通过隐藏需求 $\overline{q}$，提高有意抑价，而发行人为了降低 IPO 高抑价，可以通过调节 n 和 k，以消除机构投资者高有意抑价的目的。

当 $V_I < p$ 时，则机构投资者和散户投资者的期望抑价为 $V_M - p_I$，当 $V_M - p_I > 0$ 时，IPO 抑价为有意抑价，有意抑价中既有机构投资者的有意抑价 $V_M - p$ 部分，又有发行人的有意抑价 $p - p_I$ 部分。

3.4.2 机构投资者和散户投资者可观测性异质对 IPO 抑价影响

尽管散户投资者作为价格的接受者，当与机构投资者对新股的价值产生分歧时，在二级市场，只要股票的价格没超过其对新股的估值，散户投资者认为有利可图，一级市场的需求便有效地转换为二级市场上的需求，直到股票的价格等于自己对新股评估的价值为止。此时，新股的价格会趋近潜在的估值 V_I，此时，IPO 实际抑价应为 $V_I - p$，即

$$UP_{UI} = \begin{cases} V_I - V_M + \left(V_M - \dfrac{\pi}{(1-a)s}\right)\left(\dfrac{k}{n\overline{q}}\right)^{n-1} - \dfrac{(n-1)\rho\sigma^2 k}{n(n-2)}\left[1-\left(\dfrac{k}{n\overline{q}}\right)^{n-2}\right], & \dfrac{\pi}{(1-a)s} \leqslant p \leqslant p_I \\ V_I - p_I, & p > p_I \end{cases}$$

(3.7)

$$UP_{UI} = \begin{cases} V_I - V_M + \left(V_M - \dfrac{\pi}{(1-a)s}\right)\left(\dfrac{k}{n\overline{q}}\right)^{n-1}, & \dfrac{\pi}{(1-a)s} \leqslant p \leqslant p_I \\ V_I - p_I, & p > p_I \end{cases}$$

(3.8)

由于二级市场价格事前未知，机构投资者的期望抑价为 $V_M - p$，而散户投资者的期望抑价为 $V_I - p$，当机构投资者和散户投资者对新股价值存在分歧时，即 $V_M \neq V_I$，存在两种情况，即 $V_M < V_I$ 和 $V_M > V_I$。

（1）若 $V_M < V_I$，即 $V_I - V_M > 0$，由式（3.7）、式（3.8）可知，$UP_{UI} = (V_I - V_M) + UP_i$，则 $UP_{UI} > UP_i$，说明机构投资者和散户投资者可观测性异质时 IPO 抑价更高，高出的部分为 $V_I - V_M$。当 $\pi/(1-a)s \leqslant p \leqslant p_I$ 时，IPO 抑价中既有机构有意抑价的部分 $(V_M - p)$，又有机构投资者和散户投资者可观测性异质而引起的无意抑价部分 $(V_I - V_M)$。从式（3.7）、式（3.8）可知，UP_{UI} 与 k、$(V_I - V_M)$ 正相关，与 n、$\overline{q}$ 负相关。当 $p > p_I$ 时，IPO 抑价为 $V_I - p_I$，此时，IPO 抑价 UP_{UI} 中既有机构投资者的有意抑价 $(V_M - p)$，又有发行人的有意抑价 $(p - p_I)$，也有机构投资者和散户投资者可观测性异质而引起的无意抑价 $(V_I - V_M)$，因此，机构投资者和散户投资者可观测性分歧越大，$V_I - V_M$ 越大，无意抑价越高，IPO 抑价也越高。这从机构投资者和散户投资者可观测性异质的角度解释了 IPO 高抑价的原因。

（2）若 $V_M > V_I$，即 $V_I - V_M < 0$，则 $UP_{UI} < UP_i$。因 $UP_{UI} = (V_I - V_M) + UP_i$，当 $|V_I - V_M| < |V_M - p|$ 时，则 $UP_{UI} < 0$，即 IPO 抑价为负。此时，V_I 和 V_M 的差距越大，导致新股在上市交易首日跌破其发行价。很明显，$V_I - V_M$ 部分为机构投资者和散户投资者可观测性异质而导致市场错误定价部分。这也从机构投资者和散户投资者可观测性异质的角度解释了新股在首日跌破发行价的情况，从而弥补了 Miller 无法解释的新股发行首日收益率为负的情况。

3.4.3 机构投资者和散户投资者可观测性异质对IPO抑价比较

综上所述，比较式（3.5）、式（3.6）和式（3.7）、式（3.8）可得到投资者不同行为对 IPO 抑价影响，具体情况见表 3.1。

表3.1 机构投资者和散户投资者可观测性异质对IPO抑价比较

投资者行为	IPO 发行价 p		IPO 抑价	有意抑价	无意抑价
同质预期	$\dfrac{\pi}{(1-a)s} \leqslant p \leqslant p_l$	$V_M - \left(V_M - \dfrac{\pi}{(1-a)s}\right)\left(\dfrac{k}{n\bar{q}}\right)^{n-1} - \dfrac{(n-1)\rho\sigma^2 k}{n(n-2)}\left[1-\left(\dfrac{k}{n\bar{q}}\right)^{n-2}\right]$	$V_M - p$ 或 $V_l - p$	$V_M - p$（机构投资者）	0
	$p > p_l$	p_l	$V_M - p_l$ 或 $V_l - p_l$	$V_M - p$（机构投资者） $p - p_l$（发行人）	0
异质预期	$\dfrac{\pi}{(1-a)s} \leqslant p \leqslant p_l$	$V_M - \left(V_M - \dfrac{\pi}{(1-a)s}\right)\left(\dfrac{k}{n\bar{q}}\right)^{n-1} - \dfrac{(n-1)\rho\sigma^2 k}{n(n-2)}\left[1-\left(\dfrac{k}{n\bar{q}}\right)^{n-2}\right]$	$V_l - p$	$V_M - p$（机构投资者）	$V_l - V_M$
	$p > p_l$	$V_M - p_l$	$V_l - p_l$	$V_M - p$（机构投资者） $p - p_l$（发行人）	$V_l - V_M$

从表 3.1 分析可得到 3 个结论，具体如下。

结论 3.1：当机构投资者在追求期望效用最大化时，有有意抑价的激励。

从表 3.1 可知，无论怎样的条件下，机构投资者和发行人都有有意抑价的激励，对机构投资者而言，其有意抑价为 $V_M - p$，而发行人的有意抑价为 $p - p_l$。结合式（3.5）、式（3.6）、式（3.7）、式（3.8）可知，对风险规避的机构投资者来说，其有意抑价为 $\left(V_M - \dfrac{\pi}{(1-a)s}\right)\left(\dfrac{k}{n\bar{q}}\right)^{n-1} - \dfrac{(n-1)\rho\sigma^2 k}{n(n-2)}\left[1-\left(\dfrac{k}{n\bar{q}}\right)^{n-2}\right]$。当机构投资者风险中性时，其有意抑价为 $\left(V_M - \dfrac{\pi}{(1-a)s}\right)\left(\dfrac{k}{n\bar{q}}\right)^{n-1}$，此时，IPO 抑价与新股配售比例 k 正相关，与机构投资者数量 n、机构投资者申购隐藏程度 $\bar{q}$ 负相关。因此，机构投资者可以通过隐藏申购需求 $\bar{q}$，降低 IPO 发行价，提高 IPO 有意抑价，以追求更高的 IPO 抑价。为防止机构投资者获得超额回报而追求 IPO 高有意抑价，发行人可以通过控制新股配售比例 k 和邀请更多的机构投资者参与申购，增加机构的数量 n 以降低机构有意抑价的行为，从而降低 IPO 高抑价。

结论 3.1 的经济含义是，机构合谋（同质）行为可提高有意抑价，从而导致 IPO 高抑价。由于邀请参与申购的机构投资者数量事先确定，为降低机构有意抑价的行为，发行人只有通过调节新股配售比例来控制机构投资者这种有意抑价行为。当新股处于"热销"阶段时，即 $p > p_l$，会导致发行人有意抑价行为，想要约束发行人的行为，只有改变新股配售规则，提高承销商的自主能力。政策性建议如下：一是改变新股的配售规则，由固定配售变为变动配售，加大对机构投资者的培育，加大竞争力度，防止机构合谋而隐藏总申购需求，从而削弱机构有意抑价的行为；二是引入新股配售的"回拨机制"，适当照顾中小投资者利益和新股定价话语权，消除发行人和机构的有意抑价行为。

结论 3.2：IPO 中不但有机构和发行人的有意抑价，而且有由机构投资者和散户投资者可观测性异质引起的无意抑价，且机构投资者和散户投资者可观测性分歧越大，无意抑价也越大，IPO 抑价也越高。

从表 3.1 可知，当 $p > p_I$ 时，IPO 抑价中既有机构的有意抑价 $(V_M - p)$，又有发行人的有意抑价 $(p - p_I)$，也有由于可观测性异质引起的无意抑价 $(V_I - V_M)$。$V_I - V_M$ 是由机构投资者和散户投资者因对新股的价值评估的可观测性分歧而引起的，机构投资者和散户投资者分歧越大，$V_I - V_M$ 也越大，即无意抑价也越大，机构投资者有意抑价为 $\left(V_M - \dfrac{\pi}{(1-a)s}\right)\left(\dfrac{k}{n\overline{q}}\right)^{n-1} - \dfrac{(n-1)\rho\sigma^2 k}{n(n-2)}\left[1 - \left(\dfrac{k}{n\overline{q}}\right)^{n-2}\right]$，因此，投资者对新股的价值评估分歧越大，只改变 $V_I - V_M$，而对机构投资者有意抑价没有影响，无意抑价增大，必然导致 IPO 抑价也越高。

结论 3.2 的经济含义是，IPO 高抑价不仅是机构和发行人有意抑价的行为，同时也有部分是由于机构投资者和散户投资者可观测性异质而引起的无意抑价行为，因此，降低 IPO 高抑价不仅要考虑降低有意抑价，也要考虑降低无意抑价。申购需求、新股配售比例和参与询价的机构数量与有意抑价有关，而无意抑价的确无法控制。因此，结论 3.2 的政策性建议是建立在结论 3.1 的政策性建议基础上，当发行人和承销商在确定 IPO 发行价时，要根据证券市场的具体状况合理调整新股发行价，在询价过程中，加强信息披露和监管；加强对所有投资者的教育和培训，减少散户投资者的非理性投资行为；加强发行人和投资者之间的沟通；等等，以降低机构投资者和散户投资者之间的分歧，从而降低无意抑价。

结论 3.3：机构投资者和散户投资者可观测性异质可能导致新股首日跌破发行价。

从表 3.1 和式（3.4）可知，当 $|V_I - V_M| < |V_M - p|$ 时，$\text{UP}_{UI} < 0$。若机构投资者和散户投资者可观测性分歧越大，则 $|V_I - V_M|$ 也越大，必然导致新股首日跌破发行价。

结论 3.3 的政策性建议是，进一步完善信息披露机制，提高市场的透明度，减少市场信息不对称性。从立法与加强监管入手，建立健全发行价确定程序及股份配售规则。从长远来看，对证券市场尚未完善的国家来说，结论 3.3 的作用是，提高投资者的投资理性，增加新股申购风险，从而更好地发挥资本市场资源配置功能，促使市场良性发展。同时，促使券商承销质地优良的上市公司，加大造假公司的上市难度，促使发行价定价更加合理，减少一些上市公司的圈钱行为。

3.5 数值分析

为了探讨机构投资者和散户投资者不同行为对抑价的影响,本章以某公司 IPO 发行为例进行数值分析,对机构投资者和散户投资者同质与可观测性异质对抑价影响两种情形进行对比分析,以期得到部分 IPO 发行中的管理启示。以某公司的 IPO 发行为例,对式(3.5)、式(3.6)进行了仿真。设询价对象在询价前估计该 IPO 二级市场的交易价格为 $V_M=12$;方差为 $\sigma^2=0.25$;$\rho=2$;$\pi=0.38$ 元/每股;$a=0.5606$;$s=1$;$\bar{q}=0.05$。应用 Matlab 软件进行数值模拟如下。

3.5.1 机构投资者和散户投资者同质对抑价影响

在机构投资者和散户投资者同质的情况下,我们可以研究机构投资者有意抑价的行为,为方便起见,我们分别分析了 k、n 和 $\bar{q}$ 对 IPO 抑价的影响,并论证机构投资者有意抑价行为,从而为发行人为降低机构投资者有意抑价而提供决策依据。具体数值分析如下。

1)IPO 抑价与新股配售比例关系

利用上述参数,并令 $n=20$,通过模拟图示(应用 Matlab 软件绘制)验证 k 与 IPO 抑价的关系,具体见图 3.1、图 3.2。

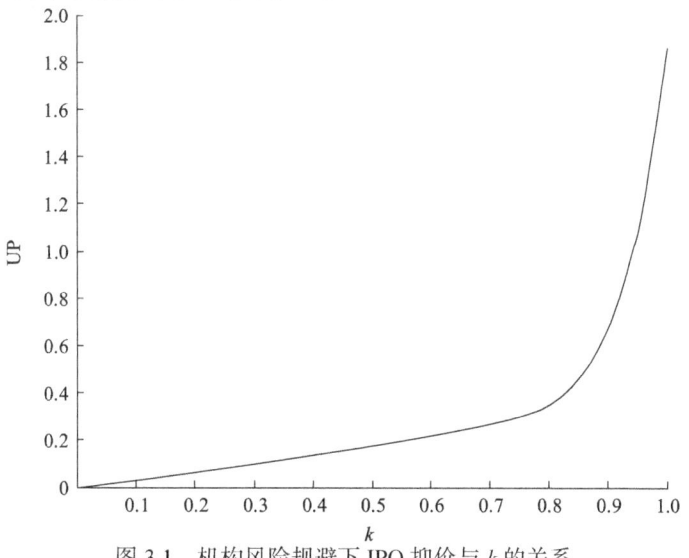

图 3.1 机构风险规避下 IPO 抑价与 k 的关系

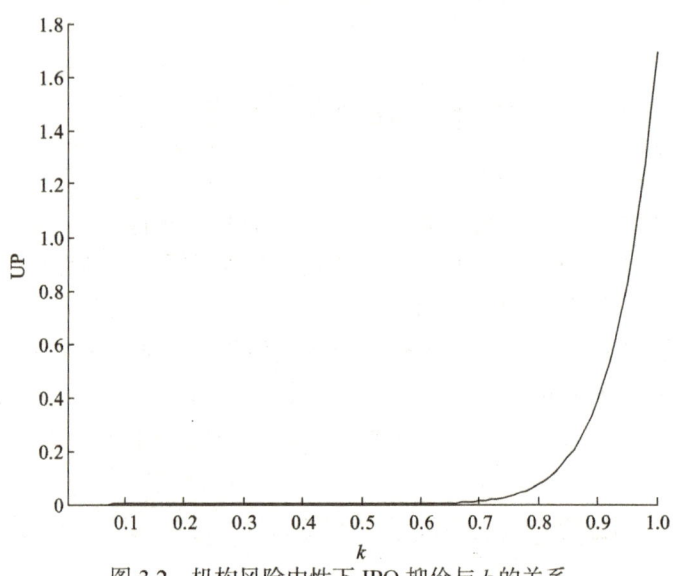

图 3.2 机构风险中性下 IPO 抑价与 k 的关系

从图 3.1 和图 3.2 可以看出，在其他参数确定的情况下，不管机构投资者风险规避还是中性，IPO 抑价与 k 正相关，即 k 越小，IPO 抑价越低，k 越大，IPO 抑价越高。很明显，风险规避的机构投资者比风险中性的机构投资者在 n 和 k 同等条件下所期望的 IPO 抑价要高。因此，发行人可以通过调节 k 达到降低 IPO 高抑价的目的。当然，从表 3.1 可知，调节 k 只是降低机构投资者在报价过程中的有意抑价行为，而对于无意抑价，调节 k 却无能为力。

2）IPO 抑价与参与申购机构数量关系

利用上述参数，且令 $k=0.2$，通过模拟图示（应用 Matlab 软件绘制）验证 n 与 IPO 抑价的关系，具体见图 3.3、图 3.4。

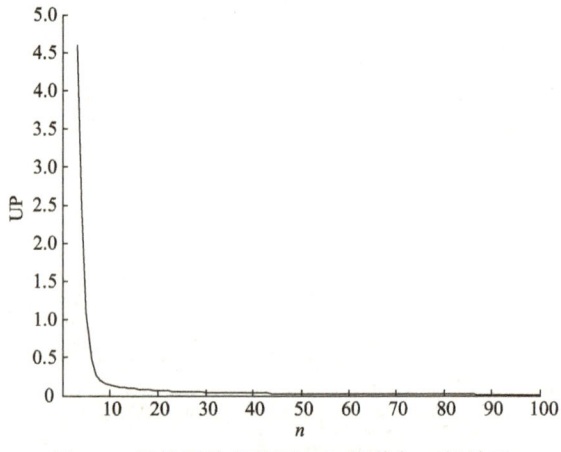

图 3.3 机构风险规避下 IPO 抑价与 n 的关系

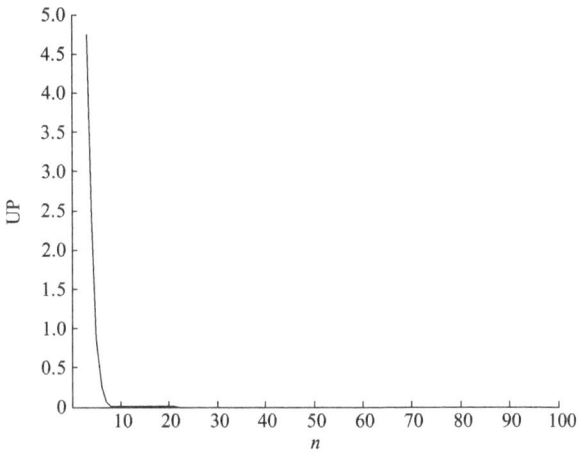

图 3.4 机构风险中性下 IPO 抑价与 n 的关系

从图 3.3 和图 3.4 可以看出，不管机构投资者风险规避还是中性，UP 与 n 负相关，即 n 越大，IPO 抑价越低；n 越小，IPO 抑价越高。比较图 3.3 和图 3.4，很明显，风险规避的机构投资者比风险中性的机构投资者在 n 同等条件下所期望的 IPO 抑价要高。在散户投资者和机构投资者同质时，发行人为降低 IPO 高抑价，可以通过增加询价机构投资者的数量 n，以防止机构投资者隐藏申购需求而有意抑价的目的。

3）IPO 抑价与机构申购需求关系

利用上述参数，令 $k=0.2$，通过模拟图示（应用 Matlab 软件绘制）验证 $\bar{q}$ 与 IPO 抑价的关系，具体见图 3.5、图 3.6。

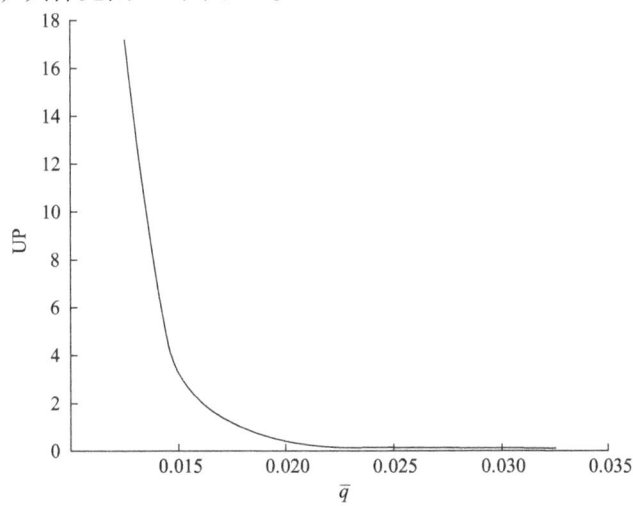

图 3.5 机构风险规避下 IPO 抑价与 $\bar{q}$ 的关系

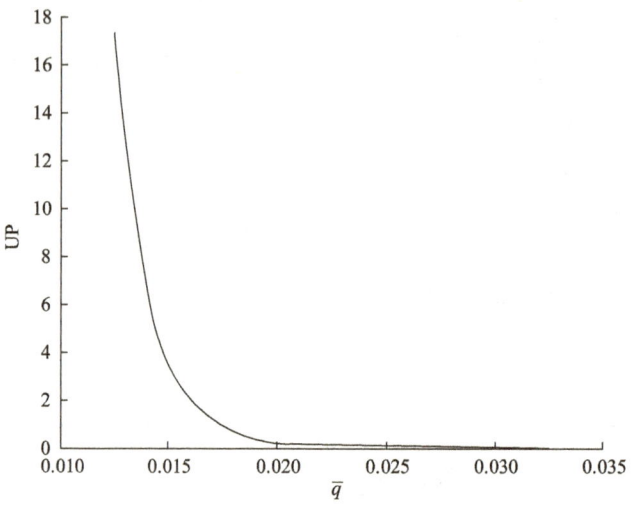

图 3.6 机构风险中性下 IPO 抑价与 $\bar{q}$ 的关系

通过图 3.5 和图 3.6 可知,IPO 抑价与机构投资者申购需求的隐藏程度负相关,也就是说,机构投资者越隐藏申购需求,IPO 抑价越高。同时可以看出,在相同的情况下,风险规避的机构投资者与风险中性的机构投资者相比,IPO 抑价更高。因此,在机构投资者和散户投资者同质时,机构投资者为规避"逆向选择"风险,可以通过隐藏申购需求,导致更高的有意抑价,以达到追求更高 IPO 抑价的目的,从而论证了结论 3.1。

3.5.2 机构投资者和散户投资者可观测性异质对 IPO 抑价影响

为论证上述两个结论,再以上面的数值分析的实例为例,论证投资者可观测性异质对抑价的影响,以前面的数据对式(3.7)、式(3.8)进行仿真,令 $n=30$,k 服从 $[0,1]$ 上的均匀分布,$\bar{q}$ 服从 $[1/60,0.5]$ 上的均匀分布,再结合上面的参数,通过模拟图(运用 Matlab 绘图),以验证结论 3.1 和结论 3.2,见图 3.7 和图 3.8。

式(3.5)表示当机构投资者和散户投资者同质时的曲线,式(3.7)表示机构投资者和散户投资者可观测性异质时的曲线。从图 3.7 和图 3.8 中可以看出,IPO 抑价与机构的申购需求负相关,即机构投资者申购需求越大,IPO 抑价越低,这也说明了机构投资者有有意抑价的激励,从而进一步论证了结论 3.1。图 3.7 表明,当散户投资者对新股前景乐观,即 $V_2 > V_m$ 时,可观测性异质曲线位于同

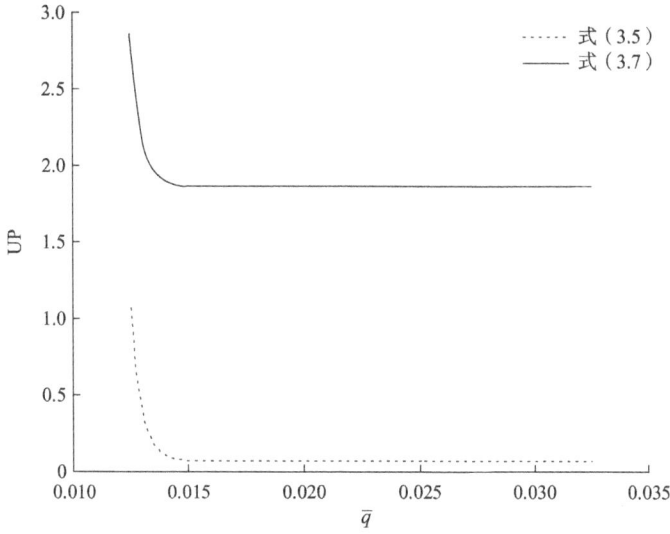

图 3.7 当 $V_2 = 13.8$ 时 IPO 抑价与隐藏申购需求的关系

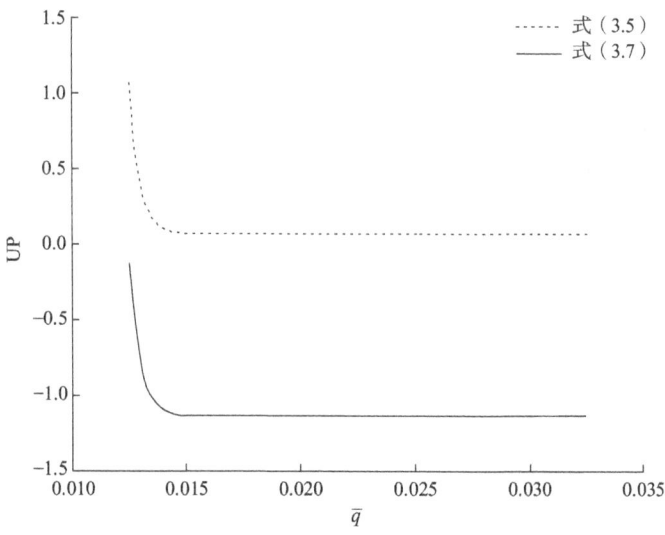

图 3.8 当 $V_2 = 9.6$ 时 IPO 抑价与隐藏申购需求的关系

质曲线的上方,也就是说,潜在投资者和机构投资者的可观测性异质导致更高的 IPO 抑价。从图 3.8 可知,当散户投资者对新股前景悲观,即 $V_2 < V_m$ 时,可观测性异质曲线位于同质曲线的下方,且随着申购需求的变化,大部分 IPO 抑价小于 0。也就是说,潜在投资者和机构投资者的可观测性异质导致更低的 IPO 抑价,随着申购需求的增大,可观测性异质可能导致 IPO 抑价为负,即跌破发行价,从而论证了结论 3.3。

3.5.3 散户投资者可观测性异质对 IPO 抑价影响

为论证结论 3.2 和结论 3.3，再以上面的数值分析的实例为例，论证散户投资者可观测性异质对抑价的影响，以前面的数据对式（3.7）和式（3.8）进行仿真，令 $n=30$，k 服从 [0,1] 上的均匀分布，$\bar{q}$ 服从 [1/60,0.5] 上的均匀分布，再结合上面的参数，通过模拟图（运用 Matlab 绘图），以验证结论 3.2 和结论 3.3，具体见图 3.9 和图 3.10。

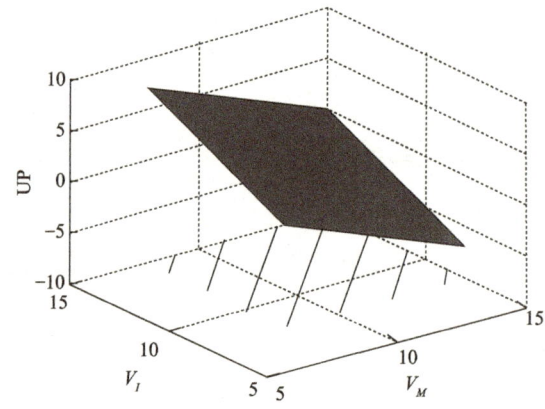

图 3.9　机构投资者风险规避情况下 IPO 抑价与 V_I、V_M 的关系

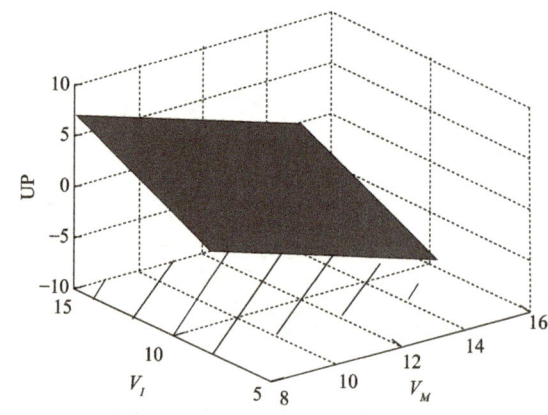

图 3.10　机构投资者风险中性情况下 IPO 抑价与 V_I、V_M 的关系

从图 3.9 和图 3.10 中的图形形状可以看出，UP 与 V_I 呈线性正相关，与 V_M 呈线性负相关，UP 随 V_I 和 V_M 增大而增大，且 V_I 对 UP 的影响大于 V_M 对 UP 的影响；图形是一个向上倾斜的斜面，很明显，靠近三坐标轴交点部分，即图中的 $V_I < V_M$ 部分的 UP<0，且 V_I 和 V_M 的数值差越大，UP 越小，当 $V_I = 8$，$V_M = 15$ 时，$V_I - V_M$ 最小，IPO 抑价也最低，小于 0。这也进一步说明，当机构投资者对新股的价值评估

大于散户投资者对新股的价值评估时，投资者之间的可观测性分歧越大，IPO 抑价越低，可能导致新股在发行上市首日跌破发行价，从而论证了结论 3.3。当 $V_I > V_M$ 时，即机构投资者对新股的价值评估小于散户投资者对新股的价值评估，即图 3.9、图 3.10 中的对角线上面靠右部分的斜面，很明显，V_I 和 V_M 的数值差越大，越靠近图形的右边，抑价也越高，即散户投资者和机构投资者的分歧越大，IPO 抑价越高，当 $V_I = 15$，$V_M = 8$ 时，$V_I - V_M$ 最大，IPO 抑价也最高，从而进一步论证了结论 3.2 和结论 3.3。

从上面的两个数值分析可知，为防止机构投资者有意抑价行为，发行人可以通过调节新股配售比例和机构投资者的数量来进行抑制；而对无意抑价来说，发行人是无能为力的。要减小 IPO 无意抑价，承销商只有通过加强信息披露，加强所有投资者的理性投资行为，加强对散户投资者的投资理性教育，尽量减少机构投资者和散户投资者的异质行为，从而降低 IPO 无意抑价。

3.6 实证分析

本章进行实证分析的主要目的有两个：一是论证可观测性异质在我国确实存在，并研究可观测性异质对 IPO 抑价的影响；二是分析影响我国 IPO 高抑价的主要因素，以便从实证的角度分析我国 IPO 高抑价的原因。

3.6.1 样本选择和数据来源

本章以 1996~2008 年在深沪两市上市的 1 298 只 IPO 作为研究对象，剔除中签率数据缺失样本 23 个，每股收益数据缺失样本 3 个，市盈率数据缺失样本 4 个，最终得到的有效样本为沪市样本 812 个，深市样本 456 个。相关数据来源 CSMAR 数据库。

3.6.2 研究变量选择

在进行实证检验时，由于是研究机构和前投资者可观测性异质对 IPO 的影响，故在变量选择上，以上市首日抑价（UP）作为因变量，以 IPO 上市前 5 只股票的平均抑价（UP_5）、首日换手率（Turn Over）和中签率（Lot Rate）3 个指标作为可观测性异质解释变量。以公司存在时间（CAT）、发行至上市时间间隔（Lag）、上市首日大盘指数收益率（Index）、发行规模（IPO Size）、市盈率（PE）、每股发行费用（Fee）、资产负债率（ADR）、净资产收益率（ROE）和每股收益（EPS）作为控制变量的选择。首先进行了由一般到特殊的回归分析，其次选择以下在沪市或深市具有统计显著性的因素作为控制变量。

3.6.3 实证检验结果

表 3.2 和表 3.3 分别为沪深样本的描述性统计，两市相关变量均值、中值和标准差，以比较其均值、中值和标准差是否存在显著差异，零假设为不存在显著差异。

表3.2　沪市样本描述性统计

变量	UP	Turn Over	Lot Rate	UP_5	CAT	Lag	Index
均值	1.247 6	6.611 1	0.097 16	2.044 7	3.596 7	24.29	2.570 7
中值	1.088 7	6.600 0	0.037 71	1.333 6	3.437 2	16.00	3.147 3
极大值	8.311 3	5.201 2	1.125 3	9.161 5	1.963 0	377	9.608 0
极小值	-6.747 9	8.833 6	0.000 25	2.906 8	8.333 3	7	-1.008 2
标准差	8.258 4	2.904 4	0.159 47	1.810 8	3.216 8	27.06	3.574 69
变量	IPO Size	PE	Fee	ADR	EPS	ROE	
均值	42 423.2	16.880	2.637	55.49	0.478 1	24.633	
中值	30 988	15.760	2.649	58.36	0.405 0	21.780	
极大值	450 000	29.8	8.757 5	95.71	3.32	80.90	
极小值	1 000	5.0	7.700	0.59	0.05	0.15	
标准差	4 227.84	3.652 8	2.055	14.05	0.338 4	12.335	

表3.3　深市样本描述性统计

变量	UP	Turn Over	Lot Rate	UP_5	CAT	Lag	Index
均值	1.232 8	6.499 0	1.647 6	2.357 1	2.758 6	23.76	2.731 7
中值	1.107 9	6.141 7	8.632 0	1.652 8	2.744 4	20.00	6.990 5
极大值	4.307 1	9.964 5	3.277 5	9.251 5	2.008 0	120	8.991 9
极小值	1.789 8	1.209 9	0.000 16	3.676 4	5.555 5	7	-9.266 3
标准差	7.103 7	6.388 3	0.453 83	1.883 2	3.364 52	17.13	2.876 3
变量	IPO Size	PE	Fee	ADR	EPS	ROE	
均值	34 438.5	16.58	3.454	56.428	0.431 2	26.316	
中值	4 000.00	15.00	3.703	59.010	0.384 0	25.400	
极大值	1 495 000	93	8.837	97.37	1.670	73.64	
极小值	1 000	2	0.000	7.76	0.045	1.00	
标准差	129 915	8.616	1.828	16.124	0.235 6	12.82	

由表 3.2 和表 3.3 可以看出，在样本考察期内，沪深两市 IPO 的平均抑价并不太大，但两市的 IPO 抑价水平都较高，都超过了 120%，说明我国 IPO 高抑价现象

明显;新股上市前5家IPO的平均历史抑价水平差距较明显著,深市的前5家IPO的平均历史抑价比沪市高30%左右,且二级市场首日换手率指标的均值沪市均要显著高于深市,说明沪市的投机气氛可能更浓,而沪市发行的IPO则更受投资者追捧;在IPO平均发行规模上,沪市显著高于深市,这与两市的定位是紧密相关的;从发行至上市时间间隔来看,两市差别不大,而每股发行费用则深市均要显著高于沪市,这可能与两市发行规模上的差异有关,发行规模越大,每股发行费用越低。规模越大的企业,其先期准备工作和受到的待遇可能强于小规模企业,因此沪市略高于深市,这是因为2001年处于发行市盈率管制放开阶段,而深市在此期间却停止了新股发行。此外,除深市IPO的平均净资产收益率显著高于沪市外,两市IPO在其他两个财务指标上的差异并不显著。

我们采用下述模型进行回归:

$$UP = \beta_0 + \beta_1 \text{Turn Over} + \beta_2 \text{Lot Rate} + \beta_3 UP_5 + \beta_4 \text{CAT} + \beta_5 \text{Lag} + \beta_6 \text{Index} + \beta_7 \text{IPO Size} + \beta_8 \text{PE} + \beta_9 \text{Fee} + \beta_{10} \text{ADR} + \beta_{11} \text{EPS} + \beta_{12} \text{ROE} + \varepsilon$$

由于样本考察的时间段较长,样本观测值中各变量的差异较大,因此本章采用了广义最小二乘法(generalized least squares,GLS)进行回归估计,以消除回归中出现的异方差问题。表3.4和表3.5分别给出了沪深两市样本的回归结果。

表3.4 IPO抑价与投资者可观测性异质关系检验(沪市)

变量	预期符号	模型1 系数	模型1 p值	模型2 系数	模型2 p值	模型3 系数	模型3 p值
(常量)		0.005	0.988	1.202	0.000	−0.074	0.802
Turn Over	+	0.103	0.098	0.186	0.071		
Lot Rate	−	−0.329	0.202	−0.795	0.002		
UP_5	+	0.100	0.000			0.120	0.000
CAT	−	−0.015	0.242			−0.011	0.395
Lag	+	0.009	0.000			0.008	0.000
Index	+	1.491	0.143			1.322	0.191
IPO Size	−	-2.703×10^{-5}	0.003			-2.181×10^{-5}	0.019
PE		−0.046	0.000			−0.045	0.000
Fee		−0.099	0.000			−0.153	0.000
ADR		−0.004	0.129			−0.003	0.233
EPS	−	0.021	0.068			−0.010	0.025
ROE	+	0.005	0.056			0.007	0.039
DW值		1.701		1.653		1.177	
White异方差检验的p值		0.021		0.001		0.000	
R^2		0.377		0.286		0.122	
调整后的R^2		0.186		0.113		0.093	
F检验的p值		0.000		0.000		0.000	

注:本表的报告结果已经过White方差——协方差一致性处理

表3.5 IPO抑价与投资者可观测性异质关系检验（深市）

变量	预期符号	模型1 系数	模型1 p值	模型2 系数	模型2 p值	模型3 系数	模型3 p值
（常量）		1.061	0.000	1.193	0.000	1.138	0.000
Turn Over	+	0.056	0.095	0.044	0.086		
Lot Rate	−	−0.388	0.193	−0.419	0.000		
UP_5	+	0.004	0.078	0.029	0.041		
CAT	−	−0.002	0.879			−0.005	0.737
Lag	+	0.003	0.303			0.003	0.325
Index	+	−0.479	0.762			−0.664	0.671
IPO Size	−	−3.484×10⁻⁷	0.609			−6.061×10⁻⁷	0.131
PE	−	−0.013	0.036			−0.008	0.134
Fee	−	−0.092	0.004			−0.105	0.001
ADR	−	−0.006	0.031			−0.006	0.046
EPS	−	−0.022	0.643			−0.291	0.037
ROE	+	0.004	0.386			0.005	0.050
DW值		1.561		1.610		1.538	
White异方差检验的p值		0.020		0.001		0.001	
R^2		0.260		0.092		0.147	
调整后的R^2		0.114		0.080		0.112	
F检验的p值		0.000		0.000		0.000	

注：本表的报告结果已经过White方差——协方差一致性处理

表3.4和表3.5中的模型2检验了投资者可观测性异质对IPO抑价的影响，模型3剔除了影响投资者可观测性异质的主要因素，单纯检验了其他控制因素对IPO抑价的影响，模型1合并了所有可能影响IPO抑价的因素。

从模型2的回归结果可知，当单独检验投资者可观测性异质的3个代理指标与IPO抑价之间的关系时，表3.4和表3.5中的3个指标均具有统计显著性，表3.4中的调整后的R^2为0.113，而表3.5的调整后的R^2为0.080，说明可观测性异质在我国确实存在。由模型1可以发现，在加入了其他控制变量后，中签率指标的统计显著性不再存在，这表明用该指标作为投资者可观测性异质的代理指标不具有稳健性。此外，表3.4和表3.5中3个模型其他变量回归系数的符号都与预期相符，说明本章在变量设定时所作的假设是合理的，且具有稳健性。由模型2可知，其他2个投资者可观测性异质的代理指标都与IPO抑价显著正相关，而由模型3知，即使在加入其他控制变量后，这2个变量的统计显著性关系仍然存在，由此可知，用IPO上市前5只股票的平均抑价（UP_5）和首日换手率（Turn Over）作为投资者可观测性异质的代理指标具有稳健性，也进一步说明投资者可观测性异质程度越大，IPO 抑价越高。同时，通过比较模型 1 和模型 3 的调整后的 R^2 值还可以看出，在加入了投资者可观测性异质代理指标后，模型 1 对 IPO 抑价的解释能力明显提高，这表明结论 3.1 在沪深两市中得到了实证检验的支持，即机构投资者和散户投资者的分歧越大，IPO 抑价越高。

3.7 本章小结

自我国证券市场成立以来，IPO 高抑价现象一直存在，本章运用行为金融理论和博弈理论，通过建立 IPO 定价和抑价模型，从机构投资者和散户投资者可观测性异质的角度给出了理论解释。长期存在的 IPO 高抑价使散户投资者形成了一种根深蒂固的预期，即新股发行定价总是偏低，从而使他们对 IPO 内在价值的估计存在着先验乐观情绪，导致与机构投资者之间对新股的价值评估产生可观测性异质。由于多数投资者不可能在一级市场申购到新股，故这种乐观情绪往往被他们带入二级市场，形成对新股的狂热追捧，进而抬升二级市场的交易价格。当机构投资者在追求期望效用最大化时，有有意抑价的激励，加之机构投资者和散户投资者之间的可观测性异质引起的无意抑价，从而导致我国 IPO 高抑价。本章通过实例模拟完全论证了本章的 3 个结论，实例模拟也表明，增加机构投资者数量和降低新股配售比例可以降低投资者有意抑价行为，而消除投资者可观测性异质能进一步降低 IPO 高抑价或防止 IPO 首日跌破发行价。同时，本章以 1996~2008 年在沪深两市上市 IPO 做实证研究，以论证投资者的可观测性异质对我国 IPO 抑价的影响，实证结果表明，可观测性异质在我国的确存在，并对 IPO 抑价造成较大的影响，实证结果支持了本章结论。

需要指出的是，当 IPO 抑价长期偏高时，无论拟上市公司的质量如何，它们总能保证 IPO 成功发行，此时，一级市场的资源配置功能将不复存在，因此，怎样抑制 IPO 高抑价对我国证券市场具有重要的指导意义。本章 IPO 均衡定、抑价模型是在假定机构投资者完全同质的基础上得到的结论，若排除这一假定条件，特别是当假定机构投资者为可观测性异质时，要解出其在不同情形下最优报价策略的解析表达式是异常困难的。这是本章的不足之处，也是第 4 章要进一步研究的问题。

第4章 机构投资者可观测性异质对 IPO 抑价影响

第 3 章研究了机构投资者和潜在投资者对新股价值评估存在可观测性异质时对 IPO 抑价的影响,并指出,机构投资者和潜在投资者可观测性异质越大,IPO 抑价也越高。但第 3 章的结论是建立在所有机构投资者同质的基础上的,那么当机构投资者对新股的价值评估存在异质时,对 IPO 抑价又会产生怎样的影响呢?且机构的合谋行为对 IPO 抑价会产生怎样的影响?本章针对机构投资者合谋和可观测性异质两种情况分析其对 IPO 抑价的影响,并结合 IPO 实例进行仿真模拟,从机构投资者可观测性异质和合谋的角度解释 IPO 高抑价的原因。

4.1 引　　言

20 世纪 70 年代以来,全球金融市场的一个突出表现就是机构投资者的迅速发展。无论是发达国家还是发展中国家,投资主体结构中机构投资者的比重不断增加,金融市场机构化倾向越来越明显。目前,机构投资者已成为证券市场的主导力量,他们持有的证券一般占证券总额的大半部分。中国的资本市场成立虽不过四十几个年头,但发展迅速,已成为国民经济生活中不可或缺的重要组成部分。有报告显示,机构投资者在沪深两市中的掌控已经达到了空前的程度,机构投资者持股市值占流通市值的比重超过 35%,其在 12 个行业的持股比例达到 30% 以上。

Grinblatt 和 Hwang(1989)研究发现机构投资者的需求与后来的收益正相关,这种相关性至少能部分地解释为机构投资者具有预测未来收益的能力。杨平(2001)通过我国 1999 年 1 月到 2000 年 6 月证券投资基金的数据,认为在总体上不能笼统地说证券投资基金对大盘有无稳定作用,对证券投资基金稳定市场的功能要一分为二。他发现,投资基金持有时间较短的股票,其股价的波动性由于投资基金的进驻而增强;而投资基金长期持有的股票,其股价的波动性由于投资基金的进驻而减弱。祁斌等（2006）采用规范的实证研究方法，对中国资本市场中机构投资者与股市波动性之间的关系进行了实证研究，发现在控制了公司规模的前提下，机构投资者持股比例与股票波动性之间存在显著的负相关关系，机构投资者对降低其所持有的股票的波动性具有一定的作用，这支持了机构投资者具有稳定市场的功能。同时，邓勇和汤大杰（2007）使用 GARCH 事件模型对机构投资者对证券市场波动性的影响进行了实证检验，发现机构投资者的出现不但具有稳定中国股市的作用，而且在机构投资者发展的过程中，每次的政策推进都对市场起到了明显的稳定作用。

李胜利（2007）研究了我国以证券投资基金为代表的机构投资者股票投资行为和证券市场波动性之间的相互关系，发现其股票投资行为在一定程度上增大了证券市场的波动，而且证券投资基金对证券市场波动的影响具有非对称现象：基金的投资行为可以平抑市场下跌时的风险，但加剧了市场上涨时的风险，导致市场更大水平的波动。杨公齐（2007）认为我国机构投资者主要通过投资组合策略获取收益，很少干预公司治理，其收益主要来源二级市场上股票价格上涨，其投资组合中以绩优股短期投资为主，组合中资产种类变化根据业绩的变化而频繁调整，因此，我国机构投资者是弱度介入型的机构投资者正是这个原因。中国机构投资者扰动着证券市场，主要表现在他们的羊群行为、短视行为及对市场的操纵。陈志启和柯捷（2007）利用 2004 年到 2006 年一共 12 个季度的数据，实证分析了基金持股变化对股价收益率的影响，发现基金在当期和上一期持股比例的季度变动都与股价收益率呈显著正相关关系，同时这种影响关系在熊市和牛市中并没有表现出太大的差异。

当然，现有的一些研究都是建立在完善的市场制度的基础上的，在一些新兴市场上也许会存在更大的不确定性。机构投资者的市场作用仍然没有定论，国内外学者在对待机构投资者是否有稳定市场功能这一问题上仍存在着很大分歧。早期的理论认为，机构投资者具有比较强的研发力量和信息优势，相对于中小投资者，他们更加具有理性，当股票价格出现价值低估时，具有信息优势的机构投资者便会及时发现这种股票的投资机会进而买进。相反，当股票价格出现价值高估时，机构投资者会抛售这些被高估的股票。

本章运用行为金融理论，以 CARA 模型为基础，以机构投资者期望效用最大化为目标，构建有约束非线性规划模型，通过模型推导求解确定机构投资者最优报价策略，并在此基础上，分析机构投资者在同质和异质情况下其报价策略对 IPO 抑价影响，以期从机构投资者可观测性异质的角度解释"IPO 高抑价"和"发行人容许机构投资者私下合谋"的行为。

4.2 机构投资者概述

我国的股票市场起步于个人投资者,长期以来,以个人为主体的投资者结构一直被认为是我国股票市场剧烈波动的主要原因。在我国的资本市场发展初期,机构投资者并没有发挥预期的作用——参与公司治理、提高公司价值、稳定股票市场的股价。相反,机构投资者总是和黑幕事件、违规交易、操纵股价、高位接盘庄股等挂上关系。总体上机构投资者投机气氛过浓,股票换手率太高。整个市场仍然见风是雨,暴涨暴跌,极不稳定。机构投资者遵循理性原则,追求自身利益最大化,本质上并不存在主动承担稳定市场的功能机制。

我国机构投资者的形成和发展大致可以分为三个阶段。

第一阶段是 20 世纪 90 年代中期以前。当时的机构投资者主要是证券公司、信托投资公司、银行附属企业及少数国有企业等。由于当时没有相关的法规对这些基金的运作进行规范,这些基金尽管采取了相对稳定的组织形式,但在基金的运作过程中,基金的可投资方向、投资组合管理及风险控制等方面实际处于无序状态,在投资策略及投资模式方面和当时市场中的其他机构并没有太大区别。

第二阶段是从 1996 年到 1999 年 6 月。由于政策约束,国有企业及上市公司等被禁止进入市场,加上"银证分业"的实施过程中银行及相关企业全面退出市场,从而导致证券市场中的机构投资者数量和资金规模大幅减小,此后一段时期在市场上比较活跃的机构投资者主要包括证券公司、信托投资公司及少数民营企业。

第三阶段是从 1999 年 7 月至今。随着 1999 年 7 月《中华人民共和国证券法》的实施以及政府对证券市场的政策调整,管理层在 1999 年 6 月以后对市场准入政策进行了重大调整。我国证券市场上机构投资者的发展也因此进入新的历史阶段,大力培养机构投资者成为管理层的长期策略,并在 2000 年初明确提出了超常规、创造性地发展机构投资者的政策。这一系列的政策调整,使我国证券市场投资者结构和规模发生了重大变化。

4.2.1 机构投资者界定

机构投资者产生于高度专业化和日趋精细化的社会分工,既是投资专业化、组织化和社会化的产物,也是金融信托业发展的必然结果。对于机构投资者的界定,无论是学者、管理层,还是投资者,都有各自的理解。一般而言,主要分为描述性界定和列举性界定。

从描述性界定来看，广义的定义是相对于个人投资者而言的。根据《证券投资词典》的定义，机构投资者指的是从个人投资者中聚集资金，然后将资金投入包括有价证券在内的资产的专业投资者。这一定义不仅包括了投资基金、社保基金、保险基金等一般意义上的机构投资者，同时将工商企业和金融中介都囊括进来。从狭义上来讲，机构投资者的定义仅包括专门投资于证券业并积极管理的金融中介机构。

从列举性界定来看，一般认为，机构投资者包括银行和储蓄机构、保险公司、共同基金、养老基金、投资公司、私人信托机构和捐赠的基金组织等。每个国家机构投资者的构成都不同，如美国的机构投资者包括养老基金、共同基金、投资公司、私人信托公司、人寿保险公司等。英国的机构投资者包括养老基金、单位信托、保险公司和其他金融机构，而我国的机构投资者主要包括证券投资基金、证券公司、社保基金、保险基金及合格的境外机构投资者。

还有一种界定是以投资者的市场势力来划分的，拥有市场势力的投资者就可以被看作是机构投资者，反之则为一般投资者。此处的市场势力不仅指对证券价格有影响力，也包括通过对市场中交易主体的信息分布、理念形成等所拥有的影响力。因此，机构投资者为了获取超额收益，利用他们拥有雄厚资金以及一些不对称信息，有意识、有计划地采取一些操作，影响股票市场的供求关系，从而造成股价的异常波动。

4.2.2 机构投资者的行为特征

机构投资者投资的最基本目标是通过适当的分散资产来合理配置投资组合，以达到风险收益的最佳权衡，就是说机构投资者必须获取最有效的投资组合边界。不同机构投资者的投资行为、方式和策略明显不同。资产配置既有运用复杂技术的积极战略者，又有指数型保守投资策略者，但他们在投资时也会有共同的投资理念和原则。

1. 遵循一定的投资理念和富有凝聚力的企业文化

机构投资者在市场激烈的竞争中既有不断发展壮大的，也有被兼并或淘汰的，生存下来的逐步形成了自己独特的投资理念和富有凝聚力的企业文化。例如，美林的信念——在所从事的领域追求卓越，致力于在客户、股东和雇员创造最大价值的过程中，成为全球证券市场的领导者。

2. 资产配置差异不可观测性异质和全球化

尽管近年来在新兴市场的投资一直在增加，但来自工业化国家的机构投资者的国际资产还是倾向集中工业化国家的证券。无论是根据资产类型决定主要资产组合框架的战略水平，还是具体证券选择的战术水平，都不能独立于当时的环境。投资机构化趋势的增加使得在考虑风险和回报的同时，刺激资产配置差异最大化，这就在机构投资者中间导致了不同的投资行为。

3. 卓有成效的风险管理

证券市场是不确定性集中的场所，充满着各种风险。防范风险是机构投资者至关重要的任务。从 20 世纪 80 年代的定性风险管理发展到现在比较完善的定量风险管理，加上现代化的信息管理技术，形成了组织严密并能适时对风险进行监控的综合风险管理和控制模型。

4.2.3 机构投资者在证券市场中的作用

机构投资者采取专家理财，运用雄厚的资金实力和长期投资经验，把集中的资金适当分散投资于多种证券及其他金融商品，即根据对金融商品的特征、收益与市场风险的分析等，进行品种与期限、收益与风险的配比，形成最佳的金融商品组合，以尽可能地实现投资收益最大化。机构投资者对证券市场的发展具有重要作用，主要表现如下。

1. 改善投资者结构，提高股市稳定性

由于单个投资者在时间、资金、信息、专业知识、技术设备等方面处于弱势，容易追涨杀跌，盲目跟风，往往是助长股市投机气氛、增大市场风险的重要因素。与散户相比，机构投资者一般持股时间较长、入市资金量较大、进入市场的稳定性相对较好，且拥有足够的研究分析能力、信息及资金，注重投资的安全性及长期利益，从而在一定程度上抑制了证券市场上股价的剧烈波动。统计数据表明，我国试点基金资金周转率为年均 3 次，而整个证券市场的资金周转率为年均 15 次。大力培育机构投资者，不但有利于改善和优化投资者的主体结构，充分发挥机构投资者对股市的"稳定器"作用，而且有利于导入理性、成熟的投资理念，引导广大中小投资者理性投资、鼓励投资、遏制投机，促进证券市场规范、稳健、高效地运作。

2. 为股市扩容提供充足的资金

随着经济发展对证券市场依赖程度的加深，证券市场将不断发展壮大。股市能否在扩容中保持平稳发展，关键在于资金扩容能否跟上股市扩容的步伐。长期以来，市场流动资金不足一直是困扰我国股市二级市场发展的一个难题。随着股市扩容速度的加快，尤其是大量股本庞大的国有改制企业上市以后，市场扩容速度与资金相对不足的矛盾显得越来越突出。解决该问题的突破点在于扩大股市资金的投放量，大力培养机构投资者。机构通过专家理财和规模效应，有利于吸引部分潜在投资资金进入股市，有效地扩大股市资金的供给渠道，促进市场的活跃和规模的扩大。

3. 为证券市场的金融创新建立良好的基础

一个完整而成熟的证券市场，必须与丰富的金融品种相适应，而我国正处于初步建设资本市场的历史时期，证券市场上交易品种单一、数量有限的问题在所难免。随着证券投资基金数量的不断增加，以及保险基金入市，市场对股票指数期货、期权等金融衍生工具的需求日趋强烈。在加入世界贸易组织后，一旦大量的国外金融机构进入我国证券市场，对具有规避风险和套期保值功能的各种金融衍生工具的需求更会与日俱增。因此，我国金融衍生工具的引入和发展是一个必然的趋势。

4. 优化上市公司法人治理结构

上市公司股权结构是公司治理结构的重要组成部分，对上市公司绩效有直接的影响。国内外研究表明：与股权高度集中和股权高度分散的结构相比，有一定集中度、有相对控股股东，并且有其他大股东存在的股权结构的公司业绩最好。为了实现股权的多元化，国际通行的做法是主动构造法人和机构大股东。由于历史的原因，我国上市公司治理结构明显存在治理主体单一化的特点，股权过于集中，总体上还是以国有股为主导，中小股东无法对大股东形成有效的制约，直接影响了上市公司的绩效。

随着机构投资者规模的不断扩大，机构投资者的投资行为对我国证券市场的影响日益突出。但是，目前国内学术界对这方面的研究也没有形成统一鲜明的结论。一种观点认为目前国内证券市场存在着制度上的缺陷，同时上市公司的整体业绩又不理想，整个股票市场严重缺乏机构投资者可以长期投资的绩优上市公司，在这种情况下想单纯依靠机构投资者起到稳定市场的作用是不现实的。另一种观点则与之相反，认为机构投资者的不断壮大有利于市场的稳定。

4.3 机构投资者可观测性异质与 IPO 均衡定价

4.3.1 问题描述和基本假设

（1）设 IPO 发行规模 s 固定；承销商邀请 $n \geq 2$ 个机构投资者参与报价，且所有参与询价的机构投资者同质。发行人在询价前规定了机构投资者在本次 IPO 发行中的新股配售比例为 k，$k \in (0,1)$，则机构投资者在本次 IPO 发行中的配售量为 ks。发行人在累计机构投资者的需求后并根据其新股配售比例 k 的总量确定发行价格。

（2）IPO 实行统一定价发行；参与询价的机构投资者认为新股的预期价值为 V_i（其中 $i=1,2,L,n$）；每个机构投资者的报价策略为一条连续可微的需求曲线，设第 i 个机构投资者的需求为 $q_i(p)$（连续报价策略的假设可以保证在均衡价格处股票的供给恰好等于申购需求）。且 p 不存在需求不足的情况，因此，在 $p = \pi/(1-a)s$ 时，则每个参与询价的机构投资者的需求量至少为 $\bar{q}$，$\bar{q} \in (ks/n, +\infty)$。

（3）设发行人与承销商不存在分歧，且承销商以发行人效用最大化为目标；发行人从公司 IPO 中至少获得 π 元的净收益，则 $\pi > 0$，IPO 承销费率为 a，$a \in (0,1)$。则 IPO 发行价格 p 按如下规则确定：

$$(1-a)sp \geq \pi$$

否则，发行人宣布取消 IPO，支付承销商的违约费。

4.3.2 机构投资者可观测性异质下 IPO 均衡定价

需要指出的是，由于信息不对称，且每个机构投资者对新股的价值评估方式不完全相同，特别是当机构投资者拥有不同的私人信息时，每个机构投资者对不同的价格新股需求也完全不相同。此时，机构投资者以其期望效用最大化为目标。若机构投资者风险规避，设其绝对风险规避系数为 ρ，且为 CARA 模型的效用函数，则每个机构投资者的期望效用函数为

$$\begin{aligned} E[U(\pi)] &= E\{-\text{EXP}\{-\rho[(V-p)q(p)]\}\} \\ &= -\text{EXP}\{-\rho[(V-p)q(p) - \rho\sigma_1^2 q^2(p)/2]\} \end{aligned} \quad (4.1)$$

其效用最大化 Max-EXP$\{-\rho[(V-p)q(p) - \rho\sigma_1^2 q^2(p)/2]\}$ 可等价为

$\text{Max}\left[(V-p)q(p)-\rho\sigma_1^2 q^2(p)/2\right]$，令 $F=\left[(V-p)q(p)-\rho\sigma_1^2 q^2(p)/2\right]$，则 $\frac{\partial F}{\partial p}=0$ 时，机构投资者的期望效用最大，即

$$-q(p)+(V-p)q(p)-\rho\sigma_1^2 q^2(p)=0 \quad (4.2)$$

解以上微分方程，并根据初始条件 $p=\pi_c/(1-a)s, q_i(p)=\overline{q}_i$，可求出该情况下每个机构投资者的最优报价为

$$p=V_i-\frac{1}{2}\rho\sigma^2 q_i-\left[V_i-\frac{\pi}{(1-a)s}\right]\left(\frac{\overline{q}_i}{q_i}\right)+\frac{\rho\sigma^2\overline{q}_i^2}{2q_i} \quad (4.3)$$

令 $\rho=0$ 则可得到风险中性的机构投资者最优报价为

$$p=V_i-\left[V_i-\frac{\pi}{(1-a)s}\right]\left(\frac{\overline{q}_i}{q_i}\right) \quad (4.4)$$

式（4.3）、式（4.4）是机构投资者在追求期望效用最大化的前提下的新股申购需求函数。对发行人而言，根据新股配给比例，在 $p \geqslant (1-a)s/\pi$ 时，发行人完全可以接受。因此，结合机构投资者需求函数和新股的供给，可以确定 IPO 均衡定价和抑价模型，对风险规避的机构投资者而言，其 IPO 均衡定价模型可由下面的公式确定：

$$\begin{cases} p=V_i-\frac{1}{2}\rho\sigma^2 q_i-\left[V_i-\frac{\pi}{(1-a)s}\right]\left(\frac{\overline{q}_i}{q_i}\right)+\frac{\rho\sigma^2\overline{q}_i^2}{2q_i} \\ \sum_{i=1}^{n} q_i(p)=ks \end{cases}$$

解以上方程，可得

$$p=\sum_{i=1}^{n}\frac{V_i}{n}-\frac{1}{2}\rho\sigma^2\frac{ks}{n}-\sum_{i=1}^{n}\left[V_i-\frac{\pi}{(1-a)s}\right]\left(\frac{\overline{q}_i}{nq_i}\right)+\sum_{i=1}^{n}\frac{\rho\sigma^2\overline{q}_i^2}{2nq_i} \quad (4.5)$$

令 $\rho=0$ 则可得到机构投资者风险中性情况下 IPO 最优均衡定价为

$$p=\sum_{i=1}^{n}\frac{V_i}{n}-\sum_{i=1}^{n}\left[V_i-\frac{\pi}{(1-a)s}\right]\left(\frac{\overline{q}_i}{nq_i}\right) \quad (4.6)$$

根据最优均衡定价模型式（4.5）、式（4.6）可知，第 j 个机构投资者的期望抑价 V_j-p 为

$$\text{UP}=\frac{1}{2}\rho\sigma^2\frac{ks}{n}-\sum_{i=1,i\neq j}^{n}\frac{V_i}{n}+\sum_{i=1}^{n}\left[V_i-\frac{\pi}{(1-a)s}\right]\left(\frac{\overline{q}_i}{nq_j}\right)+\sum_{i=1}^{n}\frac{\rho\sigma^2\overline{q}_i^2}{2nq_j} \quad (4.7)$$

若机构投资者风险中性，则其期望抑价为

$$UP = \sum_{i=1}^{n}\left[V_i - \frac{\pi}{(1-a)s}\right]\left(\frac{\overline{q}_i}{nq_j}\right) - \sum_{i=1,i\neq j}^{n}\frac{V_i}{n} \quad (4.8)$$

从式（4.7）、式（4.8）可知，IPO 抑价不但与所有参与询价机构的价值评估和申购需求有关，而且与新股配售比例和发行人对新股的估值紧密相关。由于机构投资者可观测性异质，他们对新股的价值评估不同，因而其期望 IPO 抑价也不相同。

4.3.3 机构投资者同质下的 IPO 均衡定价

若机构投资者同质，则机构对新股的价值评估不存在分歧，即 $V_1 = V_2 = V_3 = L = V_n$，设机构对新股的价值评估都为 V，也就是说所有参与询价的机构投资者合谋，此时，$q_1(p) = q_2(p) = q_i(p) = L = q_n(p) = q(p)$。若机构投资者风险规避且效用函数为 CARA 模型则其期望效用仍为

$$E[U(\pi)] = E\{-\mathrm{EXP}\{-\rho[(V-p)q(p)]\}\}$$
$$= -\mathrm{EXP}\{-\rho[(V-p)q(p) - \rho\sigma_1^2 q^2(p)/2]\}$$

则风险规避的机构投资者最优均衡定价可由下面公式确定：

$$\begin{cases} \mathrm{Max}\left[(V-p)q(p) - \rho\sigma_1^2 q^2(p)/2\right] \\ \mathrm{s.t.} \sum_{i=1}^{n} q_i(p) = ks \end{cases}$$

由于机构投资者同质，便可构造拉格朗日函数，并求导，得

$$\begin{cases} -q(p) + (V-p)q'(p) - \rho\sigma^2 q(p)q(p) - \lambda n q'(p) = 0 \\ (V-p) - \rho\sigma^2 q(p) - \lambda = 0 \end{cases}$$

根据假设条件，$q_1(p) = q_2(p) = q_i(p) = L = q_n(p) = q(p) = ks/n$，解以上微分方程，且根据初始条件 $p = \pi_c/(1-a)s, q(p) = \overline{q}$，可得风险规避机构投资者期望的最优均衡报价为

$$p = V - \left(V - \frac{\pi}{(1-a)s}\right)\left(\frac{ks}{n\overline{q}}\right)^{n-1} - \frac{(n-1)\rho\sigma^2 ks}{n(n-2)}\left[1 - \left(\frac{ks}{n\overline{q}}\right)^{n-2}\right] \quad (4.9)$$

$$p = V - \left(V - \frac{\pi}{(1-a)s}\right)\left(\frac{ks}{n\overline{q}}\right)^{n-1} \quad (4.10)$$

机构投资者期望抑价为 $V - p$，根据式（4.9）、式（4.10），可以得到机构投资者期望抑价模型为

$$\mathrm{UP} = \left(V - \frac{\pi}{(1-a)s}\right)\left(\frac{ks}{n\bar{q}}\right)^{n-1} + \frac{(n-1)\rho\sigma^2 ks}{n(n-2)}\left[1-\left(\frac{ks}{n\bar{q}}\right)^{n-2}\right] \quad (4.11)$$

$$\mathrm{UP} = \left(V - \frac{\pi}{(1-a)s}\right)\left(\frac{ks}{n\bar{q}}\right)^{n-1} \quad (4.12)$$

从 IPO 抑价模型式（4.11）、式（4.12）可看出，机构投资者期望抑价与 V、k 正相关，与 n、$\bar{q}$ 负相关。因此，机构投资者为规避风险，防止新股申购中的"赢者诅咒"，在效用最大化的基础上，可以通过隐藏申购需求 $\bar{q}$，以追求更高的 IPO 抑价，而发行人可以通过降低新股配售比例和增加机构投资者数量来降低 IPO 高抑价。

4.4 定、抑价比较和数值分析

为探讨机构投资者可观测性异质对 IPO 抑价影响，本章以某公司 IPO 发行为例，对机构投资者同质和异质两种不同情况进行定、抑价比较分析，以期得到部分管理启示。

4.4.1 IPO 定价比较

比较式（4.5）、式（4.6）和式（4.9）、式（4.10）可知，在机构投资者同质情况下，新股发行价 p 与 k 负相关，而与 V、n、$\bar{q}$ 正相关，只要新股发行成功，每个机构的配售量都为 ks/n，因此，p 与 q_i 无关。在机构投资者可观测性异质情况下，单个机构的需求函数中，p 与机构投资者对新股估值的均值 $\frac{1}{n}\times\sum_{i=1}^{n}V_i$ 正相关，与 $\bar{q}_i$、k 和 n 负相关，且每个机构的申购需求 q_i 都对 p 产生影响。因此，当机构投资者合谋时，每个机构可以通过隐藏申购需求 q_i 以降低 IPO 发行价，而当机构投资者可观测性异质时，由于投资者之间信息不对称，个人隐藏需求，对 IPO 发行价影响不大。

为进一步说明问题，检验机构投资者不同行为对新股发行价影响。为便于比较，对式（4.5）、式（4.9）进行仿真模拟，设机构投资者在询价前估计该 IPO 二级市场的交易价格为 $V=10.6$ 或 $V=7.6$；方差为 $\sigma^2=2.5$；$\rho=2$；$\pi=3.8$ 元/每股；$a=0.45$；$s=1$；$n=30$；$k=0.35$；$\bar{q}=0.025$，并令 $V=10.6$；$v_1,v_2,\cdots,v_{30}=9.1,9.2,\cdots,12.1$；$q_1,q_2,\cdots,q_{30}=0.016,0.017,\cdots,0.046$。并利用上述参数，探讨 p 与 k 之间的关系，具

体见图 4.1、图 4.2。

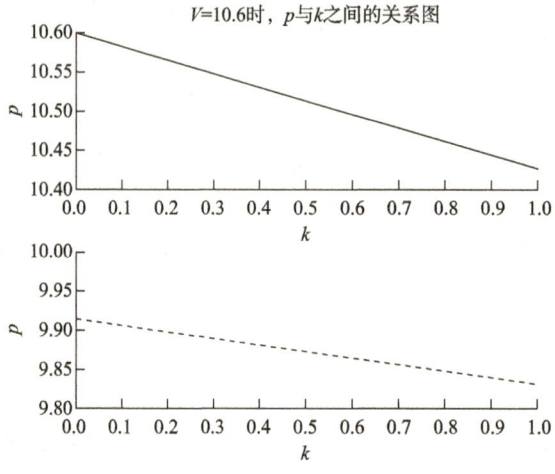

图 4.1　当 $\bar{q} = 0.045$ 时，p 与 k 的关系图

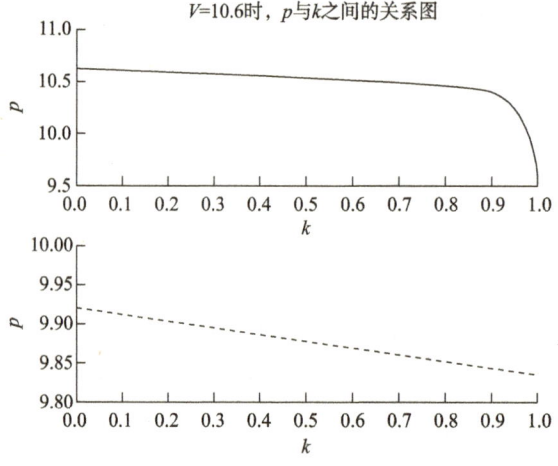

图 4.2　当 $\bar{q} = 0.035$ 时，p 与 k 的关系图

图 4.1 和图 4.2 中，上面的线代表机构同质时 p 与 k 关系曲线，下面的线代表机构异质时 p 与 k 关系曲线。从图 4.1、图 4.2 可以看出，不管机构同质还是异质，p 与 k 都负相关。与机构投资者异质相比，机构投资者同质下的 p 与 k 的曲线陡些，即当机构同质时，新股配售比例 k 更能发挥调节作用，且在机构同质的情况下，IPO 定价较高。通过比较图 4.1 和图 4.2 可知，改变 $\bar{q}$，当机构同质时曲线明显改变，价格降低。当机构异质时曲线几乎不发生改变，说明当机构合谋时，机构投资者可以通过隐藏申购需求降低 IPO 定价；当机构异质时，单个机构隐藏需求对 IPO 定价几乎不产生影响。从图 4.2 可以看出，当机构同质时，新股配售比例在

0.8~1.0，新股配售比例对新股的发行价调节作用更加明显，而小于 0.8 时，曲线比较平缓，说明 k 在这段的变化对 p 的影响不大。这也进一步解释了为何国外发行新股一般配售给机构的比例在 0.8 以上，但承销商却能容许机构投资者私下合谋的行为，因为 k 在这段区域内，更能发挥新股配售比例回拨机制的作用。

4.4.2 IPO 抑价比较

比较式（4.7）、式（4.8）和式（4.11）、式（4.12）可知，在机构投资者同质情况下，所有机构投资者 IPO 期望抑价一定存在且相同期望抑价与 V、k 正相关，与 n、$\bar{q}$ 负相关，因此，当 V 越大（二级市场"热销"）时，IPO 期望抑价也越高；当 V 越小（二级市场"低迷"）时，IPO 期望抑价也越低。在机构投资者可观测性异质情况下，单个机构投资者 IPO 期望抑价与其对新股的价值评估 V_i、k 正相关，与 n 负相关，单个投资者申购需求 $\bar{q}$ 对其期望抑价影响不大。

为进一步说明问题，检验机构投资者不同行为对新股抑价的影响。为便于比较，对式（4.7）、式（4.11）进行仿真模拟，设机构投资者在询价前估计该 IPO 二级市场的交易价格为 $V=10.6$ 或 $V=7.6$；方差为 $\sigma^2=2.5$；$\rho=2$；$\pi=3.8$ 元/每股；$a=0.45$；$s=1$；$n=30$；$\bar{q}=0.025$。利用上述参数，探讨 UP 与 k 之间的关系，具体见图 4.3、图 4.4。

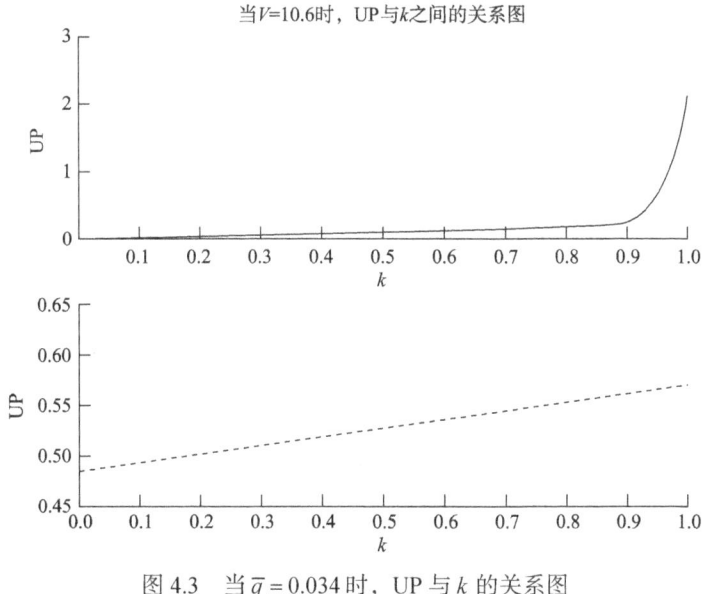

图 4.3　当 $\bar{q}=0.034$ 时，UP 与 k 的关系图

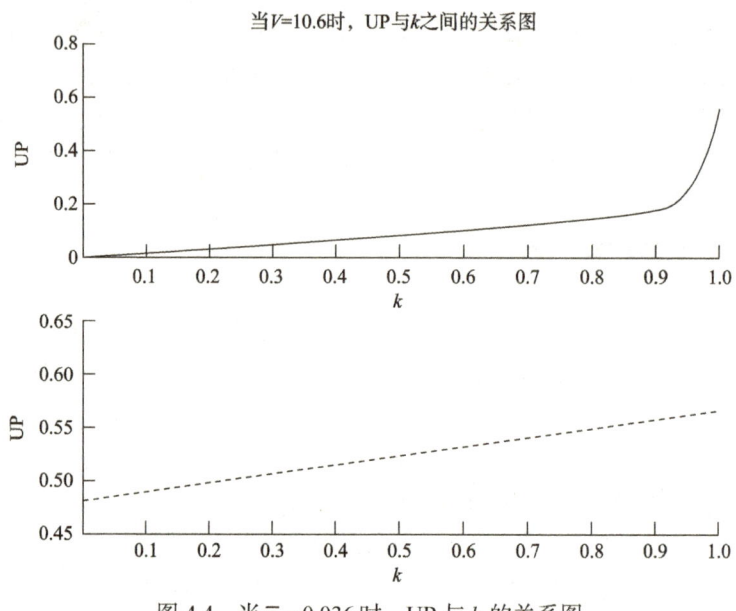

图 4.4 当 $\bar{q} = 0.036$ 时，UP 与 k 的关系图

上面的线代表机构同质时 UP 与 k 关系曲线，下面的线代表机构异质时 UP 与 k 关系曲线。从图 4.3、图 4.4 可以看出，不管机构投资者同质还是异质，IPO 抑价与新股配售比例 k 正相关。从上面的线（机构投资者同质）可以看出，在 k 小于 0.9 时，曲线斜率较小，IPO 抑价变化不大，说明 k 在这段范围内起不到对 IPO 抑价的调节作用；而当 k 大于 0.9 时，曲线斜率较大，IPO 抑价变化较大，说明 k 在这段范围才能起到调节作用。在国外，IPO 发行 k 一般大于 0.8，尽管部分机构投资者私下合谋，但由于能够充分发挥配售机制的作用，所以承销商在控制一定抑价的基础上容许这种情况发生。当机构异质时 IPO 抑价较高，大于 0.2 时，下面的线斜率较大，IPO 抑价变化较大。这说明当机构同质时，调节 k 对 IPO 抑价影响不大；而当机构异质时，调节 k 对 IPO 抑价影响较大。同时，从图 4.3 和图 4.4 也可以看出，当机构同质时，改变单个机构投资者的申购需求，下面的线变化较大；而当机构异质时，改变单个机构的申购需求，下面的线变化不大。这说明在同质时 IPO 抑价受申购需求的影响较大；而当机构异质时，改变单个机构投资者的申购需求对 IPO 抑价几乎不受影响。

从上面的比较和数值分析可得出如下结论。

结论 4.1：不管机构投资者可观测性异质还是同质，机构投资者都有意抑价的行为。

从式（4.3）、式（4.9）可知，不管机构同质还是异质，IPO 抑价始终存在。但在异质情况下，由于机构投资者信息不对称，IPO 申购风险加大，为防止"赢者诅咒",故要求相应的报酬也高,从而导致较高的 IPO 抑价。由于无论在哪种情况下,机构投资者始终都有意抑价行为,因此对于结论 4.1 的政策性建议如下:一是加大对机构的培育力度,强化机构投资者教育与培训,提高其投资素质及市场化定价能力,改变其传统的投资理念。二是改革累计投标过程中对发行价进行修改时的调整机制与股份配售规则,发挥新股配售的作用,使主承销商认识到累计投标询价是个形式和过场,将询价制的信息提取机制优势真正发挥出来,减少新股发行上市高抑价和恶意抬高发行价格等问题,使抑价程度保持在合理范围内。

结论 4.2:机构投资者可观测性异质可导致 IPO 高抑价,而机构投资者同质(合谋)会导致新股配售机制失调。

从上面的数值分析可知,在同质时情况下,当 k 大于 0.8 时,便能发挥新股配售机制的真正调节作用;当 k 小于 0.8 时,恰好相反,不能发挥新股配售机制作用。机构投资者可观测性异质和机构同质(合谋)情况下相比,机构投资者信息不对称,为防止"逆向选择"和"赢者诅咒"风险,机构投资者会要求更高的回报,导致 IPO 较高抑价,这也从机构投资者可观测性异质的角度解释了 IPO 高抑价的原因。因此,既要防止因信息不对称而导致机构异质,又要防止机构私下合谋行为而影响新股配售机制的功能发挥。结论 4.2 对我国 IPO 的政策性建议如下:一是加大信息披露,防止信息不对称而导致机构投资者可观测性异质,降低 IPO 抑价。二是适度增加机构配售比重,防止机构私下合谋而导致配售机制功能失调,在制度成熟之后,放开和以利于实现价格发现功能,避免机构之间的竞争推高定价的情况。三是从立法与加强监管入手,建立健全发行价确定程序及股份配售规则。

结论 4.3:当机构投资者同质时,单个机构申购需求改变将对 IPO 发行价和抑价产生较大的影响,而当机构投资者可观测性异质时,单个机构申购需求改变对 IPO 发行价和抑价几乎不产生影响。

从上面数值分析可知,当机构投资者可观测性异质时,改变单个机构的申购需求几乎对 IPO 定、抑价不产生影响;当机构投资者可观性同质时,单个机构申购需求改变将对 IPO 发行价和抑价产生较大的影响。当机构投资者存在可观测性异质时,由于单个机构无法左右 IPO 发行价,在 IPO 价格较低的情况下,隐藏需求只能减少自己的申购筹码,反而使自己的收益下降,为获得更高的收益,只有通过增加有效需求来增加自己的申购筹码,从而从新股发行中获得更高的收益,因此,单个机构投资者隐藏申购需求并不影响其他机构投资者的投资决策。结论 4.3 的经济含义是,加大信息披露,防止信息不对称而导致机构投资者可观测性异质,消除因信息不对称而引起的机构异质。同时,加大对机构的培养力度,强化机构投资者教育与培训,提高其投资素质及市场化定价能力,从而防止机构投资者因信息不对称和不理性而产生异质行为。

4.5 实证研究

4.5.1 样本选择数据来源

本章以 2005~2008 年在沪深两地上市的 283 只 IPO 作为研究对象,剔除其中数据缺失样本 6 个,最终得到的有效样本为 277 个。其中沪市样本 222 个,深市样本 45 个。相关数据来源 CSMAR 数据库。

4.5.2 研究变量的选择

在进行实证检验时,以 IPO 上市首日抑价(UP)作为因变量,以 IPO 上市前 5 只股票的平均抑价(UP_5)、机构投资者数量(INQ)两个指标作为可观测性异质的解释变量。机构投资者数量越大,竞争越激烈,IPO 抑价越低;同时机构投资者数量越大,竞争越激烈,可观测性异质越大,无意抑价也越大(新股热销除外),故机构投资者数量与 IPO 抑价正相关。新股上市前 5 只股票的平均抑价越高,机构投资者之间的可观测性异质越大,IPO 抑价也越高,因此,其与 IPO 抑价正相关。

在控制变量的选择上,根据已有的研究成果和 IPO 发行的实际情况,选择了部分可能影响 IPO 定价的因素进行实证分析。在综合前人的研究成果并结合本章所选择的样本,我们首先进行线性回归分析,其次选择以下影响 IPO 抑价的因素作为控制变量。

发行至上市时间间隔(Lag)和公司存在时间(CAT):发行至上市时间间隔越长,投资者所承担的风险越大,IPO 申购成本也越高,所要求得到的回报也越高,故其与 IPO 抑价正相关。公司存在时间越长,投资者对其了解越充分,无意抑价越低,因此与 IPO 抑价负相关。

资产负债率(ADR)和净资产收益率(ROE):资产负债率越高,公司财务风险越大,对投资者的吸引力越小,因此它与 IPO 抑价负相关。净资产收益率越高,公司未来资产营利能力越强,对二级市场投资者的吸引力越大,因此 IPO 抑价越高。

每股发行费用(Fee)和发行规模(IPO Size):每股发行费用的上升意味着发行成本的增加,发行人很可能是以提高 IPO 定价的方式弥补损失,因此每股预期发行费用与 IPO 抑价负相关。大的发行规模意味着供给的增加和价格炒作难度的加大,因此它与 IPO 抑价负相关。

网下有效申购户数（Nvsoffl）：网下有效申购户数越大，机构对询价区间越认同，同时说明机构私下合谋行为越严重，因此它与 IPO 抑价正相关。

4.5.3 实证检验结果

我们选用下述模型进行回归：

$$UP = \beta_0 + \beta_1 INQ + \beta_2 UP_5 + \beta_3 ADR + \beta_4 \ln IPO\,Size + \beta_5 Nvsoffl + \beta_6 CAT + \beta_7 Fee + \beta_8 Lag + \beta_9 ROE + \varepsilon$$

我们采用了最小二乘法（ordinary least square，OLS）进行回归，回归结果如表 4.1 所示。

表4.1 IPO抑价与机构投资者可观测性异质检验（样本容量：272）

变量	模型 1		模型 2		模型 3	
	系数	p 值	系数	p 值	系数	p 值
（常量）	1.701	0.063	−0.242	0.049	3.633	0.002
INQ	−0.005	0.054	0.001	0.002		
UP_5	1.920	0.000	2.179	0.000		
ROE	−0.008	0.066			−0.009	0.002
ln IPO Size	−0.183	0.036			−0.261	0.095
Nvsoffl	0.007	0.013			0.002	0.021
CAT	−0.005	0.700			−0.004	0.307
Fee	−0.342	0.147			−0.438	0.800
Lag	0.006	0.691			−0.010	0.153
ADR	−0.001	0.696			−0.002	0.209
DW 值	1.682		1.61		0.968	
R^2	0.564		0.413		0.253	
调整后的 R^2	0.548		0.409		0.229	
F 检验的 p 值	0.000		0.000		0.000	

表 4.1 中模型 1 合并了新股上市前所有可能影响 IPO 定价的因素，检验这些因素对 IPO 抑价的影响。模型 2 检验了机构投资者可观测性异质代理指标对 IPO 抑价的影响，模型 3 则通过剔除了影响机构投资者可观测性异质的主要因素，单纯检验了其他控制因素对 IPO 抑价的影响。

从模型 2 的回归结果可知，检验机构投资者可观测性异质的两个代理指标与

IPO 抑价之间的关系时，两个指标均具有统计显著性，且调整后的 $R^2=0.409$，说明机构可观测性异质在我国确实存在。由模型 1 可以发现，在加入了其他控制变量后，机构投资者数目指标尽管统计显著，但其回归系数的符号与预期相反，这是由于其与网下有效申购户数、平均抑价等指标之间存在共线性问题。此外，表 4.1 中 3 个模型其他变量回归系数的符号都与预期相符，说明本章在变量设定时所做的假设是合理的，且具有稳健性。由模型 1 和模型 2 知，UP_5 这个变量的显著性关系未受影响且符号未变，由此可知，用 IPO 上市前 5 只股票的平均抑价（UP_5）作为投资者可观测性异质的代理指标具有稳健性，也进一步说明机构投资者可观测性异质程度越大，IPO 抑价越高。同时，通过比较模型 1 和模型 3 的调整后的 R^2 值还可以看出，在加入了投资者可观测性异质代理指标后，模型对 IPO 抑价的解释能力明显提高，这表明本章的结论 4.2 在沪深两市中得到了实证检验的支持，即机构投资者和潜在投资者的可观测性分歧（异质）越大，IPO 抑价越高。

从表 4.2 可以看出，由于机构投资者数量指标与平均抑价、发行规模、网下有效申购户数和发行至上市的间隔期之间存在共线性问题，故在回归结果中其符号不稳定，从而解释了其作为代理指标不具有稳健性的原因。由于每股发行费用与平均抑价、发行规模、网下有效申购户数、资产负债率和净资产收益率之间存在多重共线性问题，故发行费用在回归结果中明显不显著。

表4.2 各因素相关性检验

变量	检验	UP_5	IPO Size	Nvsoffl	Fee	CAT	INQ	Lag	ADR	ROE
UP_5	相关系数	1	−0.305**	0.377**	0.200**	−0.033	0.179**	−0.066	−0.075	0.018
	p 值		0.000	0.000	0.001	0.594	0.004	0.291	0.227	0.766
IPO Size	相关系数	−0.305**	1	−0.394**	−0.688**	0.049	0.153*	−0.190**	0.207**	−0.078
	p 值	0.000		0.000	0.000	0.432	0.013	0.002	0.001	0.207
Nvsoffl	相关系数	0.377**	−0.394**	1	0.337**	−0.093	0.771**	−0.144*	−0.044	0.109
	p 值	0.000	0.000		0.000	0.135	0.000	0.020	0.476	0.079
Fee	相关系数	0.200**	−0.688**	0.337**	1	0.041	0.079	−0.034	−0.135*	0.245**
	p 值	0.001	0.000	0.000		0.510	0.203	0.580	0.028	0.000
CAT	相关系数	−0.033	0.049	−0.093	0.041	1	−0.045	0.071	0.018	−0.203**
	p 值	0.594	0.432	0.135	0.510		0.467	0.254	0.768	0.001
INQ	相关系数	0.179**	0.153*	0.771**	0.079	−0.045	1	−0.293**	0.066	0.138*
	p 值	0.004	0.013	0.000	0.203	0.467		0.000	0.290	0.026
Lag	相关系数	−0.066	−0.190**	−0.144*	−0.034	0.071	−0.293**	1	−0.140*	−0.059
	p 值	0.291	0.002	0.020	0.580	0.254	0.000		0.023	0.346

续表

变量	检验	UP$_5$	IPO Size	Nvsoffl	Fee	CAT	INQ	Lag	ADR	ROE
ADR	相关系数	-0.075	0.207**	-0.044	-0.135*	0.018	0.066	-0.140*	1	0.033
	p 值	0.227	0.001	0.476	0.028	0.768	0.290	0.023		0.596
ROE	相关系数	0.018	-0.078	0.109	0.245**	-0.203**	0.138*	-0.059	0.033	1
	p 值	0.766	0.207	0.079	0.000	0.001	0.026	0.346	0.596	

*、**分别表示在 0.1、0.05 的水平上显著

4.6 本章小结

本章以机构投资者期望效用最大化的角度为目标,研究了机构投资者不同的行为对 IPO 定、抑价的影响,并进行 IPO 定、抑价比较分析。研究表明,当机构投资者同质(合谋)时,机构可以通过隐藏申购需求,降低 IPO 发行价,以达到有意抑价的目的,但可能会导致失去新股配售机制的调节作用。而当机构投资者可观测性异质时,由于信息不对称,机构投资者为规避"赢者诅咒",与同质情况下相比,IPO 发行价更低,而 IPO 抑价更高,此时,单个机构投资者的申购需求的变化,对 IPO 定、抑价影响不大。因此,减少机构投资者之间可观测性异质,可以降低 IPO 抑价,而防止机构同质(合谋),可降低机构有意抑价和发挥配售机制的作用。最后本章通过数值分析对机构投资者同质和可观测性异质两种情形进行了抑价比较分析,并得到了部分 IPO 发行中的管理启示。

本章从机构投资者可观测性异质的角度解释了"IPO 高抑价"和"发行人容许部分机构投资者私下合谋行为",并对我国 IPO 发行提出了部分政策性建议,这对降低我国 IPO 抑价,提高 IPO 定价效率具有一定的现实意义。同时,本章的模型是在假定投资者追求期望效用最大化的基础上得出的,没有考虑发行人和承销商的利益,这也是本章模型的局限性所在。当然在综合考虑发行人、承销商利益,针对在所有投资者可观测性异质的基础上推导 IPO 定、抑价模型也是值得进一步研究的内容。

第 5 章 信息不对称条件下投资者可观测性异质对 IPO 抑价影响

第 3 章和第 4 章讨论了完全信息下投资者可观测性异质对 IPO 抑价影响，我们得出，投资者可观测性异质越大，IPO 抑价越高，从而也得出了我国 IPO 高抑价存在的原因。然而，对新兴证券市场来说，存在较严重的信息不对称现象，从信息不对称的角度来分析投资者可观测性异质更符合证券市场现状。因此，本章试图构建信息不对称条件下的 IPO 抑价模型，分析投资者可观测性异质对 IPO 抑价影响。

5.1 引　言

IPO 抑价一直是证券市场领域研究的核心话题。面对全球化普遍存在的 IPO 抑价事实，国内外学者试图从理论、方法及实证等多方面对 IPO 抑价进行研究，提出了诸多理论和假说。尽管到目前为止，尚没有哪种理论或假说占据主导地位，且各种理论或假说也没有构建起清晰的逻辑体系，但这些理论或假说不仅有助于深化人们对 IPO 抑价的理解，同时也为本章的研究开展奠定了很好的基础。

先前有关 IPO 抑价解释的文献主要体现在两个方面：一方面是基于 IPO 市场参与主体之间存在信息不对称，发行人和承销商有意将 IPO 价格定在其内在价值以下，导致上市首日存在超额回报。持这类观点的典型代表理论包括：委托-代理理论（Baron and Holmström，1980）、信息不对称理论（Benveniste and Spindt，1989）、信号传递理论（Allen and Faulhaber，1989）和"赢者诅咒"理论（Roll，1986）等。此外，这些理论还得到 Muscarella 和 Vetsuypens（1989）、Su 和 Fleisher（1999）、夏新平和汪宜霞（2002）、Amihud 等（2003）、Su（2004a）、Tourani-Rad 等（2016）的实证支持。另一方面是发行人和承销商将 IPO 定价定在其内在价值以上,投资者过度乐观或狂热,其早期后市交易偏离内在价值,导致错误定价,从而产生 IPO 高抑价。其典型代表理论为行为金融理论(Aggarwal and Rivoli,1990)。此外,行为金融理论也得到 Jiang 和 Li(2013)、邵建新等(2013)、文凤华等(2014)、汪昌云和武佳薇(2015)、俞红海等(2015)、Gao 等(2016)、Clarke 等(2016)、宋顺林和王彦超(2016)、陈鹏程和周孝华(2016)的实证支持。

现有关于 IPO 抑价解释的观点中,最普遍的观点是参与主体之间信息不对称而导致的有意抑价行为。然而,部分学者却认为 IPO 抑价可能是信息不对称和投资者情绪共同影响的结果。纵观国外既有的关于 IPO 抑价研究的文献,在研究方法上,已有的理论研究则由于中外发行制度上的差异而使其假设与我国的 IPO 现状不符,国外学者的这些理论并不能完全解释中国 IPO 高抑价长期存在的事实,国内对于 IPO 抑价的研究大都是从实证的角度进行分析,理论研究极少涉及。更有甚者,国内外关于 IPO 抑价理论研究尚未拓展到投资者可观测性异质和信息结构不可观测性异质的研究深度。对于像我国这样尚未成熟的资本市场来说,信息不对称和投资者非理性更为严峻。因此,如何结合我国证券市场实际,构建贴近我国证券市场实际的 IPO 抑价理论模型,对既有的信息不对称和行为金融理论体系进行拓展甚至创新,不仅是具有理论与实践双重意义的重大研究问题,也是我国下一步市场化改革迫切需要解决的问题。

基于此,本章在结合我国 IPO 询价实际的基础上,以投资者可观测性异质为研究视角,构建散户投资者不同信息结构下的 IPO 定、抑价模型,探讨了投资者可观测性异质和信息结构对 IPO 抑价影响。与早期关于 IPO 抑价研究文献不同,我们进一步融合行为金融和信息不对称理论,首次从投资者可观测性异质和散户投资者信息结构变化的角度,构建理论模型,深入分析投资者可观测性异质、散户投资者信息结构变化对 IPO 抑价影响,以期发展和完善 IPO 抑价理论。当前,我国仍在努力探索适合中国特殊国情的 IPO 发行机制改革,而 IPO 制度设计和投资者保护更是其主要内容。因此,研究投资可观测性异质对 IPO 抑价影响,不仅能解释我国 IPO"异象",也能为我国证券市场下一步市场化改革提供一定的理论指导。

5.2 可观测性异质和私人信息

本章最主要的贡献是融合投资者可观测性异质和信息不对称理论,构建 IPO 抑价模型,从投资者可观测性异质和信息结构的视角研究 IPO 抑价问题。我们在扩展 Kyle（1989）、Gouldey（2006）理论模型的基础上，分析机构和散户可观测性异质以及散户投资者信息结构变化对 IPO 抑价影响。目前，还没有文献从投资者观测性异质的角度研究 IPO 抑价，且从散户投资者信息结构变化的角度分析散户投资者非理性行为的文献也尚未查到。

5.2.1 可观测性异质

本章选择从投资者可观测性异质的角度研究 IPO 抑价问题，主要基于三点考虑：①从投资者观测性异质的角度研究 IPO 抑价，我们有望能够深入分析投资者可观测性异质，丰富和发展 IPO 可观测性异质理论。②尽管目前国内外学者从投资者可观测性异质的角度分析 IPO 抑价已经取得了一些重要的见解（Gouldey，2006；张小成等，2010），但深入剖析投资者的异质结构，从观测性异质的角度构建理论模型，我们有望能得到更贴近证券市场实际的结论。③对我国尚未成熟的资本市场来说，投资者之间对新股的价值评估分歧较大（Cai and Zhu, 2015），而从机构投资者和散户投资者可观测性异质的角度研究 IPO 抑价问题，模型的假设更贴近我国证券市场的实际，更能解释我国 IPO "异象"。为了把投资者观测性异质体现在 IPO 定、抑价模型中，我们借鉴了 Gouldey（2006）异质理论，进一步对投资者之间异质进行扩展研究，假定机构投资者和散户投资者对新股的价值评估存在分歧，且是可观测性的。所有参与询价的机构投资者之间对新股价值不存在分歧，其先验价值评估为 V_1；同时所有的散户对股票的价值评估不存在分歧，散户投资者对 IPO 先验价值评估为 V_2，其中 $V_1 \neq V_2$，且其都为投资者之间的共同知识，即机构投资者和散户投资者之间存在可观测性异质为 $V_1 - V_2$。

5.2.2 私人信息

本章选择从投资者私人信息结构的角度研究 IPO 抑价问题，主要基于两点考虑：①从私人信息结构的角度研究 IPO 抑价，更能结合投资者可观测性异质的研究，对 IPO 抑价的研究结果更为完善。②对于像我国这种新兴的股票市场而言，存在着严重的信息不对称现象（刘静和陈璇，2008）。因此，从信息不对称的角度研究 IPO 抑价更贴近我国证券市场实际。因此我们在借鉴 Kyle（1989）有关信息不对称理论的基础上，进一步扩展其理论模型，创新性的从投资者私人信息结构角度对 IPO 抑价进行研究。为了进一步把信息结构融入 IPO 抑价模型的构建中，我们假定在 IPO 申购之前，所有投资者都收到一个有关股票内在价值 V_1 和 V_2 的私人信号，他们的信号结构为 $X^i = V_1 + \varepsilon^i$，$X^j = V_2 + \varepsilon^j$，$\varepsilon^i, \varepsilon^j \sim N(0, \sigma_3^2)$，且 ε^i 与 V_1 以及 ε^j 和 V_2 相互独立，这样的假设暗示了不同的投资者拥有不同的信息。假定 x^i、x^j 的实现值 X^i、X^j 为私人信息，但信号结构为共同知识，用 $x^i (i=1,2,\cdots,n)$ 表示机构投资者的私人信息；$x^j (j=1,2,\cdots,m)$ 表示散户投资者的私人信息。

5.3 理论模型

5.3.1 基本假设

为了得到更贴近证券市场实际的理论模型，结合目前我国 IPO 询价发行的实际，我们做出如下假设。

（1）股票市场上存在投资信息公开的两类投资者，一类是数量为 $n(n \geq 2)$ 的机构投资者；另一类是数量为 $m(m \geq 2)$ 的散户投资者。新股发行过程中新股的发行规模为 s；发行人在询价前规定了机构投资者在本次 IPO 发行中的新股配售比例为 $k, k \in (0,1)$。承销商和发行人按照价格-数量组合，在累计机构投资者的需求后，根据其配售数量 ks 确定新股发行价格。

（2）所有投资者风险规避，风险规避系数为 ρ，机构投资者和散户投资者对 IPO 内在价值的后验估计分别为 $V_i \sim V_1 + \varepsilon_i (0, \sigma_1^2) \ (i=1,2,\cdots,n)$ 和 $V_j \sim V_2 + \varepsilon_j (0, \sigma_2^2) \ (j=1,2,\cdots,m)$。机构投资者和散户投资者的价格-数量组合均是连续的需求曲线，且其需求函数分别为

$$q_i(p) = \begin{cases} q_i(p) & V_i \geq p \\ 0 & V_i < p \end{cases}, \quad i=1,2,\cdots,n$$

$$q_j(p) = \begin{cases} q_j(p) & V_j \geq p \\ 0 & V_j < p \end{cases}, \quad j=1,2,\cdots,m$$

5.3.2 机构投资者有私人信息下 IPO 定价模型

设投资者的期望收益为 $U(W)$，则 $U(W) = q(p)(V-p)$，其中，V 为投资者对新股的期望价值；p 为股票价格。若投资者风险中性，则其期望效用函数为 $E[U(W)] = E[q(p)(V-p)]$。若其风险规避，为便于分析问题，我们借鉴

Makarov 和 Schornick（2010）方法，引入 CARA 模型的效用函数，那么风险规避的投资者期望收益函数为

$$E[U(W)] = E\left\{-\frac{1}{\rho} \times \text{EXP}\left[-\rho(V-p)q(p) - \rho^2\sigma_1^2 q^2(p)/2\right]\right\}$$

在我国询价发行机制下，承销商（发行人）首先邀请机构投资者进行投标报价，并根据他们申报的价格-数量组合确定 IPO 发行价（在我国，散户投资者没有参与 IPO 定价的权力，IPO 发行价由发行人、承销商和机构投资者三者确定）。

根据 Kyle（1989）引理，我们得到机构投资者基于 x_i 对 IPO 先验价值 V_1 所形成的预期后验估计的均值和方差分别为

$$E(V_i|x_i) = \frac{\sigma_3^2 V_1 + \sigma_1^2 x_i}{\sigma_1^2 + \sigma_3^2}$$

$$D(V_i|x_i) = \frac{\sigma_1^2 \sigma_3^2}{\sigma_1^2 + \sigma_3^2}$$

假定 IPO 发行价为 p_1，则第 i 个机构投资者的效用函数为

$$E[U(W_i)] = E\left\{-\frac{1}{\rho} \times \text{EXP}\left[-\rho\left(\frac{\sigma_3^2 V_1 + \sigma_1^2 x_i}{\sigma_1^2 + \sigma_3^2} - p_1\right)q_i(p) - \rho\frac{\sigma_1^2 \sigma_3^2}{\sigma_1^2 + \sigma_3^2}q_i^2(p)/2\right]\right\}$$

根据效用最大化的原则，则第 i 个机构投资者的期望效用最大化的函数为 $\text{Max}(E[U(W_i)])$，即

$$\text{Max}\left(E\left\{-\frac{1}{\rho} \times \text{EXP}\left[-\rho\left(\frac{\sigma_3^2 V_1 + \sigma_1^2 x_i}{\sigma_1^2 + \sigma_3^2} - p_1\right)q_i(p) - \rho\frac{\sigma_1^2 \sigma_3^2}{\sigma_1^2 + \sigma_3^2}q_i^2(p)/2\right]\right\}\right)\text{，其等价于}$$

$$\text{Max}\left[\left(\frac{\sigma_3^2 V_1 + \sigma_1^2 x_i}{\sigma_1^2 + \sigma_3^2} - p_1\right)q_i(p) - \rho\frac{\sigma_1^2 \sigma_3^2}{\sigma_1^2 + \sigma_3^2}q_i^2(p)/2\right]\text{。}$$

令 $F[q_i(p)] = \left(\frac{\sigma_3^2 V_1 + \sigma_1^2 x_i}{\sigma_1^2 + \sigma_3^2} - p_1\right)q_i(p) - \rho\frac{\sigma_1^2 \sigma_3^2}{\sigma_1^2 + \sigma_3^2}q_i^2(p)/2$，则 $\frac{\partial F}{\partial q} = 0$，可得

第 i 个机构投资者在 IPO 发行阶段的最优需求为 $q_i = \frac{\sigma_3^2 V_1 + \sigma_1^2 x_i - (\sigma_1^2 + \sigma_3^2)p_1}{\rho\sigma_1^2\sigma_3^2}$，结合

一级市场均衡条件 $\sum_{i=1}^{n} q_i = ks$ 联立可得 IPO 发行价格为

$$p_1 = \frac{n\sigma_3^2 V_1 + \sigma_1^2 \sum_{i=1}^{n} x_i - \rho ks\sigma_1^2\sigma_3^2}{n(\sigma_1^2 + \sigma_3^2)} \tag{5.1}$$

从式（5.1）可以看出，IPO 发行价与机构投资者的私人信息 $\sum_{i=1}^{n} x_i$ 和其对新股的价值评估 V_1 正相关；与机构投资者的新股配售比例 k、机构投资者风险规避系数 ρ 及 IPO 发行规模 s 负相关。

5.3.3 散户投资者有无私人信息下 IPO 抑价模型

新股在二级市场交易阶段，机构投资者的私人信息成为共同知识，再次根据 Kyle（1989）引理，在散户投资者无私人信息的情况下，机构投资者 i 对二级市场交易期望均衡价格的条件期望和条件方差分别为

$$E\left(V_i \mid \sum_{i=1}^{n} x_i\right) = \frac{\sigma_3^2 V_1 + \sigma_1^2 \sum_{i=1}^{n} x_i}{n\sigma_1^2 + \sigma_3^2}$$

$$D\left(V_i \mid \sum_{i=1}^{n} x_i\right) = \frac{\sigma_1^2 \sigma_3^2}{n\sigma_1^2 + \sigma_3^2}$$

在散户投资者有私人信息的情况下，机构投资者 i 对二级市场交易期望均衡价格的条件期望和条件方差分别为

$$E\left(V_i \mid \sum_{i=1}^{n} x_i, x_j\right) = \frac{\sigma_3^2 V_1 + \sigma_1^2 \left(\sum_{i=1}^{n} x_i + x_j\right)}{(n+1)\sigma_1^2 + \sigma_3^2}$$

$$D\left(V_i \mid \sum_{i=1}^{n} x_i, x_j\right) = \frac{\sigma_1^2 \sigma_3^2}{(n+1)\sigma_1^2 + \sigma_3^2}$$

设股票在二级市场首日收盘价为 p_2，根据机构投资者效用最大化原则，结合 5.3.2 的求解方法，在散户投资者无私人信息的情况下，机构在二级市场交易的最优需求为

$$q_i = \frac{\sigma_3^2 V_1 + \sigma_1^2 \sum_{i=1}^{n} x_i - (n\sigma_1^2 + \sigma_3^2) p_2}{\rho \sigma_1^2 \sigma_3^2}$$

在散户投资者有私人信息的情况下，机构在二级市场交易的最优需求为

$$q_i = \frac{\sigma_3^2 V_1 + \sigma_1^2 \left(\sum_{i=1}^{n} x_i + x_j\right) - \left[(n+1)\sigma_1^2 + \sigma_3^2\right] p_2}{p \sigma_1^2 \sigma_3^2}$$

在二级市场，机构投资者私人信息已成为共同知识，根据 Kyle（1989）引理，当散户无私人信息时，散户投资者对二级市场交易期望均衡价格的条件期望和条

件方差分别为

$$E\left(V_j \mid \sum_{i=1}^{n} x_i\right) = \frac{(n\sigma_2^2 + \sigma_3^2)V_2 + \sigma_2^2 \sum_{i=1}^{n} x_i - n\sigma_2^2 V_1}{n\sigma_2^2 + \sigma_3^2}$$

$$D\left(V_j \mid \sum_{i=1}^{n} x_i\right) = \frac{\sigma_2^2 \sigma_3^2}{n\sigma_2^2 + \sigma_3^2}$$

当散户有私人信息时,散户投资者对二级市场交易期望均衡价格的条件期望和条件方差分别为

$$E\left(V_j \mid \sum_{i=1}^{n} x_i, x_j\right) = \frac{\left[(n+1)\sigma_2^2 + \sigma_3^2\right]V_2 + \sigma_2^2\left(\sum_{i=1}^{n} x_i + x_j\right) - (n+1)\sigma_2^2 V_1}{(n+1)\sigma_2^2 + \sigma_3^2}$$

$$D\left(V_j \mid \sum_{i=1}^{n} x_i, x_j\right) = \frac{\sigma_2^2 \sigma_3^2}{(n+1)\sigma_2^2 + \sigma_3^2}$$

根据散户投资者的收益函数,并结合上面方法,我们可以得到,当散户无私人信息时,二级市场散户投资者 j 的最优需求函数为

$$q_j = \frac{(n\sigma_2^2 + \sigma_3^2)V_2 + \sigma_2^2 \sum_{i=1}^{n} x_i - n\sigma_2^2 V_1 - (n\sigma_2^2 + \sigma_3^2)p_2}{\rho \sigma_2^2 \sigma_3^2}$$

当散户有私人信息时,二级市场散户投资者 j 的最优需求函数为

$$q_j = \frac{\left[(n+1)\sigma_2^2 + \sigma_3^2\right]V_2 + \sigma_2^2\left(\sum_{i=1}^{n} x_i + x_j\right) - (n+1)\sigma_2^2 V_1 - \left[(n+1)\sigma_2^2 + \sigma_3^2\right]p_2}{\rho \sigma_2^2 \sigma_3^2}$$

由均衡条件 $\sum_{i=1}^{n} q_i + \sum_{j=1}^{m} q_j = s$,且当 $m \to \infty$ 时,散户无私人信息,即可得二级市场的均衡价格为

$$p_2 = \frac{(n\sigma_2^2 + \sigma_3^2)V_2 + \sigma_2^2 \sum_{i=1}^{n} x_i - n\sigma_2^2 V_1}{n\sigma_2^2 + \sigma_3^2} \quad (5.2)$$

由式(5.2)可知,新股二级市场首日收盘价 p_2 与机构投资者对新股价值评估 V_1 负相关;与机构投资者的新股配售比例 k、机构投资者风险规避系数 ρ、IPO 发行规模 s 及散户投资者对新股价值评估 V_2 正相关。

当 $m \to \infty$ 时,散户有私人信息,即可得二级市场的均衡价格为

$$p_2 = \frac{\left[(n+2)\sigma_2^2 + \sigma_3^2\right]V_2 + \sigma_2^2 \sum_{i=1}^{n} x_i - (n+1)\sigma_2^2 V_1}{(n+1)\sigma_2^2 + \sigma_3^2} \quad (5.3)$$

由式（5.3）可知，新股二级市场首日收盘价 p_2 与机构投资者对新股价值评估 V_1 负相关；与机构投资者的新股配售比例 k、机构投资者风险规避系数 ρ、IPO 发行规模 s 及散户投资者对新股价值评估 V_2 正相关。

根据 IPO 抑价 $UP = \dfrac{p_2 - p_1}{p_1}$，由式（5.1）和式（5.2）我们可以得到，当散户无私人信息时，IPO 抑价 UP 的模型为

$$UP = \frac{n(\sigma_1^2 + \sigma_3^2)(V_2 - V_1) + \rho k s \sigma_1^2 \sigma_3^2}{n(\sigma_1^2 + \sigma_3^2)V_1 - \rho k s \sigma_1^2 \sigma_3^2} \tag{5.4}$$

从式（5.4）可以明显看出，IPO 抑价 UP 与机构投资者对新股的价值评估 V_1 负相关；与机构投资者的新股配售比例 k、机构投资者风险规避系数 ρ、IPO 发行规模 s 及散户投资者对新股价值评估 V_2 正相关。

由式（5.1）和式（5.3）我们可以得到，当散户有私人信息时，IPO 抑价 UP 的模型为

$$UP = \frac{n(\sigma_1^2 + \sigma_3^2)\left[(n+2)\sigma_2^2 + \sigma_3^2\right](V_2 - V_1) + \left[(n+1)\sigma_2^2 + \sigma_3^2\right]\rho k s \sigma_1^2 \sigma_3^2}{\left[(n+1)\sigma_2^2 + \sigma_3^2\right]\left[n(\sigma_1^2 + \sigma_3^2)V_1 - \rho k s \sigma_1^2 \sigma_3^2\right]} \tag{5.5}$$

从式（5.5）可以明显看出，IPO 抑价 UP 与机构投资者对新股的价值评估 V_1 负相关；与机构投资者的新股配售比例 k、机构投资者的风险规避系数 ρ、IPO 发行规模 s 及散户投资者对新股价值评估 V_2 正相关。

5.4 可观测性异质和私人信息结构对IPO抑价影响分析

通过 5.3 的部分理论模型推导，我们得到了散户投资者有无私人信息下的 IPO 抑价模型，可知散户有无私人信息并不影响 IPO 定价，这主要是因为在我国一级市场，散户投资者没有参与 IPO 定价的权力，IPO 定价主要由股票发行人和承销商根据机构投资者价格-数量组合以及新股发行规模共同确定，因此，IPO 发行价只与机构投资者对新股的价值评估有关，且 IPO 发行价与机构投资者对新股的价值评估正相关。IPO 抑价不仅与机构投资者对新股价值评估相关，也与散户投资者对新股价值评估相关，其与散户投资者对新股价值评估正相关；与机构投资者对新股价值评估负相关。结合 5.3 的研究内容，我们可以得到如下结论。

结论 5.1：询价发行机制下，无论散户投资者是否拥有私人信息，机构投资者和散户投资者可观测性异质越大，IPO 抑价越高，IPO 定价效率越低。

根据式（5.4）和式（5.5），分别对 $V_2 - V_1$ 求导，得

当散户投资者无私人信息时，$\dfrac{\mathrm{dUP}}{\mathrm{d}(V_2-V_1)}=\dfrac{n(\sigma_1^2+\sigma_3^2)}{n(\sigma_1^2+\sigma_3^2)V_1-ks\rho\sigma_1^2\sigma_3^2}>0$。当散户投资者有私人信息时，$\dfrac{\mathrm{dUP}}{\mathrm{d}(V_2-V_1)}=\dfrac{n(\sigma_1^2+\sigma_3^2)[(n+2)\sigma_2^2+\sigma_3^2]}{[(n+1)\sigma_2^2+\sigma_3^2][n(\sigma_1^2+\sigma_3^2)V_1-ks\rho\sigma_1^2\sigma_3^2]}>0$。

也就是说，在询价发行机制下无论散户投资者是否拥有私人信息，IPO 抑价与散户投资者和机构投资者之间的分歧正相关，即散户投资者和机构投资者之间的分歧越大，IPO 抑价越高，从而得到与李冬昕等（2014）实证研究一致的结论。也就是说，当在其他条件不变的情况下，散户投资者对新股越乐观，IPO 抑价越高；散户投资者对新股越悲观，IPO 抑价越低，也可能跌破发行价。

为了进一步说明问题，论证结论 5.1，我们运用 Matlab 编程，并结合式（5.4）和式（5.5）对散户投资者在有无私人信息的情况下，IPO 抑价与投资者可观测性异质之间的关系进行数值分析，主要考察投资者之间可观测性异质与 IPO 抑价之间的关系。为方便起见，令 $n=15$；$k=0.45$；$\rho=8$；$\sigma_1^2=14$；$\sigma_2^2=16$；$\sigma_3^2=12$；$s=1$；$V_1=6.8$；$V_2=6$。利用上述参数，得到投资者可观测性异质（V_2-V_1）与 IPO 抑价的关系图，具体见图 5.1、图 5.2 和图 5.3。

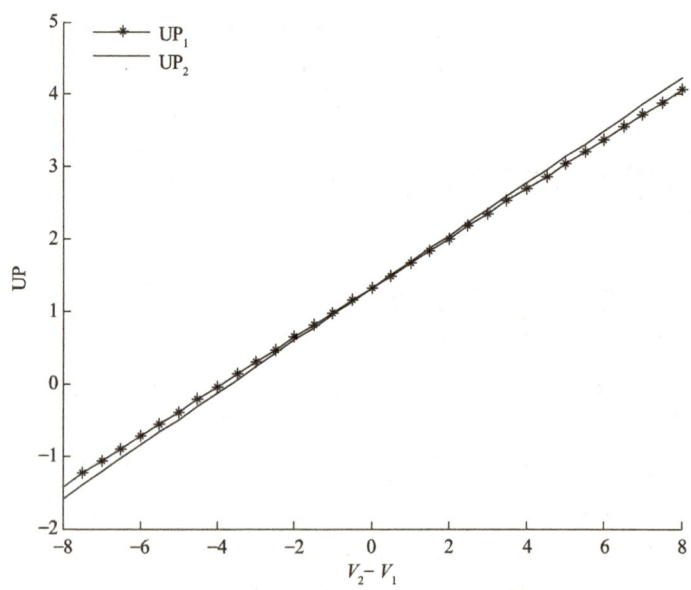

图 5.1　投资者可观测性异质对 IPO 抑价的影响

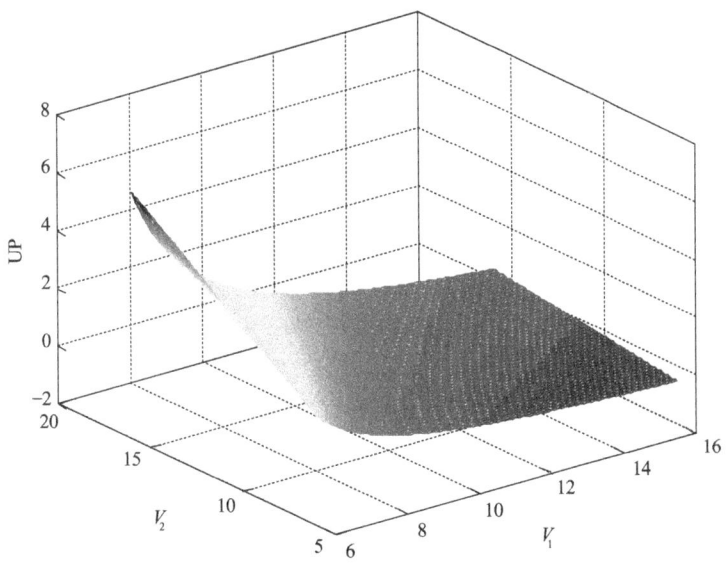

图 5.2　IPO 抑价与 V_1、V_2 的关系（无私人信息）

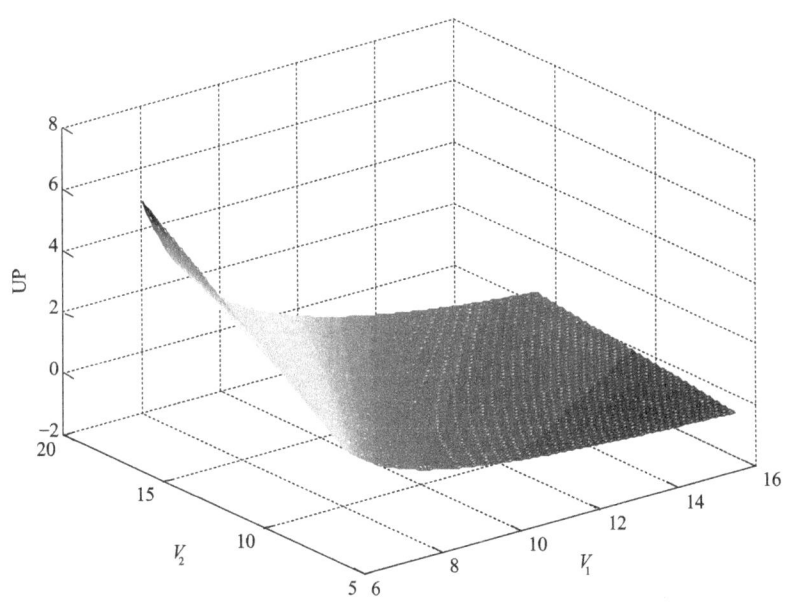

图 5.3　IPO 抑价与 V_1、V_2 的关系（有私人信息）

图 5.1 中，UP_1 代表散户投资者在无私人信息下 UP 与 V_2-V_1 的关系。UP_2 代表散户投资者在有私人信息下 UP 与 V_2-V_1 的关系；图 5.2 为散户投资者在无私人信息下 IPO 抑价与 V_1、V_2 的关系，图 5.3 代表散户投资者在有私人信息下 IPO 抑价与 V_1、V_2 的关系。从图 5.1~图 5.3 可以看出，散户投资者在有无私人信息下对 IPO 抑价影响不大，IPO 抑价与机构投资者和散户投资者之间分歧（V_2-V_1）正相关，即机构投资者和散户投资者对新股价值评估的可观测性分歧（异质）越大时，IPO 抑价越高，IPO 定价效率越低，从而论证了结论 5.1。结论 5.1 也暗示了无论投资者情绪乐观还是悲观，散户投资者和机构投资者之间可观测性的分歧越大，IPO 抑价越高，因此，对于我国证券市场而言，加强 IPO 公司的信息披露很重要，投资者之间的信息传递也非常重要。这可以降低投资者之间的分歧，从而达到提高 IPO 定价效率的目的。

结论 5.2：在其他条件不变情况下，机构投资者私人信息与 IPO 定价正相关，也就是说，机构投资者拥有私人信息越多，IPO 定价越高，IPO 抑价越低。

根据 IPO 抑价 $UP = \dfrac{p_2 - p_1}{p_1}$，由式（5.4）我们可得，当散户投资者无私人信息时 UP 对机构投资者私人信息总和 $\sum_{i=1}^{n} x_i$ 的关系，求导为

$$\dfrac{dUP}{d\sum_{i=1}^{n} x_i} = \dfrac{-n\sigma_3^2\left[n(\sigma_1^2+\sigma_3^2)(n\sigma_2^2+\sigma_3^2)V_2 - (n\sigma_2^2\sigma_3^2 - \sigma_1^2\sigma_3^2 + n^2\sigma_1^2\sigma_2^2 + 2n^2\sigma_2^2\sigma_3^2)V_1 - (n\sigma_2^2\sigma_3^2 - \sigma_1^2\sigma_3^2 + n^2\sigma_2^2\sigma_3^2 + n\sigma_3^4)ks\rho\sigma_1^2\sigma_3^2\right]}{(n\sigma_2^2+\sigma_3^2)\left(n\sigma_3^2 V_1 + \sigma_1^2\sum_{i=1}^{n} x_i - ks\rho\sigma_1^2\sigma_3^2\right)^2} < 0$$

再根据 IPO 抑价 $UP = \dfrac{p_2 - p_1}{p_1}$，由式（5.5）我们可得，当散户投资者有私人信息时 UP 对机构投资者私人信息总和 $\sum_{i=1}^{n} x_i$ 的关系，求导为

$$\dfrac{dUP}{d\sum_{i=1}^{n} x_i} = \dfrac{-n\{\left[(n+2)\sigma_2^2+\sigma_3^2\right]V_2 - (n\sigma_2^2\sigma_3^4 - \sigma_1^2\sigma_3^4 + (n+1)\sigma_1^4\sigma_2^2 + n\sigma_2^2\sigma_3^2 + \sigma_3^4)V_1\} - \left[n\sigma_2^2\sigma_3^2 - 2\sigma_1^2\sigma_3^2 - \sigma_1^2\sigma_2^2 - (n+1)\sigma_1^4\right]ks\rho\sigma_1^2\sigma_3^2}{\left[(n+1)\sigma_2^2+\sigma_3^2\right]\left(n\sigma_3^2 V_1 + \sigma_1^2\sum_{i=1}^{n} x_i - ks\rho\sigma_1^2\sigma_3^2\right)^2} < 0$$

也就是说，不管散户投资者是否拥有私人信息，机构投资者私人信息与 IPO 定价正相关，即机构投资者拥有私人信息越多，IPO 定价越高，IPO 抑价越低。

结合结论 5.1 的数据，为论证结论 5.2，我们对散户投资者在有无私人信息情况下，IPO 抑价与机构投资者私人信息之间的关系进行数值分析，得到机构投资者私人信息与 IPO 抑价的关系图，见图 5.4。

图 5.4 中，UP_1 代表散户投资者在无私人信息下 UP 与 $\sum_{i=1}^{n} x_i$ 的关系。UP_2 代表散户投资者在有私人信息下 UP 与 $\sum_{i=1}^{n} x_i$ 的关系。从图 5.4 可以明显看出，IPO 抑价

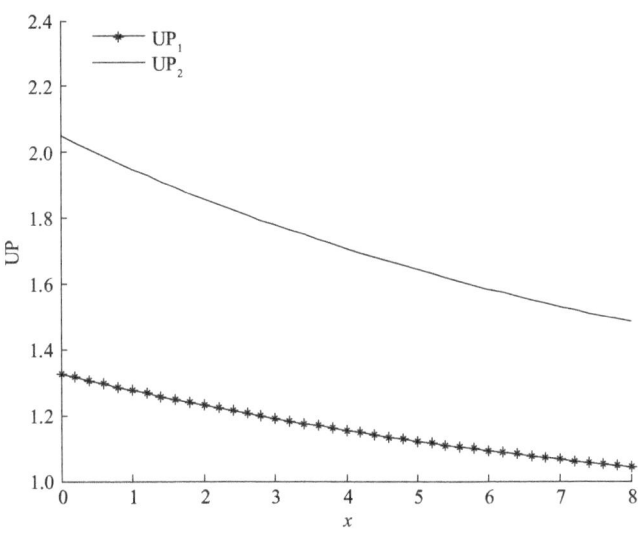

图 5.4 机构投资者私人信息与 IPO 抑价关系

与机构投资者私人信息负相关。也就是说,机构投资者拥有私人信息越多,IPO 定价也越高,IPO 抑价越低,从而论证了结论 5.2,也得到了与 Rock(1986)模型一致的结论。同时,散户投资者在有私人信息下的 IPO 抑价要高于在无私人信息下的 IPO 抑价,说明信息不对称程度越大,IPO 抑价越高。这也进一步说明了加强信息披露和监管机构监管,降低信息不对称,可以降低 IPO 抑价,提高 IPO 定价效率。对尚未成熟的资本市场来说,强制执行信息披露政策对提高证券市场效率尤为重要。

结论 5.3:询价发行机制下,无论散户投资者是否拥有私人信息,IPO 抑价都无法消除,当机构投资者数量较大时,散户是否拥有私人信息对 IPO 抑价影响不大。

根据式(5.4),从散户投资者无私人信息的 IPO 定价模型:$\mathrm{UP} = \dfrac{n(\sigma_1^2 + \sigma_3^2)(V_2 - V_1) + \rho k s \sigma_1^2 \sigma_3^2}{n(\sigma_1^2 + \sigma_3^2)V_1 - \rho k s \sigma_1^2 \sigma_3^2}$ 可以看出,当 $n(\sigma_1^2 + \sigma_3^2)V_1 - \rho k s \sigma_1^2 \sigma_3^2 > 0$,且 $V_2 - V_1 \geq 0$ 时,$\mathrm{UP} = \dfrac{n(\sigma_1^2 + \sigma_3^2)(V_2 - V_1) + \rho k s \sigma_1^2 \sigma_3^2}{n(\sigma_1^2 + \sigma_3^2)V_1 - \rho k s \sigma_1^2 \sigma_3^2} > 0$。

同理,我们可以得到,当 $\left[(n+1)\sigma_2^2 + \sigma_3^2\right]\left[n(\sigma_1^2 + \sigma_3^2)V_1 - \rho k s \sigma_1^2 \sigma_3^2\right] > 0$,且 $V_2 - V_1 \geq 0$ 时,

$$\mathrm{UP} = \dfrac{n(\sigma_1^2 + \sigma_3^2)\left[(n+2)\sigma_2^2 + \sigma_3^2\right](V_2 - V_1) + \left[(n+1)\sigma_2^2 + \sigma_3^2\right]\rho k s \sigma_1^2 \sigma_3^2}{\left[(n+1)\sigma_2^2 + \sigma_3^2\right]\left[n(\sigma_1^2 + \sigma_3^2)V_1 - \rho k s \sigma_1^2 \sigma_3^2\right]} > 0$$

当 n 足够大时,有 $n+1 \to n$,$n+2 \to n$,此时,散户投资者有私人信息的 IPO

抑价与散户投资者没有私人信息时的 IPO 抑价相等，即

$$\frac{n(\sigma_1^2+\sigma_3^2)\left[(n+2)\sigma_2^2+\sigma_3^2\right](V_2-V_1)+\left[(n+1)\sigma_2^2+\sigma_3^2\right]\rho ks\sigma_1^2\sigma_3^2}{\left[(n+1)\sigma_2^2+\sigma_3^2\right]\left[n(\sigma_1^2+\sigma_3^2)V_1-\rho ks\sigma_1^2\sigma_3^2\right]}$$

$$=\frac{n(\sigma_1^2+\sigma_3^2)(V_2-V_1)+\rho ks\sigma_1^2\sigma_3^2}{n(\sigma_1^2+\sigma_3^2)V_1-\rho ks\sigma_1^2\sigma_3^2}$$

从上面的分析可以看出，当机构投资者理性时，IPO 抑价无法消除；且当机构投资者数量足够大时，无论散户投资者是否有私人信息，私人信息对 IPO 抑价影响不大，从而论证了结论 5.3。

为了论证结论 5.3，结合结论 5.1 数值分析中的数据，运用 Matlab 编程，分别对机构投资者数量和新股配售比例与 IPO 抑价进行数值分析，具体数值分析结果见图 5.5 和图 5.6。

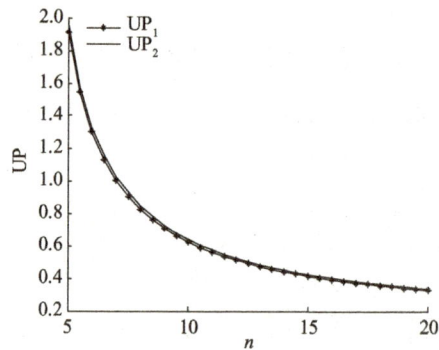

图 5.5　机构投资者数量对 IPO 抑价的影响

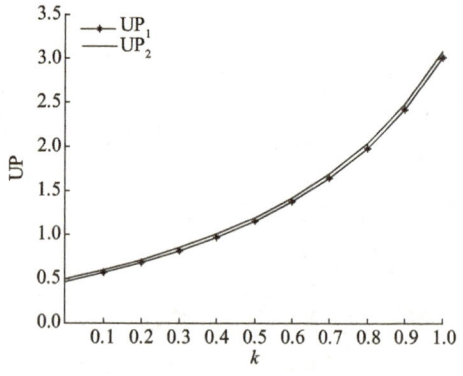

图 5.6　新股配售比例对 IPO 抑价的影响

在图 5.5 和图 5.6 中，UP_1 代表散户投资者无私人信息下 UP 与 n、k 的关系。UP_2 代表散户投资者有私人信息下 UP 与 n、k 的关系。从图 5.5 和图 5.6 可以看

出，散户投资者在有私人信息和无私人信息下的 IPO 抑价相差不大，且都大于零。同时，IPO 抑价与 n 负相关，与 k 正相关。图 5.5 中两条曲线几乎重合，且随着 n 增大，IPO 抑价越接近，从而论证了结论 5.3。结论 5.3 也暗示了散户投资者没必要花费时间和成本去收集 IPO 信息，"搭便车"是他们最优的战略选择，这与 Næs 和 Skjeltorp（2003）得到的结论一致。这也进一步解释了为何我国 IPO 市场散户投资者疯狂申购的非理性现象，我国散户投资者没有定价话语权，"搭便车"是他们的最优战略选择，加之我国 IPO 市场的长期、持续的超额回报现象，导致散户投资者热衷于参与 IPO 申购。因此，我国在渐进式的询价市场化改革中，应逐步改善证券市场投资者结构，加大培育机构投资者的力度，增加机构投资者的规模，也可以适当引入部分私人投资者参与 IPO 定价，同时增加监管和惩罚力度，预防机构投资者过度投机行为，降低 IPO 抑价，提高我国 IPO 定价效率。

5.5 进一步研究

通过 IPO 抑价模型，具体见式（5.4）和式（5.5）。我们发现，除了可观测性异质和私人信息结构对 IPO 抑价影响之外，还有投资者对新股的价值预期、投资者风险规避、新股配售比例和发行规模也对 IPO 抑价有影响，因此，为进一步分析问题，我们做了进一步扩展研究，具体研究结论如下。

结论 5.4：无论散户投资者是否拥有私人信息，结果都是机构投资者对新股预期越乐观，IPO 抑价越低，IPO 定价效率越高；若过于乐观，则可能导致跌破发行价，从而产生"赢者诅咒"现象，而机构投资者越悲观，可能导致 IPO 发行失败，而散户投资者对新股预期越乐观，IPO 抑价越高。

根据式（5.4）和式（5.5），我们分别对 V_1、V_2 求导，得

当散户投资者无私人信息时，$\dfrac{dUP}{dV_1} = \dfrac{-n^2\left(\sigma_1^2 + \sigma_3^2\right)^2 V_2}{\left[n\left(\sigma_1^2 + \sigma_3^2\right)V_1 - ks\rho\sigma_1^2\sigma_3^2\right]^2} < 0$。

当散户投资者有私人信息时，

$\dfrac{dUP}{dV_1} = \dfrac{-n^2\left(\sigma_1^2 + \sigma_3^2\right)^2 \left[(n+2)\sigma_2^3 + \sigma_3^2\right]V_2 - n\sigma_2^2\left(\sigma_1^2 + \sigma_3^2\right)ks\rho\sigma_1^2\sigma_3^2}{\left[(n+1)\sigma_2^2 + \sigma_3^2\right]\left[n\left(\sigma_1^2 + \sigma_3^2\right)V_1 - ks\rho\sigma_1^2\sigma_3^2\right]^2} < 0$。

当散户投资者无私人信息时，$\dfrac{dUP}{dV_2} = \dfrac{n\left(\sigma_1^2 + \sigma_3^2\right)}{n\left(\sigma_1^2 + \sigma_3^2\right)V_1 - \rho ks\sigma_1^2\sigma_3^2} > 0$。

当散户投资者有私人信息时，

$$\frac{\mathrm{d}UP}{\mathrm{d}V_2} = \frac{n(\sigma_1^2 + \sigma_3^2)\left[(n+2)\sigma_2^2 + \sigma_3^2\right]}{\left[(n+1)\sigma_2^2 + \sigma_3^2\right]\left[n(\sigma_1^2 + \sigma_3^2)V_1 - \rho k s \sigma_1^2 \sigma_3^2\right]} > 0$$ 。也就是说，无论在散户投资者是否拥有私人信息的情况下，IPO 抑价与机构投资者对新股价值评估负相关，与散户投资者对新股价值评估正相关，即机构投资者对新股预期越乐观，IPO 抑价越低；而散户投资者恰好相反。

为论证结论 5.4，我们结合结论 5.1 数值分析中的数据，运用 Matlab 编程，分别对机构投资者和散户投资者对新股价值评估与 IPO 抑价进行数值分析，具体见图 5.7 和图 5.8。

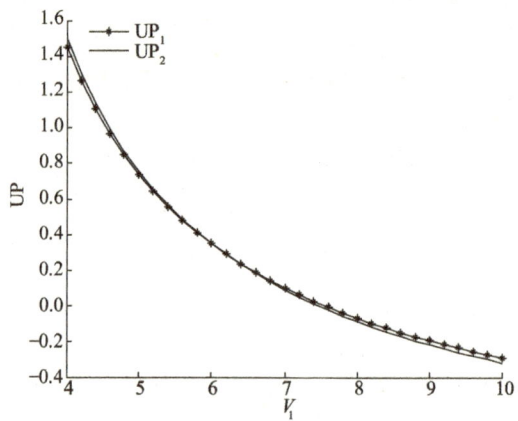

图 5.7 机构投资者价值评估对 IPO 抑价影响

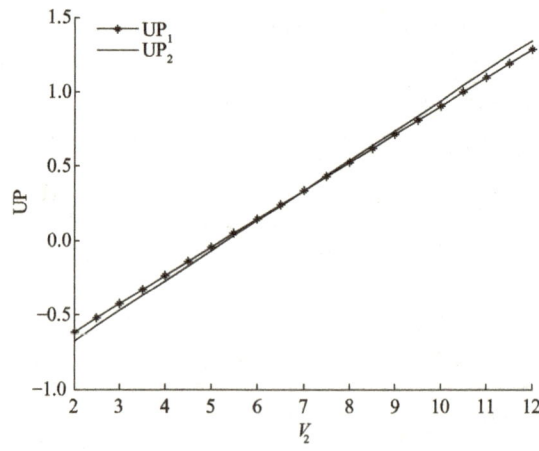

图 5.8 散户投资者价值评估对 IPO 抑价影响

在图 5.7 和图 5.8 中，UP_1 代表散户投资者在无私人信息下 UP 与 V_1 的关系。UP_2 代表散户投资者在有私人信息下 UP 与 V_2 的关系。从图 5.7 可以看出，IPO 抑价与机构投资者对新股价值评估负相关，随着机构投资者对新股价值评估增大（越乐观），IPO 抑价由正变为负，IPO 跌破发行价，从而出现"赢者诅咒"现象。当机构投资者对新股价值评越低（越悲观）时，IPO 定价越低，IPO 抑价越高，当 IPO 定价低于发行人和承销商最低预期价格时，IPO 发行失败。这也可以解释为何超募制度改革导致了"三高异象"，主要是我国机构投资者过于乐观，导致 IPO 定价过高，从而导致"三高"现象。也可以进一步解释 2009~2011 年，部分股票发行首日跌破发行价的现象。由图 5.8 可知，IPO 抑价与散户投资者对新股价值评估正相关，即散户投资者越乐观，IPO 抑价越高，IPO 定价效率越低。当散户投资者对新股价值评估较低（悲观）时，IPO 跌破发行价。从而论证了结论 5.4。此外，由图 5.7 和图 5.8 可以看出，无论散户投资者是否拥有私人信息，IPO 抑价相差不大，从而论证了结论 5.3。结论 5.4 表明了投资者可观测性异质对 IPO 抑价产生较大的影响，因此，对于以散户投资者交易为主的中国证券市场来说，对投资者理性尤其是散户投资者的理性培养尤为重要。

结论 5.5：无论散户投资者是否拥有私人信息，IPO 抑价与投资者的风险规避系数 ρ 正相关。也就是说，投资者风险规避下的 IPO 抑价大于风险中性下的 IPO 抑价。此外，与新股配售比例 k 和发行规模 s 正相关。

根据式（5.4）和式（5.5），我们分别对投资者的风险规避系数 ρ、新股配售比例 k 和发行规模 s 求导，得

当散户投资者无私人信息时，$\dfrac{d\text{UP}}{d\rho} = \dfrac{ks\sigma_1^2\sigma_3^2}{\left[n\left(\sigma_1^2+\sigma_3^2\right)V_1 - ks\rho\sigma_1^2\sigma_3^2\right]^2} > 0$，$\dfrac{d\text{UP}}{dk} = \dfrac{s\rho\sigma_1^2\sigma_3^2}{\left[n\left(\sigma_1^2+\sigma_3^2\right)V_1 - ks\rho\sigma_1^2\sigma_3^2\right]^2} > 0$，$\dfrac{d\text{UP}}{ds} = \dfrac{k\rho\sigma_1^2\sigma_3^2}{\left[n\left(\sigma_1^2+\sigma_3^2\right)V_1 - ks\rho\sigma_1^2\sigma_3^2\right]^2} > 0$。

当散户投资者有私人信息时，

$$\dfrac{d\text{UP}}{d\rho} = \dfrac{\left[(n+1)\sigma_2^2+\sigma_3^2\right]ks\sigma_1^2\sigma_3^2}{\left\{\left[(n+1)\sigma_2^2+\sigma_3^2\right]\left[n\left(\sigma_1^2+\sigma_3^2\right)V_1 - ks\rho\sigma_1^2\sigma_3^2\right]\right\}^2} > 0,$$

$$\dfrac{d\text{UP}}{dk} = \dfrac{\left[(n+1)\sigma_2^2+\sigma_3^2\right]s\rho\sigma_1^2\sigma_3^2}{\left\{\left[(n+1)\sigma_2^2+\sigma_3^2\right]\left[n\left(\sigma_1^2+\sigma_3^2\right)V_1 - ks\rho\sigma_1^2\sigma_3^2\right]\right\}^2} > 0,$$

$$\dfrac{d\text{UP}}{ds} = \dfrac{\left[(n+1)\sigma_2^2+\sigma_3^2\right]k\rho\sigma_1^2\sigma_3^2}{\left\{\left[(n+1)\sigma_2^2+\sigma_3^2\right]\left[n\left(\sigma_1^2+\sigma_3^2\right)V_1 - ks\rho\sigma_1^2\sigma_3^2\right]\right\}^2} > 0。$$ 也就是说，在散户投资者是否拥有私人信息的情况下，IPO 抑价与机构投资者风险规避系数正相关，与新股配售比例正相关，与发行规模正相关，即机构投资者风险规避程度越大，

新股配售比例越高，新股发行规模越大，IPO 抑价越高。

综合上面的分析，我们可以得到，无论散户投资者是否拥有私人信息，机构投资者的数量越多，IPO 抑价越高。同时，机构投资者风险规避程度越大，新股配售比例越高，新股发行规模越大，IPO 抑价越高。

结合结论 5.1 的数据，为论证结论 5.5，我们对 IPO 抑价 UP 与风险规避系数 ρ、发行规模 s 和投资者风险 σ_1^2、σ_2^2 进行数值分析，具体见图 5.9。

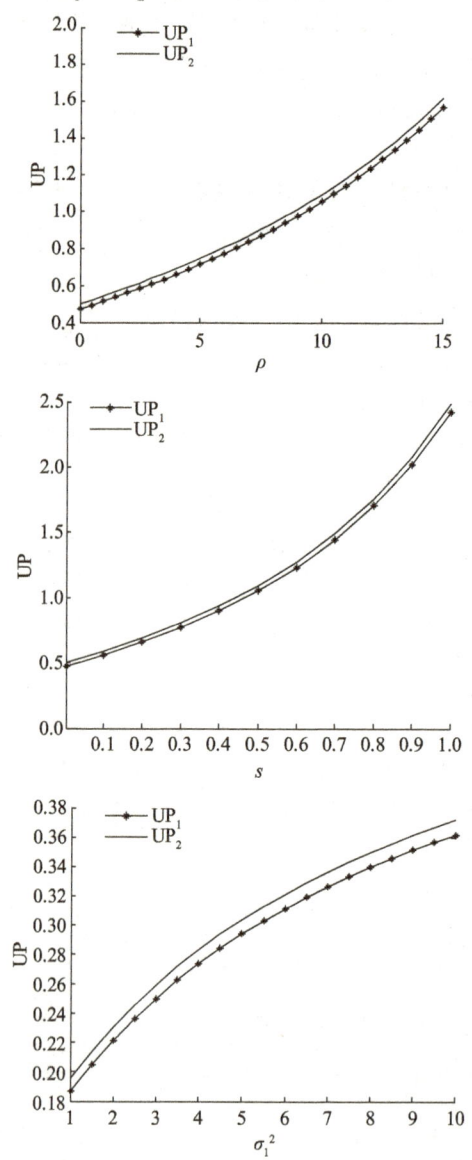

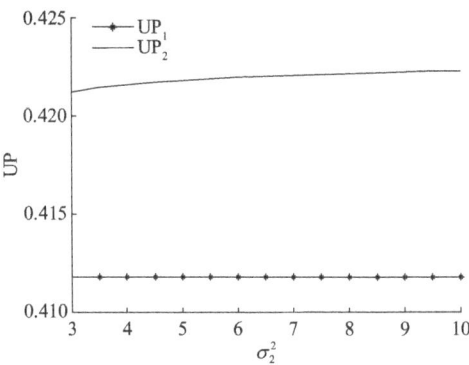

图 5.9 风险规避系数 ρ、发行规模 s 和投资者风险 σ_1^2、σ_2^2 对 IPO 抑价影响

图 5.9 中，UP_1 代表散户投资者无私人信息下 UP 与风险规避系数 ρ、发行规模 s 和投资者风险 σ_1^2、σ_2^2 的关系。UP_2 代表散户投资者有私人信息下 UP 与风险规避系数 ρ、发行规模 s 和投资者风险 σ_1^2、σ_2^2 的关系。从图 5.9 可以看出，IPO 抑价与机构投资者风险规避系数、发行规模正相关，与机构投资者风险正相关，与散户投资者风险无关，即无论散户投资者是否拥有私人信息，机构投资者风险规避下的 IPO 抑价比风险中性下（$\rho=0$）的 IPO 抑价高，机构投资者风险规避程度越高、发行规模越大，IPO 抑价越高，从而论证了结论 5.5。结论 5.5 也进一步表明了控制机构投资者数量、新股配售比例和发行规模，可以降低 IPO 抑价，提高 IPO 定价效率。因此对我国证券市场而言，为提高 IPO 定价效率，监管机构可以通过合理设计新股配售机制和明确规定邀请参与申购的机构投资者数量来达到降低 IPO 抑价的目的，这与发行人和承销商的利益是一致的。

5.6 本 章 小 结

本章在 CARA 模型的基础上，从投资者可观测性异质和散户信息结构两个维度构建 IPO 抑价理论模型，分析投资者可观测性异质对 IPO 抑价影响，并进行比较分析。研究表明：询价发行机制下，在其他条件不变的情况下，机构投资者私人信息与 IPO 定价正相关。也就是说，机构投资者拥有私人信息越多，IPO 定价越高，IPO 抑价越低，即信息不对称程度越大，IPO 定价效率越高。无论散户投资者是否拥有私人信息，IPO 抑价都无法消除，当机构投资者数量较大时，散户是否拥有私人信息对 IPO 抑价影响不大。机构投资者对新股预期越乐观，IPO 抑价越低，IPO 定价效率越高，若过于乐观，则可能会导致跌破发行价，从而产生"赢者诅咒"现象,而机构投资者越悲观,可能会导致 IPO 发行失败,而散户投资者对新股预期越乐观,IPO 抑价越高。机构投资者和散户投资者可观测性异质越大,IPO 抑价越高,IPO 定价效率越低。无论散户投资者是否拥有私人信息,IPO 抑价与投资者的风险规避系数、新股配售比例和发行规模正相关,与机构投资者数量负相关。

  本章的结论不仅揭示了投资者可观测性异质、散户信息结构对 IPO 抑价的影响机理,也丰富和发展了 IPO 信息不对称理论和行为金融理论,为 IPO 抑价研究提供许多有益的方向。首先,本章是在假定所有机构投资者不存在分歧的基础上得到的结论,而机构投资者不存在分歧也代表投资者之间存在某种合谋,因此本章的研究既可以为未来对机构投资者合谋方面的研究提供借鉴,也可以分析机构投资者信息结构变化对 IPO 抑价影响。其次,本章的研究也有助于新股配售机制的设计和"赢者诅咒"理论的拓展研究。最后,本章的理论模型是在假定所有机构投资者对新股价值评估不存在分歧的基础上得到的,排除这一假设,当机构投资者之间存在分歧时,可能会更贴近证券市场实际的理论模型,这也是值得进一步研究的课题。

第6章 机构投资者不可观测性异质对 IPO 抑价影响

第 3 章、第 4 章和第 5 章我们讨论了在不同信息条件下投资者可观测性异质对 IPO 抑价影响，得到了投资者可观测性异质越大，IPO 抑价越高，同时数值分析和实证分析也证明了这一结论。但是当投资者之间存在不可观测性异质时，会对 IPO 抑价产生何种影响呢？基于此，本章在假定机构投资者存在不可观测性异质基础上，构建 IPO 抑价模型，分析机构投资者不可观测性异质对 IPO 抑价影响。

6.1 引　言

自 Miller（1977）提出 IPO 抑价短期为正，长期为负这一"未解之谜"以来，诸多学者试图将金融学和心理学有机地结合起来，构建行为金融理论框架，以期从投资者可观测性异质的角度解释 IPO 抑价现象。此后，随着学术界广泛、深入地研究，行为金融理论取得了突破性的进展，并取得了许多显著的成果，如心理账户（de Bondt and Thaler, 1985）、心理预期（Miller, 1977；Gouldey, 2006）、行为偏差（Loughran and Ritter, 2002）和投资者情绪（Aggarwal and Rivoli, 1990；Ljungqvist et al., 2006）等。Aggarwal 和 Rivoli（1990）认为，相对股票内在价值来说，IPO 抑价主要原因并不是 IPO 定价有意偏低，反而可能是定价过高，但由于市场的暂时狂热或投资者对新股前景的过度乐观，尽管发行人 IPO 定价偏高，新股热销和投资者过度乐观导致了 IPO 抑价。这一观点得到了 Rajan 和 Servaes（1997）以及 Bossaerts 和 Hillion（2001）的支持。此外，Tinic（1988）以及 Ritter（1991）也认为投资者过度自信导致 IPO 市场上可能存在泡沫。

纵观国内外已有的关于 IPO 行为金融理论研究的文献，主要集中可观测性异质和过度自信两个研究方向，然而这些研究尚未涉及投资者不可观测性异质角度。究其原因，除了对不可观测性异质因子进行度量较为困难外，更重要的是把不可观测性异质因子作为参数变量融入 IPO 定、抑价理论模型中更加复杂，而且通过理论模型求解也具有一定的难度。然而，对于像我国这样资本市场尚未成熟，信息不对称程度较为严重，且以散户投资者交易为主的国家来说，投资者情绪也必然发生变化，单纯运用先前的行为金融理论对 IPO 抑价进行研究具有明显的局限性。因此，如何结合证券市场现实状况，构建更贴近证券市场实际的行为金融理论模型，对既有的行为金融理论进行拓展甚至创新，不仅是理论和实践研究的重大课题，也是尚未成熟的证券市场迫切需要解决的问题。

基于此，本章尝试从投资者不可观测性异质这一新的视角对中国证券市场 IPO 高抑价之谜进行诠释，同时为 IPO 抑价提供了一个可能的解释。为了弥补已有研究的不足，我们通过度量投资者不可观测性异质因子，在 CARA 模型的基础上，构建投资者不可观测性异质下的 IPO 定、抑价模型，研究投资者不可观测性异质对 IPO 抑价的影响机理，以期从投资者不可观测性异质的角度解释 IPO 高抑价现象。我们的研究是基于既有的行为金融理论文献（Benveniste and Spindt, 1989; Gouldey, 2006; 张小成等, 2012; 陈鹏程和周孝华, 2016）的研究基础上进行的，但是与先前这些关于 IPO 研究文献的不同是，首次从投资者不可观测性异质的角度构建 IPO 定、抑价理论模型，深入分析投资者不可观测性异质对 IPO 抑价影响，以期进一步发展和完善 IPO 抑价理论。

本章对 IPO 抑价的研究主要有以下几点理论贡献：第一，本章最大的贡献就是首次从投资者不可观测性异质的视角对 IPO 抑价进行研究，探讨投资者不可观测性异质对 IPO 抑价影响，阐明投资者不可观测性异质与 IPO 抑价之间的作用机理，进一步完善和深化该领域的研究。尽管 Gouldey（2006）、张小成等（2012）等从投资者可观测性异质角度对 IPO 抑价进行了研究，但他们都是在假定投资者情绪不变的基础上对 IPO 抑价进行研究。我们在已有的这些异质理论研究的基础上，进一步扩展和完善行为金融理论，构建投资者不可观测性异质下的 IPO 定、抑价理论模型，探讨投资者不可观测性异质对 IPO 抑价的影响。

第二，在构建投资者不可观测性异质下 IPO 抑价模型的基础上，进一步深入研究机构投资者和散户投资者数量对 IPO 抑价影响，阐明投资者结构对 IPO 抑价的作用机理，首次从投资者结构角度解释为何我国证券市场 IPO 抑价高于其他成熟的证券市场的原因，丰富和发展了 IPO 抑价理论。

第三，结合我国证券市场实际，构建更贴近证券市场实际的投资者不可观测性异质和情绪不变下的 IPO 定、抑价模型，并进行比较分析，从理论上论证了投资者不可观测性异质下 IPO 抑价比投资者情绪不变下 IPO 抑价高，解释了我国 IPO 高抑价长期存在的原因，同时也解释了"赢者诅咒"现象。此外，本章的结论对降低我国证券市场 IPO 高抑价，深化市场化改革，防范 IPO 市场和政策双重失灵也具有重要的指导意义。当前我国仍在努力探索适合中国特殊国情的 IPO 发行机制改革,而 IPO 制度设计和投资者保护更是其主要内容。因此研究投资者不可观测性异质对 IPO 抑价的影响,不仅能解释我国 IPO"异象",也能为我国证券市场下一步市场化改革提供一定的理论指导。

6.2 机构投资者不可观测性异质因子度量

本章最主要的贡献是以投资不可观测性异质为研究视角,构建投资者不可观测性异质下 IPO 定、抑价模型,分析投资者不可观测性异质对 IPO 抑价的影响。尽管 Gouldey(2006)、张小成等(2010,2011)等通过构建理论模型,研究了投资者情绪对 IPO 定、抑价的影响,并发现投资者情绪越乐观,IPO 抑价越低。但他们在理论模型的推导过程中都隐含一个前提假设,即 IPO 上市前后所有投资者情绪不变,然而这一隐含的前提假设却具有某些不符合证券市场实际的性质,这是因为证券市场信息不对称始终存在(Reber and Vencappa,2016),IPO 上市前后投资者所掌握的信息不一致,必然导致投资者情绪在上市前后也可能发生不可观测性异质(可能由过度乐观情绪变为理性或悲观情绪,由悲观情绪变为理性或乐观情绪)。因此在假定 IPO 上市前后所有投资者情绪不变的基础上,推导出的一、二级市场定价模型显然具有一定的局限性,尤其是对于像我国这样证券市场尚未完善且信息不对称较严重的国家来说更是相形见绌。

基于此,为了得到更贴近我国证券市场的理论模型,我们在 Benveniste 和 Spindt(1989)以及 Gouldey(2006)理论模型的基础上,拓展和完善行为金融理论模型,提出从投资者不可观测性异质视角对 IPO 抑价进行研究。我们假定在新股上市前后,随着 IPO 市场信息逐步公开,投资者对新股的价值评估发生改变,投资者情绪也发生了改变(如从过度乐观到理性、从过度乐观到悲观、从悲观到乐观等),我们把这种上市前后投资者情绪上的变化称为不可观测性异质(这种异质是由于环境和信息变化而引起的,IPO 定价阶段无法预测)。为得到更具有可操作性的 IPO 理论模型,我们拟以投资者对新股价值评估的变化来度量不可观测性异质。我们假设 IPO 上市前所有投资者对新股的价值评估为 V_1,上市后所有投资者对新股的价值评估为 V_2,且机构投资者和散户投资者对新股不存在价值分歧,当 $V_1 \neq V_2$ 时,此时我们称投资者情绪发生明显的变化,即存在不可观测性异质,当 $V_1 = V_2$ 时,此时我们称投资者情绪没有改变。

6.3 机构投资者不可观测性异质模型

6.3.1 问题描述和条件假设

假定新股发行过程中新股的发行规模为 s，发行人在询价前规定了机构投资者在本次 IPO 发行中的新股配售比例为 k，$k \in (0,1)$。承销商和发行人按照价格-数量组合，在累计机构投资者的需求后，根据其配售数量 ks 确定新股发行价格。

假定股票市场上存在两类投资者，一类是数量为 n（$n \geq 2$）的机构投资者，另一类是数量为 m（$m \geq 2$）的散户投资者；所有投资者之间对新股价值不存在分歧，其一级市场价值评估为 V_1，二级市场价值评估为 V_2，且所有投资者风险规避，投资者一、二级市场的风险规避系数都为 ρ。投资者一、二级市场对 IPO 内在价值的后验估计分别为 $V_i \sim V_1 + \varepsilon_i(0, \sigma_1^2)$、$V_j \sim V_2 + \varepsilon_j(0, \sigma_1^2)$，其中 i、$j = 1, 2, \cdots, n+m$。投资者的价格-数量组合均是连续的需求曲线，且一、二级市场需求函数分别为 $q_i(p) = \begin{cases} q_i(p) & V_1 \geq p \\ 0 & V_1 < p \end{cases}$，$q_j(p) = \begin{cases} q_j(p) & V_2 \geq p \\ 0 & V_2 < p \end{cases}$，其中 i、$j = 1, 2, \cdots, n+m$。

6.3.2 投资者期望效用函数

假设投资者的期望效用为 $U(W)$，则 $U(W) = q(p)(V-p)$，其中，V 为投资者对新股的期望价值；p 为股票价格。若投资者风险中性，则其期望效用函数为 $E[U(W)] = E[q(p)(V-p)]$。若其风险规避，为便于分析问题，我们借鉴 Makarov 和 Schornick（2010）方法，引入 CARA 模型的效用函数，那么风险规避的投资者期望效用函数为

$$E[U(W)] = E\left\{-\frac{1}{\rho} \times \mathrm{EXP}\left[-\rho(V-p)q(p) - \rho^2 \sigma_1^2 q^2(p)/2\right]\right\}$$

则风险规避的第 i 个投资者的 IPO 市场期望效用函数为

$$E[U(W_i)] = E\left\{-\frac{1}{\rho} \times \mathrm{EXP}\left[-\rho(V_1-p)q_i(p) - \rho^2 \sigma_1^2 q_i^2(p)/2\right]\right\} \quad (6.1)$$

风险规避的第 i 个投资者的二级市场期望效用函数为

$$E[U(W_i)] = E\left\{-\frac{1}{\rho} \times \text{EXP}\left[-\rho(V_2-p)q_i(p) - \rho^2\sigma_1^2 q_i^2(p)/2\right]\right\} \quad (6.2)$$

6.3.3 投资者需求函数

根据上面的 CARA 模型效用函数，机构投资者和散户投资者会根据效用最大化的原则，确定自己的一、二级市场需求函数。根据投资者效用函数式（6.1），第 i 个机构投资者的期望效用最大化的函数为 $\text{Max}\{E[U(W_i)]\}$，即

$\text{Max}\left(E\left\{-\frac{1}{\rho} \times \text{EXP}\left[-\rho(V_1-p_1)q_i(p) - \rho^2\sigma_1^2 q_i^2(p)/2\right]\right\}\right)$，其等价于

$\text{Max}\left[(V_1-p_1)q_i(p) - \rho\sigma_1^2 q_i^2(p)/2\right]$。

令 $F[q_i(p)] = (V_1-p_1)q_i(p) - \rho\sigma_1^2 q_i^2(p)/2$，则 $\frac{\partial F}{\partial q} = 0$，可得到第 i 个机构投资者在 IPO 发行阶段期望效用最大化的最优需求函数为

$$q_i = \frac{V_1-p_1}{\rho\sigma_1^2}$$

同理，根据投资者效用函数式（6.2），我们得到第 i 个投资者在二级市场的期望效用最大化的函数为 $\text{Max}\{E[U(W_i)]\}$。

令 $F[q_i(p)] = (V_2-p_1)q_i(p) - \rho\sigma_1^2 q_i^2(p)/2$，则 $\frac{\partial F}{\partial q} = 0$，可得到第 i 个投资者在二级市场阶段期望效用最大化的最优需求函数为

$$q_i = \frac{V_2-p_1}{\rho\sigma_1^2}$$

6.3.4 机构投资者不可观测性异质下 IPO 定、抑价模型

我们假定所有投资者在 IPO 上市前对新股的价值评估为 V_1，上市后对新股的价值评估为 V_2。同时，我们把理论模型分为两个时期：第 1 期，发行人和承销商根据机构投资者的需求确定 IPO 发行价格 p_1。第 2 期，股票在二级市场进行交易，其上市首日均衡交易价格为 p_2，且假定发行和上市之间时间间隔足够短，所有投资者在此期间得不到任何新的信息。

根据效用最大化的原则，可得到第 i 机构投资者在 IPO 发行阶段的最优需求

为 $q_i = \dfrac{V_1 - p_1}{\rho \sigma_1^2}$，结合一级市场均衡条件 $\sum_{i=1}^{n} q_i = ks$ 联立可得 IPO 发行价格为

$$p_1 = \frac{nV_1 - \rho ks\sigma_1^2}{n} \quad (6.3)$$

从式（6.3）可以看出，IPO 发行价与投资者对新股的价值评估 V_1 正相关，与投资者的新股配售比例 k、投资者风险规避系数 ρ、IPO 发行规模 s 及投资者对新股投资风险 σ_1^2 负相关。

结合投资者二级市场效用函数式（6.2），根据投资者效用最大化原则，结合 6.3.3 的求解方法，投资者在二级市场交易的最优需求为

$$q_i = \frac{V_2 - p_2}{\rho \sigma_1^2}$$

同理，我们可以得到二级市场散户投资者 j 的最优需求函数为

$$q_j = \frac{V_2 - p_2}{\rho \sigma_1^2}$$

由均衡条件 $\sum_{i=1}^{n} q_i + \sum_{j=1}^{m} q_j = s$，即可得二级市场的均衡价格为

$$p_2 = \frac{(n+m)V_2 - \rho s\sigma_1^2}{n+m} \quad (6.4)$$

由式（6.4）可知，新股二级市场首日收盘价 p_2 与投资者对新股价值评估 V_2 正相关，而与投资者风险规避系数 ρ、IPO 发行规模 s 及投资者对新股投资风险 σ_1^2 负相关。

根据 IPO 抑价 $UP = \dfrac{p_2 - p_1}{p_1}$，由式（6.3）和式（6.4）我们可以得到 IPO 抑价模型为

$$UP = \frac{n(m+n)(V_2 - V_1) + \left[(m+n)k - n\right]\rho s\sigma_1^2}{(n+m)(nV_1 - \rho ks\sigma_1^2)} \quad (6.5)$$

由式（6.5）可以明显看出，IPO 抑价 UP 与投资者对新股的价值评估 V_1 负相关，与投资者不可观测性异质后的新股的价值评估 V_2、投资者的新股配售比例 k、投资者风险规避系数 ρ、IPO 发行规模 s 及散户投资者数量 m 正相关。

当 $V_2 = V_1$ 时，表示投资者情绪在一、二级市场没有发生变化，把 $V_2 = V_1$ 代入式（6.5），我们可以得到投资者情绪不变下的 IPO 抑价模型为

$$UP = \frac{(n+m)\rho ks\sigma_1^2 - n\rho s\sigma_1^2}{(n+m)(nV_1 - \rho ks\sigma_1^2)} \quad (6.6)$$

从式（6.6）可以明显看出，当投资者情绪在一、二级市场没有发生变化时，

IPO 抑价 UP 与投资者的新股配售比例 k、风险规避系数 ρ、IPO 发行规模 s 及散户投资者数量 m 正相关。

6.4 机构投资者不可观测性异质对 IPO 抑价影响分析

通过 6.3 的理论模型推导，我们得到投资者不可观测性异质下的 IPO 抑价模型，为更清晰说明问题，我们归纳上述结果，见表 6.1。

表6.1 投资者不可观测性异质以及不变下的IPO模型比较

机构类型	IPO 定价	IPO 抑价
情绪不变	$\dfrac{nV_1 - \rho k s \sigma_1^2}{n}$	$\dfrac{(n+m)\rho k s \sigma_1^2 - n\rho s \sigma_1^2}{(n+m)(nV_1 - \rho k s \sigma_1^2)}$
情绪不可观测性异质	$\dfrac{nV_1 - \rho k s \sigma_1^2}{n}$	$\dfrac{n(m+n)(V_2 - V_1) + [(m+n)k - n]\rho s \sigma_1^2}{(n+m)(nV_1 - \rho k s \sigma_1^2)}$

通过表 6.1 可知，无论投资者情绪是否发生变化，都不能消除 IPO 抑价。无论投资者不可观测性异质还是情绪不变，它们的 IPO 定价相同，但 IPO 抑价不同。通过比较 IPO 抑价模型也可以看出，当 $V_2 > V_1$ 时，投资者不可观测性异质对 IPO 抑价产生了较大的影响，且大于情绪不变下的 IPO 抑价。也就是说，当投资者情绪从悲观或理性变成乐观时，IPO 抑价提高；反之，当投资者情绪由乐观或者理性变成更悲观时，降低了 IPO 抑价或跌破发行价。结合表 6.1 以及模型部分的研究内容，我们可以得到如下结论。

结论 6.1：IPO 抑价与投资者不可观测性异质程度正相关，也就是说，投资者不可观测性异质越大，其对 IPO 抑价的影响越大。当 $V_2 > V_1$，即投资者正向不可观测性异质越大时，IPO 抑价越高；当 $V_2 < V_1$，即投资者负向不可观测性异质越大时，IPO 抑价越低。

根据式（6.6），对 $V_2 - V_1$ 一阶求导，得到一阶导数为 $\dfrac{n(n+m)}{(n+m)(nV_1 - k s \rho \sigma_1^2)}$。分母中 $nV_1 - k s \rho \sigma_1^2$ 大于 0，所以 IPO 抑价对 $V_2 - V_1$ 的一阶导数大于 0，即 $\dfrac{\mathrm{d}UP}{\mathrm{d}(V_2 - V_1)} = \dfrac{n(n+m)}{(n+m)(nV_1 - k s \rho \sigma_1^2)} > 0$，很明显，$V_2 - V_1$ 与 IPO 抑价正相关，也就是说，投资者不可观测性异质越大，对 IPO 抑价的影响也越大。为进一步说明问题，特进行如下讨论。

当 $V_1 < V_2$ 时，即 $V_2 - V_1 > 0$，根据 IPO 抑价 $UP = \dfrac{p_2 - p_1}{p_1}$，由式（6.5）和式（6.6）我们可以得 $\dfrac{(n+m)\rho k s \sigma_1^2 - n\rho s \sigma_1^2}{(n+m)(nV_1 - \rho k s \sigma_1^2)} < \dfrac{n(m+n)(V_2 - V_1) + [(m+n)k - n]\rho s \sigma_1^2}{(n+m)(nV_1 - \rho k s \sigma_1^2)}$。也就是说，当投资者在上市前对新股的评估价值低于上市后其对新股的评估价值时，IPO 抑价提高。从而进一步论证了结论 6.1：当投资者不可观测性异质越大时，IPO 抑价提高。不可观测性异质越大具体表现如下：当投资者一、二级市场情绪从理性到乐观、从悲观到理性或者从悲观到乐观时，都提高了 IPO 抑价。

当 $V_1 > V_2$ 时，即 $V_2 - V_1 < 0$，根据 IPO 抑价 $UP = \dfrac{p_2 - p_1}{p_1}$，由式（6.5）和式（6.6）我们可以得 $\dfrac{(n+m)\rho k s \sigma_1^2 - n\rho s \sigma_1^2}{(n+m)(nV_1 - \rho k s \sigma_1^2)} > \dfrac{n(m+n)(V_2 - V_1) + [(m+n)k - n]\rho s \sigma_1^2}{(n+m)(nV_1 - \rho k s \sigma_1^2)}$。也就是说，当投资者在上市前对新股的评估价值高于上市后其对新股的评估价值时，IPO 高抑价。从而可以证明，当投资者不可观测性异质越小时，IPO 高抑价。具体表现如下：投资者一、二级市场情绪从乐观到理性、从理性到悲观或者从乐观到悲观时，降低了 IPO 抑价。

为进一步说明问题，论证结论 6.1，我们运用 Matlab 编程，结合式（6.5）对投资者在不可观测性异质情况下，IPO 抑价与投资者不可观测性异质之间的关系进行数值分析，分析投资者不可观测性异质与 IPO 抑价之间的关系。为方便起见，令 $n = 15$；$m = 30$；$k = 0.45$；$\rho = 8$；$\sigma_1^2 = 12$；$s = 1$。利用上述参数分别得到投资者价值评估变化 $V_2 - V_1$ 和 V_1、V_2 与 IPO 抑价关系图，具体见图 6.1 和图 6.2。

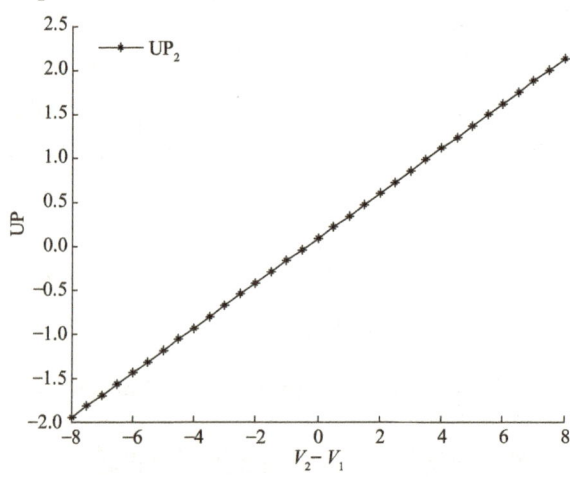

图 6.1 投资者不可观测性异质对 IPO 抑价的影响

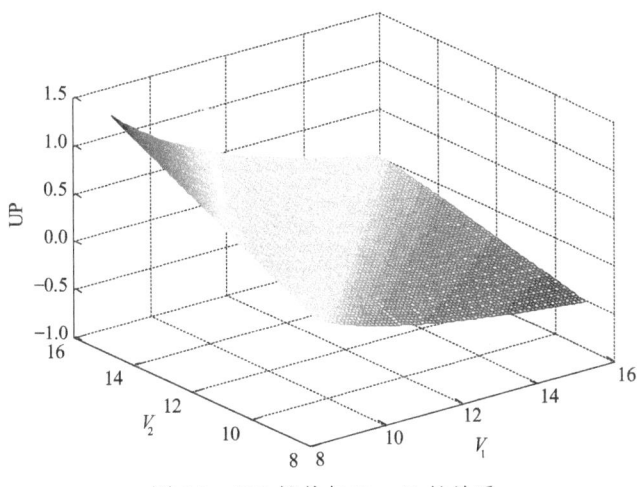

图 6.2　IPO 抑价与 V_1、V_2 的关系

在图 6.1 中，UP_2 代表投资者在不可观测性异质下 UP 与 V_2-V_1 的关系。图 6.2 为投资者在不可观测性异质下，IPO 抑价与 V_1、V_2 的关系。从图 6.1 和图 6.2 可以明显看出，投资者之间不可观测性异质程度与 IPO 抑价正相关，投资者一级市场对新股的价值评估 V_1 与 IPO 抑价负相关，投资者二级市场对新股的价值评估 V_2 与 IPO 抑价正相关。也就是说，投资者不可观测性异质越大，对 IPO 抑价影响越大。当投资者一、二级市场情绪正向变化的幅度越大，IPO 抑价增加幅度越大；当投资者一、二级市场情绪负向变化的幅度越大，IPO 高抑价的幅度也越大，从而论证了结论 6.1。这也从投资者不可观测性异质的角度解释了不成熟的资本市场为何存在 IPO 高抑价的原因。

为了进一步论证结论 6.1，结合上面数值分析中的数据，对以下两种情况进行分析：第一，令 $V_1=8$，$V_2=9$，表示投资者情绪发生正向不可观测性异质 $(V_1<V_2)$；第二，令 $V_1=9$，$V_2=8$，表示投资者情绪发生负向不可观测性异质 $(V_1>V_2)$。运用 Matlab 编程，结合式（6.5）和式（6.6）对机构投资数量进行数值分析，分析投资者不可观测性异质与 IPO 抑价之间的关系。具体数值分析结果见图 6.3 和图 6.4。

在图 6.3 和图 6.4 中，UP_1 代表投资者情绪不变下 UP 与 n 的关系。UP_2 代表投资者不可观测性负向异质下 $(V_1-V_2=-1)$ UP 与 n、k 的关系。UP_3 代表投资者不可观测性正向异质下 $(V_1-V_2=1)$ UP 与 n、k 的关系。从图 6.3 和图 6.4 可以明显看出，当投资者一、二级市场情绪发生正向不可观测性异质，即 $V_2>V_1$ 时，IPO 抑价提高；反之，当投资者一、二级市场情绪发生负向不可观测性异质，即 $V_2<V_1$ 时，IPO 抑价降低。也就是说，投资者一、二级市场情绪从乐观变得更为理性、从理性变得悲观和从乐观变得悲观，降低了 IPO 抑价；当投资者一、二级市场情绪从理性变得更为乐观、从悲观变得理性和从悲观变得乐观时，IPO 抑价提高，从而论证了结论 6.1。此外，

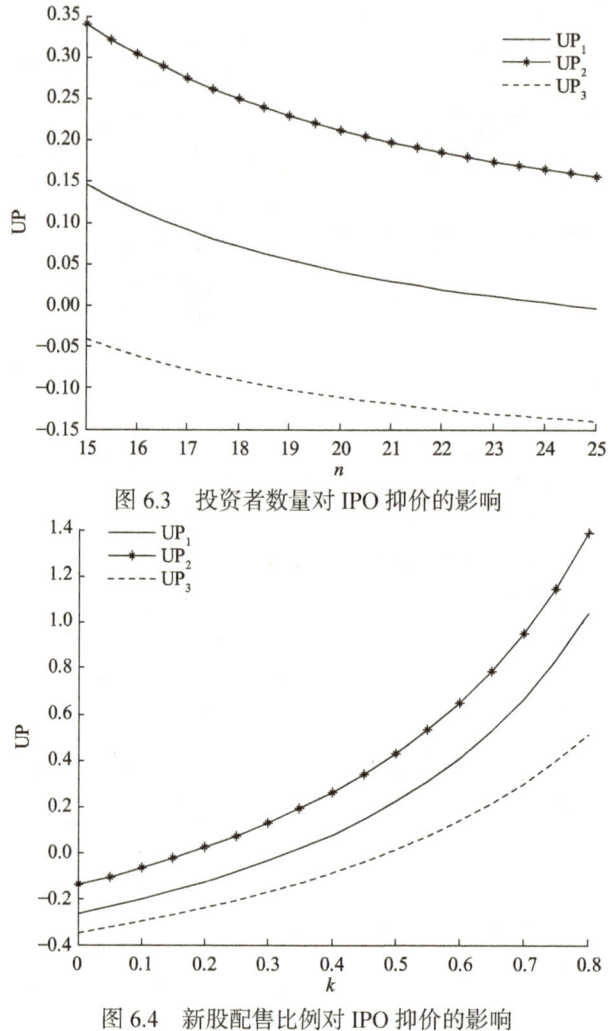

图 6.3 投资者数量对 IPO 抑价的影响

图 6.4 新股配售比例对 IPO 抑价的影响

从图 6.3 和图 6.4 也可以看出，IPO 抑价与投资者数量负相关，与新股配售比例正相关。也就是说，投资者数量越多，新股配售比例越少，IPO 抑价越低。

结论 6.1 的经济学意义是降低投资者的不可观测性异质，可以降低 IPO 价格的波动幅度，同时也可以降低 IPO 抑价，因此，对监管机构来说，加大监管机构的监管力度，加强信息披露，可以降低投资者的不可观测性异质，从而降低 IPO 高抑价，提高 IPO 定价效率。对发行人而言，增加信息披露既可以降低 IPO 发行风险，也可以降低 IPO 高抑价。对投资者来说，提高收集 IPO 信息能力，防止产生负向不可观测性异质，从而规避"赢者诅咒"风险。结论 6.1 不仅拓展和完善了行为金融理论，也为"赢者诅咒"开辟了新的研究方向。

结论 6.2：无论投资者是否存在不可观测性异质，都不能消除 IPO 抑价。此外，投资者对新股预期越乐观，IPO抑价越低，若过于乐观则会跌破发行价，从而产生"赢者诅咒"现象，而机构投资者不观测性异质程度与IPO抑价正相关，即二级市场投资者越乐观，可能会导致IPO高抑价。

根据IPO抑价 $UP = \dfrac{p_2 - p_1}{p_1}$，当 $V_1 = V_2$ 时，即 $V_2 - V_1 = 0$，由式（6.5）和式（6.6）我们可以得出 $\dfrac{(n+m)\rho k s \sigma_1^2 - n\rho s \sigma_1^2}{(n+m)(nV_1 - \rho k s \sigma_1^2)} = \dfrac{n(m+n) + (V_2 - V_1) + [(m+n)k - n]\rho s \sigma_1^2}{(n+m)(nV_1 - \rho k s \sigma_1^2)}$。

说明当投资者在上市前对新股的评估价值等于上市后其对新股的价值评估时，IPO抑价不变，从而论证了结论6.2。

再次根据式（6.5）和式（6.6），分别对 V_1 和 V_2 求一阶导数：

当投资者一、二级市场情绪发生不可观测性异质时，

$\dfrac{dUP}{dV_1} = \dfrac{-n^2(V_2 - s\rho\sigma_1^2)}{(n+m)(nV_1 - ks\rho\sigma_1^2)^2} < 0$，$\dfrac{dUP}{dV_2} = \dfrac{n}{(n+m)(nV_1 - ks\rho\sigma_1^2)^2} > 0$。当投资者一、二级市场情绪不发生不可观测性异质时，$\dfrac{dUP}{dV_1} = \dfrac{-n\left[(m+n)ks\rho\sigma_1^2 - ns\rho\sigma_1^2\right]}{(n+m)(nV_1 - ks\rho\sigma_1^2)^2} < 0$。

也就是说，IPO抑价与投资者在IPO阶段对新股的价值评估负相关，与投资者在二级市场对新股的价值评估正相关，说明投资者在一级市场对新股的价值评估越高或者在二级市场对新股的价值评估越低，IPO抑价越低。

为论证结论6.2，结合结论6.1数值分析中的数据，运用Matlab编程，结合式（6.5）和式（6.6）在投资者有无不可观测性异质情况下，分别对投资者价值评估 V_1、V_2 和机构投资数量进行数值分析，分析投资者不可观测性异质与IPO抑价之间的关系。具体数值分析结果见图6.5和图6.6。

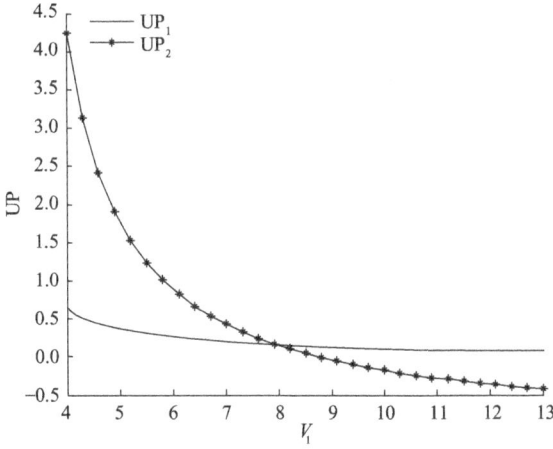

图6.5 一级市场投资者价值评估对IPO抑价的影响

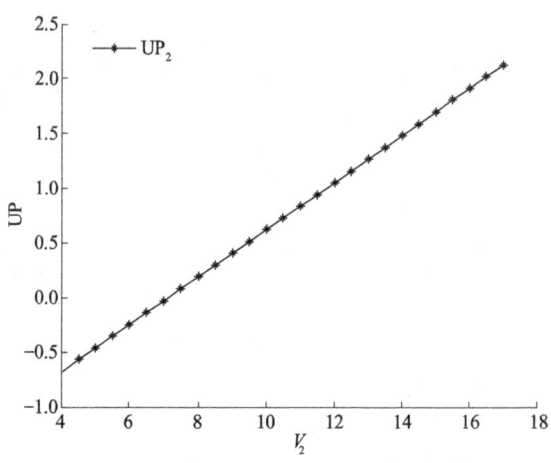

图 6.6 二级市场投资者价值评估对 IPO 抑价的影响

图 6.5 中，UP_1 代表投资者情绪不变下 UP 与 V_1 的关系。UP_2 代表机构投资者不可观测性异质下 UP 与 V_1 的关系。在图 6.6 中，UP_2 代表投资者不可观测性异质下 UP 与 V_2 的关系。从图 6.5 和图 6.6 中可以看出，无论投资者是否存在不可观测性异质，IPO 存在抑价，且与 V_1 负相关，与 V_2 正相关，投资者在 IPO 市场对新股的价值评估越高，IPO 抑价越低；投资者在二级市场对新股的价值评估越高，IPO 抑价越高，从而论证了结论 6.2，这也得到了与 Gouldey（2006）、张小成等（2010，2011）研究一致的结论。同时，从图 6.6 中可以看出，当机构投资者不可观测性异质越大，即 $V_1 < 8$ 时，IPO 抑价提高；当机构投资者不可观测性异质越小，即 $V_1 > 8$ 时，IPO 高抑价，从而进一步论证了结论 6.1。从图 6.5 和图 6.6 中也可以看出，随着 V_1 增大，V_2 减小，IPO 抑价逐步降低，由正变为负，IPO 跌破发行价，从而出现"赢者诅咒"现象。

结论 6.2 的经济学意义是一级市场投资者过度乐观或二级市场过度悲观会导致"赢者诅咒"现象，而一级市场过度悲观会导致 IPO 发行失败，二级市场过度乐观会导致 IPO 高抑价。因此，对投资者而言，为规避"赢者诅咒"风险，应加强投资理性培养，而监管当局更应该加强投资者理性教育和培养，降低"逆向选择"风险，降低 IPO 高抑价，提高 IPO 抑价。

6.5 进一步讨论

6.5.1 投资者结构对 IPO 抑价的影响

根据式（6.5）和式（6.6）可以看出，除了投资者不可观测性异质对 IPO 抑价产生影响，投资者数量也对 IPO 抑价产生影响。为更清晰说明问题，结合 6.3 的研究内容，我们可以得出，当 $m \to \infty$ 时，我们对式（6.5）和式（6.6）的每一项都除以 m，那么 $\frac{n}{m} \to 0$，因此，我们可以得到 IPO 抑价 UP 的模型为

$$UP = \frac{n(V_2 - V_1) + \rho k s \sigma_1^2}{nV_1 - \rho k s \sigma_1^2} \tag{6.7}$$

$$UP = \frac{\rho k s \sigma_1^2}{nV_1 - \rho k s \sigma_1^2} \tag{6.8}$$

从式（6.7）和式（6.8）可以明显看出，当散户投资者的数量 m 较大时，IPO 抑价 UP 与投资者在一级市场对新股的价值评估 V_1、机构投资者数量 n 负相关，与投资者在二级市场对新股价值评估 V_2、投资者的新股配售比例 k、投资者风险规避系数 ρ、IPO 发行规模 s 正相关。

通过以上部分理论模型推导，我们得到了投资者不可观测性异质下投资者数量较大时的 IPO 抑价模型，为更清晰说明问题，我们归纳上述结果，见表 6.2。

表6.2 机构不可观测性异质与散户数量的IPO模型比较

机构类型	IPO 抑价	IPO 抑价（$m \to \infty$）
情绪不变	$\dfrac{(n+m)\rho k s \sigma_1^2 - n\rho s \sigma_1^2}{(n+m)(nV_1 - \rho k s \sigma_1^2)}$	$\dfrac{\rho k s \sigma_1^2}{nV_1 - \rho k s \sigma_1^2}$
情绪不可观测性异质	$\dfrac{n(m+n)(V_2-V_1) + [(m+n)k-n]\rho s \sigma_1^2}{(n+m)(nV_1 - \rho k s \sigma_1^2)}$	$\dfrac{n(V_2-V_1) + \rho k s \sigma_1^2}{nV_1 - \rho k s \sigma_1^2}$

通过表 6.2 可知，比较投资者情绪不变和不可观测性异质下的 IPO 抑价模型，发现无论投资者是否存在不可观测性异质，当散户投资者数量趋于无穷时，IPO 抑价增加。通过分析投资者不可观测性异质下的 IPO 抑价模型，可以看出，投资者情绪发生正向不可观测性异质（$V_1 - V_2 < 0$）大于投资者情绪发生负向不可观测性异质（$V_1 - V_2 > 0$）下的 IPO 抑价，结合表 6.2 我们可以得到如下结论。

结论 6.3：无论投资者是否存在不可观测性异质，散户投资者数量与 IPO 抑价正相关，机构投资者与散户投资者数量之比与 IPO 抑价负相关。也就是说，机构投资者数量越大，IPO 抑价越低；散户投资者数量越大，IPO 抑价越高。

为论证结论 6.3，我们根据式（6.5）和式（6.6），分别对 n、m 求一阶导数得

$$\frac{\mathrm{d}UP}{\mathrm{d}n} = \frac{-n(n+m)ks\rho\sigma_1^2(V_2-V_1) - m(nV_1 - ks\rho\sigma_1^2)\rho s\sigma_1^2 - (n+m)[(n+m)k-n]\rho s\sigma_1^2 V_1}{(n+m)^2(nV_1 - ks\rho\sigma_1^2)^2} < 0$$

$$\frac{\mathrm{dUP}}{\mathrm{d}n} = \frac{-m(nV_1 - ks\rho\sigma_1^2)\rho s\sigma_1^2 - (n+m)[(n+m)k - n]\rho s\sigma_1^2 V_1}{(n+m)^2(nV_1 - ks\rho\sigma_1^2)^2} < 0$$

$$\frac{\mathrm{dUP}}{\mathrm{d}m} = \frac{[n^2(V_2 - V_1) + nk\rho s\sigma_1^2](nV_1 - \rho ks\sigma_1^2)}{(n+m)^2(nV_1 - \rho ks\sigma_1^2)^2} > 0$$

$$\frac{\mathrm{dUP}}{\mathrm{d}m} = \frac{n\rho s\sigma_1^2(nV_1 - ks\rho\sigma_1^2)}{(n+m)^2(nV_1 - ks\rho\sigma_1^2)^2} > 0$$

根据上面 $\frac{\mathrm{dUP}}{\mathrm{d}n}$、$\frac{\mathrm{dUP}}{\mathrm{d}m}$ 情况，我们可以得出：机构投资者数量与 IPO 抑价负相关，而散户投资者数量与 IPO 抑价正相关。也就是说，当机构投资者数量越多时，IPO 抑价越低，机构投资者数量越少，IPO 抑价越高；散户投资者数量越少，IPO 抑价越低，散户投资者数量越多，IPO 抑价越高。从而论证了结论 6.3。

为了进一步探讨投资者结构对 IPO 抑价的影响，同时论证结论 6.3，我们对式（6.5）和式（6.6）同除 m^2 得

$$\mathrm{UP} = \frac{\frac{n}{m}\left(\frac{n}{m}+1\right)(V_2 - V_1) + \left(1+\frac{n}{m}\right)\frac{1}{m}ks\rho\sigma_1^2 - \frac{n}{m^2}\rho s\sigma_1^2}{\left(1+\frac{n}{m}\right)\left(\frac{n}{m}V_1 - \frac{1}{m}\rho ks\sigma_1^2\right)} \quad (6.9)$$

$$\mathrm{UP} = \frac{\frac{1}{m}\left(1+\frac{n}{m}\right)\rho ks\sigma_1^2 - \frac{n}{m^2}\rho s\sigma_1^2}{\left(1+\frac{n}{m}\right)\left(\frac{n}{m}V_1 - \frac{1}{m}\rho ks\sigma_1^2\right)} \quad (6.10)$$

根据式（6.9）和式（6.10），我们分别对 $\frac{n}{m}$ 求一阶导数得

$$\frac{\mathrm{dUP}}{\mathrm{d}\frac{n}{m}} = \frac{-\left(1+\frac{n}{m}\right)^2\left(\frac{ks\rho\sigma_1^2}{m}\right)(V_2 - V_1) - \left[\left(1+\frac{n}{m}\right)\frac{1}{m}\rho ks\sigma_1^2 - \frac{n}{m^2}\rho s\sigma_1^2\right]\left(1+\frac{n}{m}\right)V_1 - \left(\frac{nV_1}{m} - \frac{\rho ks\sigma_1^2}{m}\right)\frac{1}{m}\rho s\sigma_1^2}{\left(1+\frac{n}{m}\right)^2\left(\frac{n}{m}V_1 - \frac{1}{m}\rho ks\sigma_1^2\right)^2} < 0,$$

$$\frac{\mathrm{dUP}}{\mathrm{d}\frac{n}{m}} = \frac{-\left[\left(1+\frac{n}{m}\right)\frac{1}{m}\rho ks\sigma_1^2 - \frac{n}{m^2}\rho s\sigma_1^2\right]\left(1+\frac{n}{m}\right)V_1 - \left(\frac{nV_1}{m} - \frac{\rho ks\sigma_1^2}{m}\right)\frac{1}{m}\rho s\sigma_1^2}{\left(1+\frac{n}{m}\right)^2\left(\frac{n}{m}V_1 - \frac{1}{m}\rho ks\sigma_1^2\right)^2} < 0 。也就$$

是说，无论投资者情绪是否发生变化，机构投资者与散户投资者数量之比与 IPO 抑价正相关。这也进一步论证了结论 6.3。

为了论证结论 6.3，我们结合结论 6.1 数值分析中的数据，运用 Matlab 编程，

根据式（6.7）和式（6.8）在投资者情绪有无不可观测性异质下，对 IPO 抑价与散户投资者数量 m、投资者数量之比 $\dfrac{n}{m}$ 的关系进行分析，具体结果见图 6.7 和图 6.8。

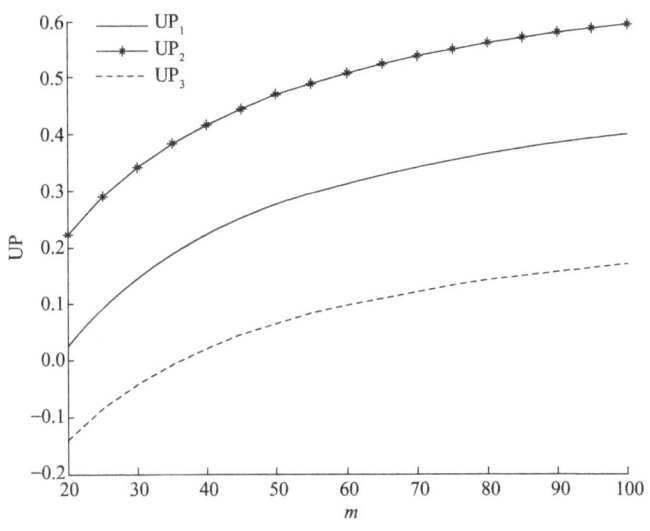

图 6.7　散户投资者数量对 IPO 抑价的影响

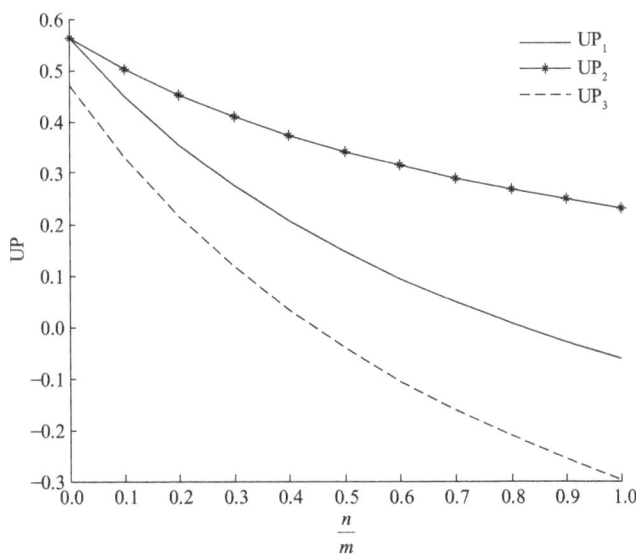

图 6.8　机构投资者与散户投资者数量之比对 IPO 抑价的影响

在图 6.7 和图 6.8 中，UP_1 代表机构投资者不可观测性异质下 UP 与 m、$\dfrac{n}{m}$ 的关系。UP_2 代表机构投资者不可观测性正向异质 UP 与 m、$\frac{n}{m}$ 的关系。UP_3 代表机构投资者不可观测性负向异质下 UP 与 m、$\frac{n}{m}$ 的关系。从图 6.7 和图 6.8 可以明显看出，首先，无论机构投资者是否存在不可观测性异质，散户投资者数量与 IPO 抑价呈正相关关系，机构投资者与散户投资者数量之比与 IPO 抑价呈负相关关系。其次，机构投资者发生正向不可观测性异质下的 IPO 抑价高于投资者情绪不发生不可观测性异质下的 IPO 抑价，高于投资者负向不可观测性异质下的 IPO 抑价，从而论证了结论 6.1。同时，散户投资者的数量越多，IPO 抑价越大；机构投资者数量占总投资者数量的比例越大，散户投资者数量占总投资者数量的比例越小，IPO 抑价越低，即论证了结论 6.3，这进一步解释了与西方成熟的资本市场相比为何我国长期存在 IPO 高抑价的原因。

结论 6.3 的经济学意义是，通过增加机构投资者数量或者减少散户投资者数量可以降低 IPO 抑价。因此，对于监管机构而言，可以通过进一步降低机构投资者的准入门槛，增加机构投资者数量，优化投资者结构，达到降低长期 IPO 高抑价，提高 IPO 抑价的目的。对发行人和承销商而言，也可以通过邀请更多的机构投资者参与申购，降低 IPO 抑价。结论 6.3 不仅为投资者结构研究提供新的思路，也为我国下一步 IPO 询价改革实践提供理论指导。

6.5.2　发行规模、风险偏好与新股配售比例对 IPO 抑价影响

根据式（6.5）和式（6.6）可以明显看出，除机构投资者不可观测性异质、投资者结构这些因素外，风险规避系数 ρ、发行规模 s、新股配售比例 k 和投资者风险 σ_1^2 也对 IPO 抑价产生影响。为了全面解释我国 IPO 高抑价现象，我们进一步对机构投资者不可观测性下的风险规避系数 ρ 对 IPO 抑价影响进行分析。因此，我们可以得到如下结论。

结论 6.4：无论机构投资者是否存在不可观测性异质，IPO 抑价与投资者的风险规避系数 ρ 正相关，也就是说，投资者风险规避下的 IPO 抑价大于风险中性下的 IPO 抑价。此外，IPO 抑价也与发行规模 s、新股配售比例 k 及投资者风险 σ_1^2 正相关。

根据式（6.5）和式（6.6），我们分别对投资者的风险规避系数 ρ、发行规模 s、新股配售比例 k 和投资者风险 σ_1^2 求一阶导数，均大于 0。也就是说，无论投资者是否存在不可观测性异质，IPO 抑价与投资者风险规避系数、发行规模、新股配售比例和投资者风险正相关，即投资者风险规避系数越大，发行规模越大，新股配售比例越高，投资者风险越高，IPO 抑价越高，而降低投资者风险规避系数、减少新股配售比例、减小发行规模可以降低 IPO 抑价。从而论证了结论 6.4，也得到了

与张小成等（2008）一致的结论。

为论证结论 6.4，我们结合结论 6.1 数值分析中的数据，运用 Matlab 编程，根据式（6.5）和式（6.6）在投资者情绪有无不可观测性异质下，对 IPO 抑价 UP 与风险规避系数 ρ、发行规模 s 和投资者风险 σ_1^2 进行数值分析，具体见图 6.9。

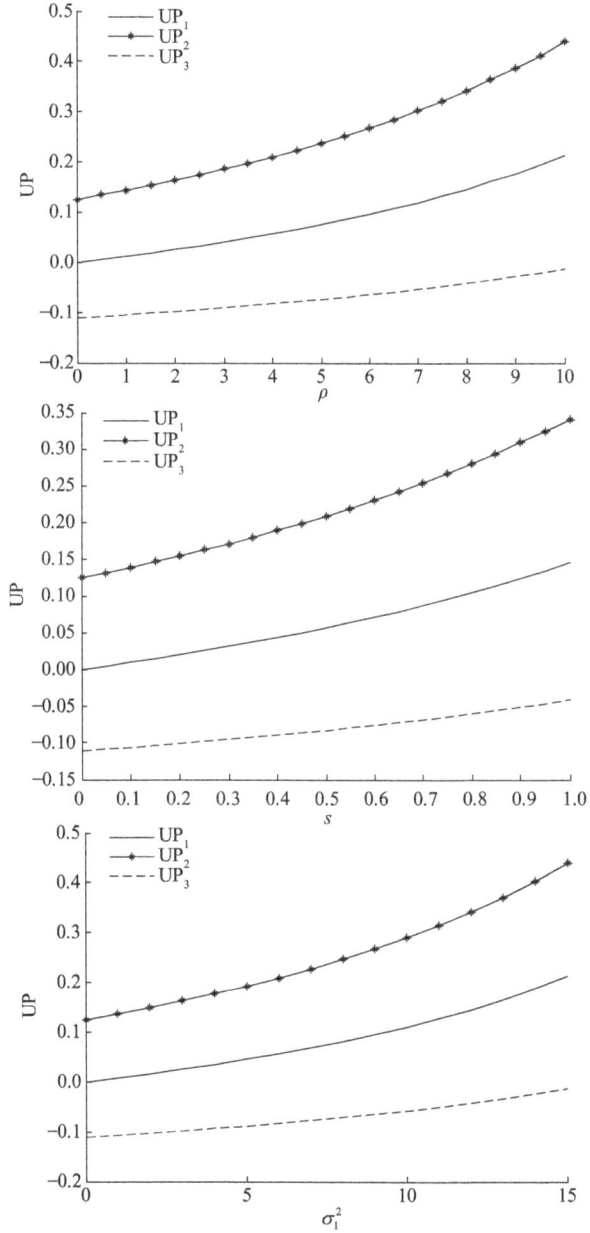

图 6.9　风险规避系数、发行规模和投资者风险对 IPO 抑价的影响

在图 6.9 中，UP_1 代表投资者情绪不变下 UP 与 ρ、s、σ_1^2 的关系。UP_2 代表机构投资者正向不可观测性异质（$V_1 - V_2 = -1$）下 UP 与 ρ、s、σ_1^2 的关系。UP_3 代表机构投资者负向不可观测性异质（$V_1 - V_2 = 1$）下 UP 与 ρ、s、σ_1^2 的关系。从图 6.9 可以看出，当投资者一、二级市场情绪从乐观变得理性、理性变得悲观或乐观变得悲观时，IPO 高抑价；反之，当投资者一、二级市场情绪从理性变得乐观、悲观变得理性或悲观变得乐观时，提高了 IPO 抑价，从而证明了结论 6.1。结合图 6.4 和图 6.9 也可以看出，IPO 抑价与风险规避系数、发行规模、新股配售比例和投资者风险正相关，也就说，减小投资风险、发行规模和新股配售比例可以降低 IPO 抑价，论证了结论 6.4。

结论 6.4 的经济学意义是，发行规模、风险规避偏好和配售机制都对 IPO 抑价产生较大的影响。因此，对我国监管机构而言，可以加强信息披露和监管，减少投资者信息的不对称，降低投资者 IPO 投资风险，从而提高 IPO 抑价。同时，也可以通过合理设计新股配售机制来提高 IPO 抑价，而对发行人而言，也可以通过调节新股比例和发行规模来降低 IPO 高抑价。

6.6 本章小结

本章以机构投资者不可观测性异质为研究视角，通过构建机构投资者不可观测性异质下的 IPO 定、抑价模型，研究了机构投资者不可观测性异质对 IPO 抑价的影响，并进行比较分析。通过研究我们得到如下结论：一是 IPO 抑价与机构投资者不可观测性异质程度正相关，也就是说，投资者不可观测性异质越大，其对 IPO 抑价的影响越大。当 $V_2 > V_1$ 时，即机构投资者情绪正向不可观测性异质，IPO 抑价越高；当 $V_2 < V_1$ 时，即机构投资者情绪负向不可观测性异质，IPO 抑价越低。二是无论投资者是否存在不可观测性异质，都不能消除 IPO 抑价。此外，无论机构投资者是否存在不可观测性异质，结果都是投资者对新股预期越乐观，IPO 抑价越低，若过于乐观则会跌破发行价，从而产生"赢者诅咒"现象，而二级市场投资者情绪与 IPO 抑价正相关，即二级市场投资者越乐观，可能会导致 IPO 高抑价。

同时，通过本章进一步研究，我们也得出：一是无论机构投资者是否存在不可观测性异质，散户投资者数量与 IPO 抑价正相关，机构投资者与散户投资者数量之比与 IPO 抑价负相关。也就是说，机构投资者数量越大，IPO 抑价越低，而散户投资者数量越大，IPO 抑价越高。二是无论投资者是否存在不可观测性异质，IPO 抑价与投资者的风险规避系数 ρ 正相关。也就是说，投资者风险规避下的 IPO 抑价大于风险中性下的 IPO 抑价。此外，与发行规模 s 及投资者风险 σ_1^2 正相关。

本章的结论不仅解释了我国 IPO 长期高抑价"异象",也为我国证券市场下一步市场化改革提供了一定的理论参考。

本章的结论不仅揭示了投资者不可观测性异质与 IPO 抑价之间的影响机理,也进一步完善和发展了 IPO 行为金融理论。通过本章的研究,我们也得到部分经济学启示:①降低投资者的不可观测性异质,可以降低 IPO 价格的波动幅度,同时也可以降低 IPO 抑价,因此,加大监管机构的监管力度,加强信息披露,可以减少投资者的不可观测性异质,从而降低 IPO 抑价,提高 IPO 定价效率。②投资者情绪、投资者机构、配售机制和发行规模都对 IPO 抑价产生较大的影响,因此,针对我国 IPO 长期高抑价,可以通过加强投资者理性教育、改善投资者结构、优化配售机制和适当控制发行规模等四个方面的共同改革,以达到降低 IPO 抑价,提高 IPO 定价效率的目的。③对监管机构而言,通过强化信息披露机制、降低机构投资者准入机制和优化新股配售机制等市场化改革措施来提高 IPO 抑价;对发行人而言,可以通过邀请更多的机构投资者参与申购、增加信息披露、降低发行规模等措施降低 IPO 发行风险和 IPO 高抑价;对投资者而言,提高投资理性、加强信息收集,可以规避"赢者诅咒"风险。④本章的理论研究可以为监管机构制定下一步市场化改革措施提供理论指导,同时也为发行人和承销商降低 IPO 高抑价和防止发行失败提供实践参考。

本章理论研究还可以为未来对 IPO 抑价研究提供许多有益的方向。首先,本章是基于不存在私人信息的基础上得到的投资者不可观测性异质对 IPO 抑价的结论,而投资者分为机构投资者和散户投资者,因此本章的研究可以为散户投资者不可观测性异质对 IPO 抑价影响研究提供借鉴,也可以分析存在私人信息的投资者对 IPO 抑价的影响,其次,本章的研究有助于新股配售机制的设计和"赢者诅咒"理论的拓展研究。最后,本章的理论模型是在假定所有投资者无私人信息的情况下得到的,排除这一假设,当投资者存在私人信息时,可能会更贴近证券市场实际的理论模型,这也是值得进一步研究的课题。

第7章　信息不对称条件下投资者不可观测性异质对 IPO 抑价影响

在前面第 6 章中，我们讨论了完全信息条件下机构投资者不可观测性异质对 IPO 抑价的影响，得到了以下结论：IPO 抑价与投资者不可观测性异质程度正相关，即投资者不可观测性异质程度越大，其对 IPO 抑价的影响越大。无论投资者是否存在不可观测性异质，结果都是投资者对新股预期越乐观，IPO 抑价越低，若过于乐观则会跌破发行价，从而产生"赢者诅咒"现象，而二级市场投资者情绪与 IPO 抑价正相关，即二级市场投资者越乐观，可能会导致 IPO 高抑价。然而当投资者存在私人信息时，机构投资者不可观测性异质对 IPO 抑价产生何种影响呢？基于此，本章运用信息不对称理论和行为金融理论的工具，构建信息不对称条件下的 IPO 定、抑价模型，分析投资者不可观测性异质对 IPO 抑价的影响，以期得到部分经济学启示。

7.1 引　言

IPO 抑价问题既是证券市场的核心问题，也是金融学界研究和探索的焦点。无论是成熟的还是新兴的证券市场，IPO 抑价现象都普遍存在，但与成熟的证券市场相比，新兴的证券市场存在更高的 IPO 抑价，尤以亚洲各国市场为甚。中国 IPO 平均首日抑价一直远超其他国家，平均 IPO 抑价高达 113.6%（Liu and Ritter，2010）。

随着对 IPO 信息不对称理论研究的深化，很多学者开始尝试结合信息不对称理论对我国 IPO 抑价进行实证研究。Su（2004a）对 1994~1999 年我国 587 个 IPO 数据进行实证检验，实证结果论证了"赢者诅咒"和信号传递模型的正确性。刘静和陈璇（2008）以 2001~2007 年我国深沪两市 A 股 IPO 公司为样本对信息不对称理论进行实证检验。研究表明：用信息不对称理论来解释我国 A 股市场的 IPO 抑价现象是有效的。武龙（2011）通过实证分析发现，我国 IPO 抑价由噪声交易和信息不对称决定。陈亮（2014）通过实证研究发现，当信息不对称程度较高时，我国 IPO 抑价与会计稳健性之间显著负相关。Su 和 Fleisher（1999）、夏新平和汪宜霞（2002）、Amihud 等（2003）、施泽宇等（2012）、张小成等（2012）、沈哲和林启洪（2013）、Tourani-Rad 等（2016）、陈鹏程和周孝华（2016）等分别从实证上得到与他们一致的研究结论。

以上文献表明，信息不对称是引起 IPO 抑价的主要原因，然而，部分学者却认为 IPO 抑价可能是信息不对称和投资者情绪共同影响的结果。纵观国外既有的关于 IPO 抑价研究的文献，在研究方法上，已有的理论研究由于中外发行制度上的差异而导致其假设与我国的 IPO 现状不符，国外学者的这些理论并不能完全解释中国 IPO 高抑价长期存在的事实，国内对于 IPO 抑价的研究大都是从实证的角度进行分析，理论研究极少涉及。更有甚者，国内外关于 IPO 抑价理论的研究尚未拓展到投资者不可观测性异质和信息结构异化的研究深度。基于此，本章在结合我国 IPO 询价实际的基础上，以投资者不可观测性异质为研究视角，应用纳什贝叶斯均衡，构建散户投资者不同信息结构下的 IPO 定、抑价模型，探讨了投资者不可观测性异质对 IPO 抑价的影响，并阐明三者之间的作用机理。

因此，本章对 IPO 抑价的研究主要存在以下几点贡献：第一，结合我国 IPO 询价发行机制，构建更贴近我国证券市场实际的理论模型，解释我国 IPO 高抑价等异象。在我国 IPO 询价机制中，只有机构投资者有权参与 IPO 定价，而散户投资者没有定价话语权，这是我国询价机制与国外询价机制最明显的差异。然而，这一定价机制的差异也导致国外关于信息不对称理论（Benveniste and Spindt，1989；Welch，1992）和行为金融理论（Derrin，2005；Gouldey，2006）的研究无法解释我国 IPO 异象，这主要是由于"所有投资者都可以参与 IPO 定价"这一理论研究前提条件与我国询价制度大相径庭。

第二，进一步完善和发展可观测性异质和信息不对称理论，探讨机构投资者不可观测性异质和信息结构对 IPO 抑价的影响，厘清了投资者不可观测性异质与信息结构交互影响 IPO 抑价的机理，进一步深化和完善了该领域的研究。尽管 Gouldey（2006）、张小成等（2012）从投资者情绪的角度对 IPO 抑价进行了研究，且 Kyle（1989）、Derrin（2005）从投资者不可观测性异质和信息结构的角度对 IPO 定、抑价进行了研究，但从投资者双重不可观测性异质的角度对 IPO 抑价进行研究的文献尚未查到。

此外，本章的结论对于降低当前我国证券市场 IPO 高抑价、深化市场化改革、防范 IPO 市场和政策双重失灵也具有重要的指导意义。当前，我国仍在努力探索适合中国特殊国情的 IPO 发行机制改革，而 IPO 制度设计和投资者保护更是其主要内容。因此，研究机构投资者不可观测性异质对 IPO 抑价的影响，不仅能解释我国 IPO 异象，也能为我国证券市场下一步市场化改革提供一定的理论指导。

7.2　理 论 模 型

7.2.1　问题描述和条件假设

在我国询价发行机制下，承销商（发行人）首先邀请机构投资者进行投标报价，并根据他们申报的价格-数量组合确定 IPO 发行价（根据我国新股发行制度，符合条件的散户拥有参与 IPO 定价的权力，但目前实际询价的较少，认为 IPO 发行价由发行人、承销商和机构投资者三者确定）。

为了得到更贴近证券市场实际的理论模型，结合目前我国 IPO 询价发行的实际，我们假定新股发行过程中新股的发行规模为 s；发行人在询价前规定了机构投资者在本次 IPO 发行中的新股配售比例为 k，$k \in (0,1)$。承销商和发行人按照价格-数量组合，在累计机构投资者的需求后，根据其配售数量 ks 确定新股发行价格。

7.2.2　投资者期望效用函数

设投资者的期望效用为 $U(W)$，则 $U(W) = q(p)(V-p)$，其中 V 为发行人、承销商和投资者认为的新股内在价值；p 为股票价格。若投资者风险中性，则其期望效用函数为 $E[U(W)] = E[q(p)(V-p)]$。若其风险规避，为便于分析问题，我们借鉴 Makarov 和 Schornick（2010）方法，引入 CARA 模型的效用函数 $E[U(W)] = -\frac{1}{\rho}\text{EXP}[-\rho U(W)]$，其中，$\rho$ 为投资者的风险规避系数，当 $\rho = 0$ 时，则投资者风险中性。那么风险规避的投资者期望效用函数为

$$E[U(W)] = E\left\{-\frac{1}{\rho} \times \text{EXP}[-\rho(V-p)q(p) - \rho^2\sigma_1^2 q^2(p)/2]\right\} \quad (7.1)$$

当投资者拥有自己的私人信息，则风险规避的第 i 个投资者的期望效用函数为

$$E[U(W_i)] = E\left\{-\frac{1}{\rho} \times \text{EXP}[-\rho(V(V_i|x_i)-p)q_i(p) - \rho^2\text{Var}(V_i|x_i)q_i^2(p)/2]\right\} \quad (7.2)$$

其中，$V(V_i|x_i)$ 为投资者拥有私人信息 (x_i) 的情况下对 IPO 先验价值 V 所形成的预期后验估计的均值；$\text{Var}(V_i|x_i)$ 为后验估计的方差。

7.2.3 IPO 定、抑价模型

1. 不完全信息下 IPO 定、抑价模型

假设 IPO 市场所有机构投资者没有收到任何私人信息，根据效用最大化的原则，则第 i 个机构投资者的期望效用最大化的函数为 $\text{Max}\left(E[U(W_i)]\right)$。令 $F[q_i(p)] = (V - p_1)q_i(p) - \rho\sigma_1^2 q_i^2(p)/2$，其中，$V$ 为机构投资者在一级市场对新股的价值评估，且机构投资者对 IPO 内在价值的后验估计为 $V_i \sim V_1 + \varepsilon_i(0, \sigma_1^2)$，需求函数为 $q_i(p) = \begin{cases} q_i(p) & V_1 \geqslant p \\ 0 & V_1 < p \end{cases}$，其中 $i = 1, 2, \cdots, n$。由 $\dfrac{\partial F}{\partial q} = 0$，可得到第 i 个机构投资者在 IPO 发行阶段的最优需求为 $q_i = \dfrac{V_1 - p_1}{\rho\sigma_1^2}$，结合一级市场均衡条件 $\sum\limits_{i=1}^{n} q_i = ks$ 联立可得 IPO 发行价格为

$$p_1 = \frac{nV_1 - \rho ks\sigma_1^2}{n} \quad (7.3)$$

在新股二级市场，投资者存在不可观测性异质，即投资者对新股的价值评估为 V_2，且机构投资者和散户投资者都无私人信息，结合投资者效用函数式（7.1），可得到第 i 个机构投资者在二级市场的最优需求为 $q_i = \dfrac{V_2 - p_2}{\rho\sigma_2^2}$。同理，第 j 个散户投资者在二级市场的最优需求为 $q_j = \dfrac{V_2 - p_2}{\rho\sigma_2^2}$，结合二级市场均衡条件 $\sum\limits_{i=1}^{n} q_i + \sum\limits_{j=1}^{m} q_j = s$，且当 $m \to \infty$ 时，可得 IPO 二级市场价格为

$$p_2 = V_2 \quad (7.4)$$

根据 IPO 抑价 $\text{UP} = \dfrac{p_2 - p_1}{p_1}$，由式（7.3）和式（7.4）可得 IPO 抑价 UP 的模型为

$$\text{UP} = \frac{n(V_2 - V_1) + \rho ks\sigma_1^2}{nV_1 - \rho ks\sigma_1^2} \quad (7.5)$$

2. 部分私人信息下 IPO 定、抑价模型

假定机构投资者有两类，一类机构投资者数量为 n_1 个，他们都收到一个有关

股票内在价值 V_1 的私人信号，即他们的信息结构为 $X_i = V_1 + \varepsilon_i, \varepsilon_i \sim N(0, \sigma_2^2)$，且 ε_i 与 V_1 相互独立；另一类机构投资者数量为 n_2 个，他们没有任何私人信息，即他们收到的信息都为共同知识。根据 Kyle（1989）引理，我们可以得到机构投资者基于 x_i 对 IPO 先验价值 V_1 所形成的预期后验估计的均值和方差，分别为

$$E(V_i | x_i) = \frac{\sigma_2^2 V_1 + \sigma_1^2 x_i}{\sigma_1^2 + \sigma_2^2}$$

$$D(V_i | x_i) = \frac{\sigma_1^2 \sigma_2^2}{\sigma_1^2 + \sigma_2^2}$$

根据效用最大化原则，第 i 个投资者的期望效用最大化的函数为 $\text{Max}(E[U(W_i)])$，令 $F[q_i(p)] = \left(\frac{\sigma_2^2 V_1 + \sigma_1^2 x_i}{\sigma_1^2 + \sigma_2^2} - p_1\right) q_i(p) - \rho \frac{\sigma_1^2 \sigma_2^2}{\sigma_1^2 + \sigma_2^2} q_i^2(p)/2$，则 $\frac{\partial F}{\partial q} = 0$，可得第 i_1 个机构投资者在 IPO 发行阶段的最优需求为

$$q_{i_1} = \frac{\sigma_2^2 V_1 + \sigma_1^2 x_{i_1} - (\sigma_1^2 + \sigma_2^2) p_1}{\rho \sigma_1^2 \sigma_2^2}$$

由于另一部分机构投资者无私人信息，故风险规避的第 i_2 个机构投资者在 IPO 发行阶段的最优需求为

$$q_{i_2} = \frac{V_1 - p_1}{\rho \sigma_1^2}$$

结合一级市场均衡条件 $\sum_{i_1=1}^{n_1} q_{i_1} + \sum_{i_2=1}^{n_2} q_{i_2} = ks$ 与上式联立可得 IPO 发行价格为

$$p_1 = \frac{n\sigma_2^2 V_1 + \sigma_1^2 \sum_{i_1=1}^{n_1} x_{i_1} - \rho k s \sigma_1^2 \sigma_2^2}{n_1 \sigma_1^2 + n\sigma_2^2} \qquad (7.6)$$

新股在二级市场交易阶段时，投资者发生不可观测性异质，即投资者对新股的价值预期变为 V_2，机构投资者的私人信息已经成为共同知识，再次根据 Kyle（1989）引理，机构投资者 i 对二级市场交易期望均衡价格的条件期望和条件方差分别为

$$E\left(V_i | \sum_{i=1}^n x_i\right) = \frac{\sigma_2^2 V_2 + \sigma_1^2 \sum_{i=1}^n x_i}{n\sigma_1^2 + \sigma_2^2}$$

$$D\left(V_i | \sum_{i=1}^n x_i\right) = \frac{\sigma_1^2 \sigma_2^2}{n\sigma_1^2 + \sigma_2^2}$$

设股票在二级市场首日收盘价为 p_2，根据机构投资者效用最大化原则，结合

本章不完全信息下 IPO 定、抑价的求解方法，可得其在二级市场交易的最优需求为

$$q_i = \frac{\sigma_2^2 V_2 + \sigma_1^2 \sum_{i=1}^{n} x_i - (n\sigma_1^2 + \sigma_2^2) p_2}{\rho \sigma_1^2 \sigma_2^2}$$

在二级市场，投资者私人信息已成为共同知识，而散户无私人信息。根据 Kyle（1989）引理和散户投资者的收益函数，并结合上面方法，我们可以得到二级市场散户投资者 j 的最优需求函数为

$$q_j = \frac{\sigma_2^2 V_2 + \sigma_2^2 \sum_{i=1}^{n} x_i - (n\sigma_1^2 + \sigma_2^2) p_2}{\rho \sigma_1^2 \sigma_2^2}$$

由均衡条件 $\sum_{i=1}^{n} q_i + \sum_{j=1}^{m} q_j = s$，且当 $m \to \infty$ 时，即可得二级市场的均衡价格为

$$p_2 = \frac{\sigma_2^2 V_2 + \sigma_1^2 \sum_{i=1}^{n} x_i}{n\sigma_1^2 + \sigma_2^2} \tag{7.7}$$

根据 IPO 抑价 $\mathrm{UP} = \frac{p_2 - p_1}{p_1}$，由式（7.6）和式（7.7）可得 IPO 抑价 UP 的模型为

$$\mathrm{UP} = \frac{(n_1 \sigma_1^2 + n\sigma_2^2)(V_2 - V_1) + \rho k s \sigma_1^2 \sigma_2^2}{(n_1 \sigma_1^2 + n\sigma_2^2) V_1 - \rho k s \sigma_1^2 \sigma_2^2} \tag{7.8}$$

3. 完全信息下 IPO 定、抑价模型

假设 IPO 发行市场的所有投资者都收到一个有关股票内在价值 V_1 的私人信号，即他们的信息结构为 $X_i = V_1 + \varepsilon_i, \varepsilon_i \sim N(0, \sigma_2^2)$，且 ε_i 与 V_1 相互独立，假定 IPO 发行价为 p_1，根据 Kyle（1989）引理，则第 i 个机构投资者在 IPO 发行阶段的最优需求为

$$q_i = \frac{\sigma_2^2 V_1 + \sigma_1^2 x_i - (\sigma_1^2 + \sigma_2^2) p_1}{\rho \sigma_1^2 \sigma_2^2}$$

结合一级市场均衡条件 $\sum_{i=1}^{n} q_i = ks$ 联立可得 IPO 发行价格为

$$p_1 = \frac{n\sigma_2^2 V_1 + \sigma_1^2 \sum_{i=1}^{n} x_i - \rho k s \sigma_1^2 \sigma_2^2}{n(\sigma_1^2 + \sigma_2^2)} \tag{7.9}$$

新股在二级市场交易阶段时，投资者发生不可观测性异质，即其对新股的价值预期变为 V_2，且机构投资者的私人信息 $\sum_{i=1}^{n} x_i$ 已经成为共同知识，设股票在二级市场首日收盘价为 p_2，根据机构投资者效用最大化原则和 Kyle（1989）引理，结合本章不完全信息下 IPO 定、抑价的求解方法，得到机构投资者在二级市场交易的最优需求为

$$q_i = \frac{\sigma_2^2 V_2 + \sigma_1^2 \sum_{i=1}^{n} x_i - (n\sigma_1^2 + \sigma_2^2) p_2}{\rho \sigma_1^2 \sigma_2^2}$$

在二级市场，机构投资者私人信息已成为共同知识，而散户无私人信息。根据 Kyle（1989）引理和散户投资者的收益函数，并结合上面方法，我们可以得到二级市场散户投资者 j 的最优需求函数为

$$q_j = \frac{\sigma_2^2 V_2 + \sigma_1^2 \sum_{i=1}^{n} x_i - (n\sigma_1^2 + \sigma_2^2) p_2}{\rho \sigma_1^2 \sigma_2^2}$$

由均衡条件 $\sum_{i=1}^{n} q_i + \sum_{j=1}^{m} q_j = s$，且当 $m \to \infty$ 时，即可得二级市场的均衡价格为

$$p_2 = \frac{\sigma_2^2 V + \sigma_1^2 \sum_{i=1}^{n} x_i}{n\sigma_1^2 + \sigma_2^2} \tag{7.10}$$

根据 IPO 抑价 $UP = \frac{p_2 - p_1}{p_1}$，由式（7.9）和式（7.10）可得 IPO 抑价 UP 的模型为

$$UP = \frac{n(\sigma_1^2 + \sigma_2^2)(V_2 - V_1) + \rho k s \sigma_1^2 \sigma_2^2}{n(\sigma_1^2 + \sigma_2^2) V_1 - \rho k s \sigma_1^2 \sigma_2^2} \tag{7.11}$$

7.3 机构投资者不可观测性异质对 IPO 抑价影响分析

通过 7.2 节理论模型推导，我们得到了投资者不可观测性异质下的 IPO 定、抑价模型，为更清晰地说明问题，我们对上述结果进行了归纳，见表 7.1。

第7章 信息不对称条件下投资者不可观测性异质对IPO抑价影响

表7.1 投资者不可观测性异质下的IPO模型比较

投资者类型	IPO抑价（机构投资者不可观测性异质）	IPO抑价（机构投资者情绪同化）
投资者无私人信息	$\dfrac{n(V_2-V_1)+\rho k s\sigma_1^2}{nV_1-\rho k s\sigma_1^2}$	$\dfrac{\rho k s\sigma_1^2}{nV_1-\rho k s\sigma_1^2}$
投资者部分有私人信息	$\dfrac{(n_1\sigma_1^2+n\sigma_2^2)(V_2-V_1)+\rho k s\sigma_1^2\sigma_2^2}{(n_1\sigma_1^2+n\sigma_2^2)V_1-\rho k s\sigma_1^2\sigma_2^2}$	$\dfrac{\rho k s\sigma_1^2\sigma_2^2}{(n_1\sigma_1^2+n\sigma_2^2)V_1-\rho k s\sigma_1^2\sigma_2^2}$
投资者有私人信息	$\dfrac{n(\sigma_1^2+\sigma_2^2)(V_2-V_1)+\rho k s\sigma_1^2\sigma_2^2}{n(\sigma_1^2+\sigma_2^2)V_1-\rho k s\sigma_1^2\sigma_2^2}$	$\dfrac{\rho k s\sigma_1^2\sigma_2^2}{n(\sigma_1^2+\sigma_2^2)V_1-\rho k s\sigma_1^2\sigma_2^2}$

通过表 7.1 可知，首先，机构投资者不可观测性异质越大（$V_2-V_1>0$）比机构投资者不存在不可观测性异质（$V_2-V_1=0$）时的 IPO 抑价高，即机构投资者从一级市场到二级市场不可观测性异质越大，IPO 抑价越高，也即机构投资者从一级市场到二级市场情绪变得悲观，IPO 抑价越低。其次，无论机构投资者是否存在不可观测性异质，机构投资者无私人信息比机构投资者部分有私人信息的 IPO 抑价高，且机构投资者部分有私人信息比机构投资者有私人信息的 IPO 抑价高。结合表 7.1 以及理论模型的研究内容，可以得到如下结论。

结论 7.1：机构投资者不可观测性异质程度与 IPO 抑价正相关。机构投资者在一级市场对新股的价值评估与 IPO 抑价正相关，在二级市场对新股的价值评估与 IPO 抑价负相关。且在机构投资者不可观测性异质下，机构投资者在无私人信息下 IPO 抑价高于部分有私人信息，全都拥有私人信息时 IPO 抑价最低。

首先，根据式（7.6）、式（7.8）和式（7.11），分别对 V_2-V_1 和 k 求一阶导数，结果均大于 0，则可以得到机构投资者不可观测性异质程度与 IPO 抑价正相关。

其次，分别对式（7.6）、式（7.8）和式（7.11）之间做差，运用分子化简技巧，令 $\alpha=n\sigma_2^2(V_2-V_1)+\rho k s\sigma_1^2\sigma_2^2$；$\beta=n\sigma_2^2 V_1-\rho k s\sigma_1^2\sigma_2^2$，且 $\alpha+\beta=nV_2\sigma_2^2$，从而可以算出 $\mathrm{UP}_2>\mathrm{UP}_1>\mathrm{UP}_3$。也就是说，在机构投资者不可观测性异质下，机构投资者无私人信息比部分有私人信息下的 IPO 抑价高，且机构投资者部分有私人信息比有私人信息下的 IPO 抑价高。

为了论证结论 7.1，我们运用 Matlab 编程，并结合式（7.6）、式（7.8）和式（7.11）对机构投资者在不可观测性异质的情况下，IPO 抑价与机构投资者不可观测性异质程度以及机构投资者的新股配售比例之间的关系进行数值分析，主要研究机构投资者不可观测性异质与 IPO 抑价之间的关系。为方便起见，令 $n=15$；$n_1=5$；$\rho=8$；$\sigma_1^2=12$；$\sigma_2^2=16$；$s=1$。利用上述参数，得到机构投资者不可观测性异质下 IPO 抑价的比较关系图，具体见图 7.1~图 7.3。

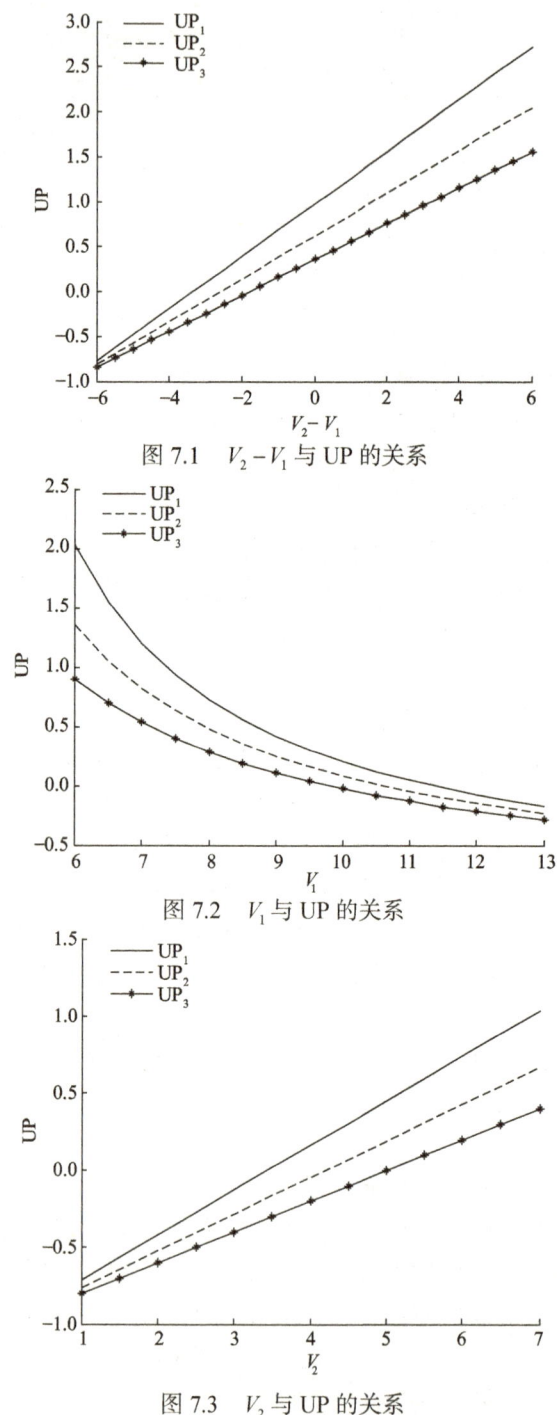

图 7.1 $V_2 - V_1$ 与 UP 的关系

图 7.2 V_1 与 UP 的关系

图 7.3 V_2 与 UP 的关系

在图 7.1、图 7.2 和图 7.3 中，UP_1 表示当机构投资者不可观测性异质无私人信息时，机构投资者不可观测性异质程度 V_2-V_1、机构投资者在一级市场对新股的价值评估 V_1、机构投资者在二级市场对新股的价值评估 V_2 分别与 IPO 抑价之间的关系；UP_2 表示当机构投资者不可观测性异质部分有私人信息时，机构投资者不可观测性异质程度 V_2-V_1、机构投资者在一级市场对新股的价值评估 V_1、机构投资者在二级市场对新股的价值评估 V_2 分别与 IPO 抑价之间的关系；UP_3 表示当机构投资者不可观测性异质有私人信息时，机构投资者不可观测性异质程度 V_2-V_1、机构投资者在一级市场对新股的价值评估 V_1、机构投资者在二级市场对新股的价值评估 V_2 分别与 IPO 抑价之间的关系。从图 7.1 中可以看出，机构投资者不可观测性异质程度与 IPO 抑价正相关，且机构投资者的私人信息程度在投资者情绪对 IPO 抑价的影响中起加强作用。从图 7.2 和图 7.3 中可以看出，IPO 抑价与机构投资者在一级市场对新股的价值评估负相关，与机构投资者在二级市场对新股的价值评估正相关，且在机构投资者不可观测性异质下，IPO 抑价程度随机构投资者私人信息结构改变而改变，机构投资者在无私人信息下 IPO 抑价最高，在部分有私人信息下 IPO 抑价次之，在有私人信息下 IPO 抑价最低，从而论证了结论 7.1。同时可以看出，机构投资者在一级市场投资者过度乐观或在二级市场过度悲观会导致"赢者诅咒"现象，而在一级市场过度悲观会导致 IPO 发行失败，在二级市场过度乐观会导致 IPO 高抑价。因此，对机构投资者而言，为规避"赢者诅咒"风险，应加强投资理性培养，而监管当局更应该加强机构投资者理性教育和培养，降低"逆向选择"风险，降低 IPO 高抑价，提高 IPO 抑价。

结论 7.2：机构投资者新股配售比例与 IPO 抑价正相关。机构投资者信息结构程度与 IPO 抑价负相关，表现为无私人信息比部分有私人信息 IPO 抑价高，有私人信息 IPO 抑价最低。不可观测性异质越大会加强信息结构对 IPO 抑价的影响，不可观测性异质越小就会减弱信息结构对 IPO 抑价的影响。

根据式（7.6）、式（7.8）和式（7.11），对机构投资者新股配售比例 k 求一阶导数，结果均大于 0。当 $V_2-V_1>0$ 时，可得 $\dfrac{n(V_2-V_1)+\rho k s \sigma_1^2}{nV_1-\rho k s \sigma_1^2} > \dfrac{\rho k s \sigma_1^2}{nV_1-\rho k s \sigma_1^2}$，

$\dfrac{(n_1\sigma_1^2+n\sigma_2^2)(V_2-V_1)+\rho k s \sigma_1^2 \sigma_2^2}{(n_1\sigma_1^2+n\sigma_2^2)V_1-\rho k s \sigma_1^2 \sigma_2^2} > \dfrac{\rho k s \sigma_1^2 \sigma_2^2}{(n_1\sigma_1^2+n\sigma_2^2)V_1-\rho k s \sigma_1^2 \sigma_2^2}$ 和

$\dfrac{n(\sigma_1^2+\sigma_2^2)(V_2-V_1)+\rho k s \sigma_1^2 \sigma_2^2}{n(\sigma_1^2+\sigma_2^2)V_1-\rho k s \sigma_1^2 \sigma_2^2} > \dfrac{\rho k s \sigma_1^2 \sigma_2^2}{n(\sigma_1^2+\sigma_2^2)V_1-\rho k s \sigma_1^2 \sigma_2^2}$，也就是说，机构投资者信息结构程度与 IPO 抑价负相关，即无私人信息比部分有私人信息 IPO 抑价高，有私人信息 IPO 抑价最低。且机构投资者不可观测性异质越大使得 IPO 抑价变大；同理，当 $V_2-V_1<0$ 时，有机构投资者不可观测性异质越小使得 IPO 抑价变小。

为进一步论证结论 7.2，运用 Matlab 编程并结合式（7.6）、式（7.8）和式（7.11）对机构投资者在不可观测性异质的情况下，IPO 抑价与机构投资者在一、二级市场对新股的价值评估之间的关系进行数值分析，主要研究机构信息结构不可观测性异质与 IPO 抑价之间的关系。利用结论 7.1 的参数，在令 $V_1 = 6.8$；$V_2 = 8$ 和 $V_1 = 8$；$V_2 = 6.8$ 情况下，得到机构投资者不可观测性异质下 IPO 抑价的比较关系图，具体见图 7.4~图 7.6。

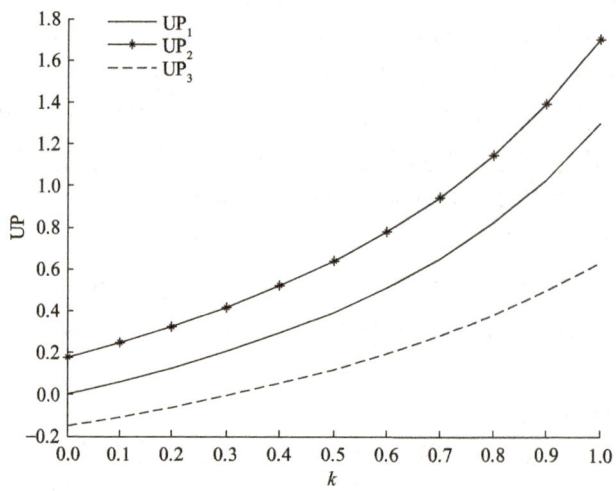

图 7.4　机构投资者在无私人信息下 k 与 UP 的关系

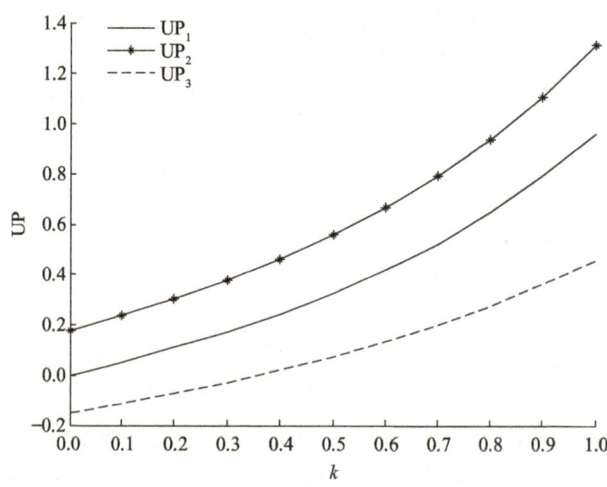

图 7.5　机构投资者在部分有私人信息下 k 与 UP 的关系

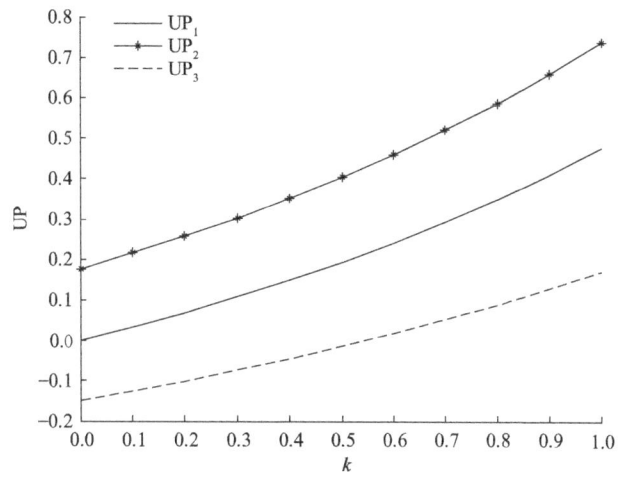

图 7.6　机构投资者在有私人信息下 k 与 UP 的关系

图 7.4、图 7.5 和图 7.6 中，UP_1 表示当机构投资者在不可观测性异质（$V_2>V_1$）的情况下，无私人信息、部分有私人信息和有私人信息时机构投资者新股配售比例 k 与抑价 UP 的关系；UP_2 表示当机构投资者在情绪同化（$V_2=V_1$）的情况下，无私人信息、部分有私人信息和有私人信息时机构投资者新股配售比例 k 与抑价 UP 的关系，UP_3 表示当机构投资者在不可观测性异质越小（$V_2<V_1$）的情况下，无私人信息、部分有私人信息和有私人信息时机构投资者新股配售比例 k 与抑价 UP 的关系。从图 7.4、图 7.5 和图 7.6 可以看出，机构投资者新股配售比例与 IPO 抑价正相关。分别比较图 7.4、图 7.5 和图 7.6 的纵轴范围，发现当 $k\in(0,1)$ 时，机构投资者在无私人信息下抑价范围为（-0.2，1.8），机构投资者在部分有私人信息下抑价范围为（-0.2，1.4），机构投资者在有私人信息下抑价范围为（-0.2，0.8），从而说明机构投资者信息结构程度与 IPO 抑价负相关，即机构投资者在无私人信息下抑价高于机构投资者部分有私人信息，且机构投资者在有私人信息下抑价最低。进一步从图 7.4、图 7.5 和图 7.6 看出 $UP_2>UP_1>UP_3$，也就是说，机构投资者不可观测性异质越大，越会加强信息结构对 IPO 抑价的影响，负向不可观测性异质越小，越会减弱信息结构对 IPO 抑价的影响。因此，完善投资者信息结构可以降低 IPO 抑价。对于监管机构、发行人和承销商而言，可以降低参与申购的机构投资者的地域限制，允许全球机构投资者参与市场定价，进一步降低机构投资者之间的共谋，从而降低 IPO 高抑价，提高 IPO 抑价。

7.4 本章小结

本章结合行为金融理论和信息不对称理论,构建机构投资者不可观测性异质下 IPO 定、抑价模型,并进行数值分析。主要研究结论:①IPO 抑价与机构投资者不可观测性异质程度正相关。当机构投资者不可观测性异质越大时,IPO 抑价越高;当机构投资者不可观测性异质越小时,IPO 抑价越低。②机构投资者在不可观测性异质下,IPO 抑价程度随机构投资者私人信息结构改变而改变,机构投资者在无私人信息下 IPO 抑价最高,在部分有私人信息下 IPO 抑价次之,在有私人信息下 IPO 抑价最低。这一研究结论具有重要的经济和政策意义:通过加强投资理性培养,从而减少机构投资者的不可观测性异质,尤其是过于乐观的情绪会引起二级市场股价偏高,使得 IPO 抑价提高。因此,监管当局应该加强机构投资者理性教育和培养,降低"逆向选择"风险,降低 IPO 高抑价;监管机构、发行人和承销商应该降低参与申购的机构投资者的地域限制,允许全球机构投资者参与市场定价,进一步降低机构投资者之间的共谋,从而降低 IPO 高抑价,提高 IPO 抑价。

第8章 投资者可观测性异质与不可观测性异质对 IPO 抑价影响

从第 3 章到第 7 章我们分别研究了不同信息下，投资者可观测性异质和不可观测性异质对 IPO 抑价影响，得出主要结论：无论是否存在信息不对称，投资者可观测性异质和不可观测性异质都与 IPO 抑价正相关，也就是说，投资者可观测性异质和不可观测性异质是引起 IPO 抑价的主要原因。然而，投资者之间的可观测性异质和不可观测性异质谁对 IPO 抑价影响更大呢？基于此，我们在理论模型中同时考虑投资者之间既存在可观测性异质又存在不可观测性异质的状态，构建 IPO 定、抑价模型，分析它们对 IPO 抑价的影响。

8.1 引　　言

随着行为金融学研究的逐步深入，经济学家从心理预期（Miller，1977；Gouldey，2006）、行为偏差（Loughran and Ritter，2002；李心丹等，2002）和投资者情绪（Ljungqvist et al.，2006）等多方面对 IPO 抑价现象进行研究，取得了非常丰厚的成果。归纳已有的从投资者可观测性异质的角度进行 IPO 抑价研究的文献，其研究结论主要体现在两个方面：一是投资者之间存在异质分歧，从而导致 IPO 无意抑价（Gouldey，2006；张小成等，2008，2010；陈鹏程和周孝华，2016）；二是投资者对新股前景过度乐观导致 IPO 抑价（Aggarwal and Rivoli，1990；Ritter，1991；Rajan and Servaes，1997；Bossaerts and Hillion，2001）。然而，到目前为止，这些理论和实证研究尚未形成一致、统一的意见，也没有构建起清晰的逻辑体系。

从投资者情绪角度对 IPO 抑价进行研究是由 Aggarwal 和 Rivoli（1990）开创的。Aggarwal 和 Rivoli（1990）认为相对于股票内在价值，IPO 抑价并不是 IPO 定价显著偏低所致，可能是因为证券市场投资者对新股前景过度乐观，尽管 IPO 定价偏高，但市场新股热销和过度乐观仍然导致了 IPO 抑价。这一观点得到了 Rajan

和 Servaes（1997）、Bossaerts 和 Hillion（2001）及 Ritter（1991）等的支持。Derrin（2005）通过构建模型研究发现，当投资者存在过度乐观情绪时，承销商不可能将这些乐观情绪完全反映到 IPO 定价中，因此导致 IPO 抑价。随后，Jiang 和 Li（2013）从实证的角度进一步论证了 Derrin 的观点。尽管这些文献从投资者情绪角度解释了 IPO 抑价，但是，他们的研究都是基于静态的角度，即在假定所有投资者情绪不变的基础上得到的结论，忽视了投资者情绪可能在一、二级市场发生改变（即不可观测性异质）的状况，因而未能更深入地厘清投资者情绪与 IPO 抑价之间的作用机理。事实上，由于信息不对称存在，证券市场投资者的情绪也必然会随着信息的收集而发生改变。因此，从投资者不可观测性异质的角度对 IPO 抑价进行研究更贴近证券市场实际。

近年来，部分学者试图从投资者之间异质分歧的角度解释 IPO 抑价现象（Gouldey，2006；张小成等，2009；陈鹏程和周孝华，2016）。Gouldey（2006）把 IPO 抑价分为有意抑价和无意抑价，他发现，投资者之间的分歧越大，IPO 无意抑价也越高。随后，张小成等（2009）在 Gouldey（2006）理论模型的基础上扩展其 IPO 定、抑价模型，研究发现：IPO 抑价与投资者之间的可观测性异质正相关，且投资者情绪越乐观，IPO 抑价越高。这些观点也得到了陈鹏程和周孝华（2016）的支持。尽管这些研究从投资者可观测性异质分歧的角度诠释了 IPO 抑价，但他们也只考虑了机构投资者和散户投资者对新股价值评估异质不变的情况，也就是说，他们忽略了投资者对新股价值评估变化对 IPO 抑价产生的影响。

基于此，本章将借鉴 Derrin（2005）、Gouldey（2006）的研究方法，结合投资者可观测性异质分歧和不可观测性异质因子，构建 IPO 定、抑价理论模型，探讨投资者不同情绪与 IPO 抑价之间的作用机理，以期更深入地分析投资者情绪、异质分歧及不可观测性异质对 IPO 抑价的影响，并进行比较研究。与先前研究相比，本章的研究特色在于：一是在理论模型的构建上，综合投资者所有行为因素，结合投资者可观测性异质分歧和不可观测性异质因子，构建 IPO 定、抑价模型；二是针对投资者不同的行为进行比较分析，分析投资者不同行为对 IPO 抑价的影响，并通过数值分析进行论证；三是模型的构建更贴近证券市场实际，研究结论也有较强的实践意义。

8.2 投资者可观测性异质和不可观测性异质

Miller（1977）在早期的研究中发现了 IPO 抑价短期为正而长期为负这一"未解之谜"，并推测这可能是由于信息不对称等因素存在，故投资者之间产生异质分歧，从而导致股票被严重高估，而随着信息进一步公开，股票价格也会回归其价值。Gouldey（2006）在假定投资者之间存在异质分歧的基础上，进一步构建 IPO 定、抑价模型，并发现投资者之间的异质分歧越大，IPO 无意抑价也越高。张小成等（2008；2009）在结合我国询价机制的基础上构建 IPO 定、抑价模型，也发现证券市场参与主体之间的可观测性异质越大，IPO 抑价也越高，并得到了与 Gouldey（2006）一致的结论。这些理论和实证研究文献表明，投资者可观测性异质分歧不仅是完全符合证券市场实际的假设，也是影响 IPO 抑价的重要因素。

然而，Welch（1992）却认为投资者申购股票的行为不是发生在某一个单一的时间内，而是有一个"动态"调整的过程。Reber 和 Vencappa（2016）也认为证券市场信息不对称始终存在，IPO 上市前后投资者所掌握的信息不一致，必然导致投资者情绪在上市前后发生变化。这些研究表明，由于股票市场信息是一个"动态"变化的过程，投资者对新股的价值评估也必然会发生改变，因此，单纯从投资者可观测性异质分歧等静态角度研究 IPO 抑价具有某些不完美特征。但是到目前为止，尚未查到有从投资者不可观测性异质角度对 IPO 抑价进行研究的文献。投资者不可观测性异质是否对 IPO 抑价产生影响？如产生影响，与投资者可观测性异质分歧比较，其对 IPO 抑价影响有多大？对这些问题的回答，不仅可以进一步拓展 IPO 行为金融理论，对目前我国证券市场改革也具有重要的理论指导。

基于此，本章在以上文献研究的基础上，试图把投资者可观测性异质分歧和不可观测性异质同时纳入 IPO 定、抑价模型的构建中，分别分析投资者可观测性异质分歧和不可观测性异质对 IPO 抑价的影响，并进行比较研究，以期阐明投资者可观测性异质和不可观测性异质与 IPO 抑价之间的作用机理。

为进一步说明问题，准确度量投资者可观测性异质因子和不可观测性异质因子，并把投资者可观测性异质分歧和不可观测性异质同时纳入 IPO 定、抑价模型的构建中，我们从两个方面对它们进行了度量：首先，对投资者可观测性异质分歧进行度量。我们借鉴 Gouldey（2006）的投资者可观测性异质度量方法，假定机构投资者在 IPO 市场对新股的价值评估为 V_1；散户投资者对新股的价值评估为 V_3。当 $V_1 \neq V_3$ 时，代表机构投资者和散户投资者之间存在异质，即机构投资者和散户投资者对新股的价值评估存在分歧。其次，为简化 IPO 定、抑价模型，对投资者不可观测性异质进行度量，本章只考虑机构投资者的不可观测性异质状态（因为只有机构投资者参与 IPO 定价，而散户投资者没有参与定价），我们假定机构投资者在二级市场对股票的价值评估为 V_2，当 $V_1 \neq V_2$ 时，表明机构投资者在一、二级市场上对股票的价值评估发生了改变，即机构投资者情绪在一、二级市场上发生了改变（不可观测性异质）。

8.3 理论模型

8.3.1 投资者期望收益函数

设投资者的期望收益为 $U(W)$,则 $U(W)=q(p)(V-p)$,若投资者风险中性,则其期望效用函数为 $E[U(W)]=E[q(p)(V-p)]$。若其风险规避,为便于分析问题,我们借鉴 Makarov 和 Schornick(2010)方法,引入 CARA 模型的效用函数,那么风险规避的投资者期望收益函数为

$$E[U(W)]=E\left\{-\frac{1}{\rho}\times \mathrm{EXP}\left[-\rho(V-p)q(p)-\rho^2\sigma^2q^2(p)/2\right]\right\}$$

其中,ρ 为投资者的风险规避系数;V 为投资者对新股的期望价值;p 为股票价格;$q(p)$ 为投资者需求函数;σ^2 为新股申购存在的风险。假设所有参与询价的机构投资者前后对新股价值存在不可观测性异质,则风险规避的第 i 个投资者的 IPO 市场期望效用函数为

$$E[U(W_i)]=E\left\{-\frac{1}{\rho}\times \mathrm{EXP}\left[-\rho(V_1-p)q_i(p)-\rho^2\sigma^2q_i^2(p)/2\right]\right\} \quad (8.1)$$

其中,V_1 为机构投资者在一级市场对新股的价值评估;$V_i \sim V_1+\varepsilon_i(0,\sigma^2)$ 为机构投资者对 IPO 内在价值的后验估计,其中 $i=1,2,\cdots,n$;$q_i(p)$ 为机构投资者的需求函数,且 $q_i(p)=\begin{cases}q_i(p) & V_i \geqslant p \\ 0 & V_i < p\end{cases}$,$i=1,2,\cdots,n$。则风险规避的第 i 个机构投资者的二级市场期望效用函数为

$$E[U(W_i)]=E\left\{-\frac{1}{\rho}\times \mathrm{EXP}\left[-\rho(V_2-p)q_i(p)-\rho^2\sigma^2q_i^2(p)/2\right]\right\} \quad (8.2)$$

其中,V_2 为机构投资者在二级市场对新股的价值评估。同时假设机构投资者和散户投资者对新股的价值评估存在可观测性的分歧,且所有的散户对股票的价值评估不存在分歧,则散户投资者的收益函数为

$$E[U(W_j)]=E\left\{-\frac{1}{\rho}\times \mathrm{EXP}\left[-\rho(V_3-p)q_j(p)-\rho^2\sigma^2q_j^2(p)/2\right]\right\} \quad (8.3)$$

其中,V_3 为散户投资者对新股先验价值评估;$V_j \sim V_3+\varepsilon_j(0,\sigma^2)$ 为散户投资者对 IPO 内在价值的后验估计,$j=1,2,\cdots,m$;$q_j(p)$ 为散户投资者的需求函数,且

$$q_j(p) = \begin{cases} q_j(p) & V_j \geq p \\ 0 & V_j < p \end{cases}, \quad j = 1, 2, \cdots, m。其中 V_1 \neq V_2 \neq V_3,且其都为投资者之间的$$
共同知识,即机构投资者和散户投资者之间存在可观测性异质 $V_1 - V_3$,机构投资者在一、二市场之间存在不可观测性异质 $V_1 - V_2$。

8.3.2 投资者需求函数确定

根据 8.3.1 节的效用函数 $E[U(W)]$,机构投资者和散户投资者会根据效用最大化的原则,确定自己的一、二级市场需求函数。根据投资者效用函数式(8.1),第 i 个机构投资者在 IPO 发行阶段的期望效用最大化的函数为 $\text{Max}(E[U(W_i)])$,即 $\text{Max}\left(E\left\{-\dfrac{1}{\rho} \times \text{EXP}\left[-\rho(V_1 - p_1)q_i(p) - \rho^2\sigma^2 q_i^2(p)/2\right]\right\}\right)$,其等价于 $\text{Max}\left[(V_1 - p_1)q_i(p) - \rho\sigma^2 q_i^2(p)/2\right]$。

令 $F[q_i(p)] = (V_1 - p_1)q_i(p) - \rho\sigma^2 q_i^2(p)/2$,则 $\dfrac{\partial F}{\partial q} = 0$,可得到第 i 个机构投资者在 IPO 发行阶段期望效用最大化的最优需求函数为

$$q_i = \frac{V_1 - p_1}{\rho\sigma^2}$$

同理,根据投资者效用函数式(8.2),可得到第 i 个投资者在二级市场的期望效用最大化的函数为 $\text{Max}(E[U(W_i)])$。

令 $F[q_i(p)] = (V_2 - p_2)q_i(p) - \rho\sigma^2 q_i^2(p)/2$,则 $\dfrac{\partial F}{\partial q} = 0$,可得到第 i 个机构投资者在二级市场阶段期望效用最大化的最优需求函数为

$$q_i = \frac{V_2 - p_2}{\rho\sigma^2}$$

同理,根据投资者效用函数式(8.3),可得到第 j 个散户投资者在二级市场的期望效用最大化的函数为 $\text{Max}(E[U(W_j)])$。

令 $F[q_j(p)] = (V_3 - p_2)q_j(p) - \rho\sigma^2 q_j^2(p)/2$,则 $\dfrac{\partial F}{\partial q} = 0$,可得到第 j 个散户投资者在二级市场阶段期望效用最大化的最优需求函数为

$$q_j = \frac{V_3 - p_2}{\rho\sigma^2}$$

8.3.3 投资者不可观测性异质下的 IPO 定、抑价模型

根据我国新股发行制度，符合条件的散户拥有参与 IPO 定价的权力，但目前实际询价的较少，认为 IPO 发行价由发行人、承销商和机构投资者三者确定。因此，承销商（发行人）首先邀请机构投资者进行投标报价，并根据他们申报的价格-数量组合确定 IPO 发行价。

则根据效用最大化的原则，可得到第 i 机构投资者在 IPO 发行阶段的最优需求为 $q_i = \dfrac{V_1 - p_1}{\rho \sigma^2}$，结合一级市场均衡条件 $\sum_{i=1}^{n} q_i = ks$ 联立可得 IPO 发行价格为

$$p_1 = \frac{nV_1 - \rho ks\sigma^2}{n} \qquad (8.4)$$

从式（8.4）可以看出，IPO 发行价与投资者在 IPO 阶段对新股的价值评估 V_1 正相关，与机构投资者的新股配售比例 k、投资者风险规避系数 ρ、IPO 发行规模 s 及投资者新股投资风险 σ^2 负相关。

我们假定所有投资者在 IPO 上市前对新股的价值评估为 V_1，上市后所有机构投资者对新股的价值评估为 V_2。与此同时，我们把理论模型分为两个时期：第 1 期，发行人和承销商根据投资者的需求确定 IPO 发行价格 p_1。第 2 期，股票在二级市场进行交易，其上市首日均衡交易价格为 p_2，且假定发行和上市之间时间间隔足够短，所有投资者在此期间得不到任何新的信息。

结合投资者二级市场效用函数式（8.2），根据投资者效用最大化原则，结合 8.3.2 节的求解方法，投资者在二级市场交易的最优需求为

$$q_i = \frac{V_2 - p_2}{\rho \sigma^2}$$

同理，可得二级市场散户投资者 j 的最优需求函数为

$$q_j = \frac{V_3 - p_2}{\rho \sigma^2}$$

由均衡条件 $\sum_{i=1}^{n} q_i + \sum_{j=1}^{m} q_j = s$，即可得二级市场的均衡价格为

$$p_2 = \frac{nV_2 + mV_3 - \rho s\sigma^2}{n + m} \qquad (8.5)$$

由式（8.5）可知，新股二级市场首日收盘价 p_2 与机构投资者在二级市场对新股的价值评估 V_2、散户投资者对新股的价值评估 V_3 正相关，而与投资者风险规避系数 ρ、IPO 发行规模 s 及投资者新股投资风险 σ^2 负相关。

根据 IPO 抑价 $UP = \dfrac{p_2 - p_1}{p_1}$，由式（8.4）和式（8.5）可得 IPO 抑价模型为

$$\mathrm{UP} = \frac{n^2(V_2 - V_1) + nm(V_3 - V_1) - ns\rho\sigma^2 + (m+n)ks\rho\sigma^2}{(n+m)(nV_1 - \rho ks\sigma^2)} \qquad (8.6)$$

其中，$n\,(n \geqslant 2)$ 为机构投资者的数量；$m\,(m > 2)$ 为散户投资者数量；s 为 IPO 发行规模；$k, k \in (0, 1)$ 为机构投资者在本次 IPO 发行中的新股配售比例，则 ks 为配售数量。

从式（8.6）可以明显看出，IPO 抑价 UP 与投资者在 IPO 阶段对新股的价值评估 V_1 和机构投资者数量 n 负相关，与机构投资者在二级市场的新股价值评估 V_2、散户投资者对新股价值评估 V_3、机构投资者的新股配售比例 k、投资者风险规避系数 ρ、IPO 发行规模 s 及散户投资者数量 m 正相关。

根据式（8.6）可知，当 $V_1 = V_2$ 时，

$$\mathrm{UP} = \frac{nm(V_3 - V_1) - ns\rho\sigma^2 + (m+n)ks\rho\sigma^2}{(n+m)(nV_1 - \rho ks\sigma^2)} \qquad (8.7)$$

由式（8.7）可知，当投资者情绪同化，只有机构投资者和散户投资者对新股价值评估的分歧存在时，IPO 抑价投资者在 IPO 阶段对新股的价值评估 V_1 和机构投资者数量 n 负相关，与散户投资者对新股的价值评估 V_3、机构投资者的新股配售比例 k、投资者风险规避系数 ρ、IPO 发行规模 s 及散户投资者数量 m 正相关。

根据式（8.6）可知，当 $V_1 = V_3$ 时，

$$\mathrm{UP} = \frac{n^2(V_2 - V_1) - ns\rho\sigma^2 + (m+n)ks\rho\sigma^2}{(n+m)(nV_1 - \rho ks\sigma^2)} \qquad (8.8)$$

由式（8.8）知，当机构投资者和散户投资者对新股的价值评估同质，只有投资者对新股的价值评估存在不可观测性异质时，IPO 抑价与投资者在 IPO 阶段对新股的价值评估 V_1 和机构投资者数量 n 负相关，与机构投资者在二级市场对新股的价值评估 V_2、机构投资者的新股配售比例 k、投资者风险规避系数 ρ、IPO 发行规模 s 及散户投资者数量 m 正相关。

根据式（8.6）可知，当 $m \to \infty$ 时，$\dfrac{n}{m} \to 0$，因此我们可以得到散户投资者数量足够多时的 IPO 抑价模型为

$$\mathrm{UP} = \frac{n(V_3 - V_1) + ks\rho\sigma^2}{nV_1 - \rho ks\sigma^2} \qquad (8.9)$$

从式（8.9）可以明显看出，当散户投资者足够多时，IPO 抑价 UP 与投资者在 IPO 阶段对新股的价值评估 V_1 和机构投资者数量 n 负相关，与散户投资者对新股的价值评估 V_3、机构投资者的新股配售比例 k、投资者风险规避系数 ρ 和 IPO 发行规模 s 正相关。

8.4 IPO 抑价比较分析

通过 8.3 的理论模型推导,我们得到了投资者可观测性和不可观测性异质下的 IPO 抑价模型,为更清晰地说明问题,我们对上述结果进行了归纳,见表 8.1。

表8.1 投资者不同情绪下的IPO定、抑价模型

机构类型	IPO 定价模型	IPO 抑价模型	IPO 抑价模型 ($m \to \infty$)
投资者观测性异质共存	$\dfrac{nV_1 - \rho k s \sigma^2}{n}$	$\dfrac{n^2(V_2-V_1)+nm(V_3-V_1)-ns\rho\sigma^2+(m+n)ks\rho\sigma^2}{(n+m)(nV_1-\rho ks\sigma^2)}$	$\dfrac{n(V_3-V_1)+ks\rho\sigma^2}{nV_1-\rho ks\sigma^2}$
只有投资者可观测性异质	$\dfrac{nV_1 - \rho k s \sigma^2}{n}$	$\dfrac{nm(V_3-V_1)-ns\rho\sigma^2+(m+n)ks\rho\sigma^2}{(n+m)(nV_1-\rho ks\sigma^2)}$	$\dfrac{n(V_3-V_1)+ks\rho\sigma^2}{nV_1-\rho ks\sigma^2}$
只有不可观测性异质	$\dfrac{nV_1 - \rho k s \sigma^2}{n}$	$\dfrac{n^2(V_2-V_1)-ns\rho\sigma^2+(m+n)ks\rho\sigma^2}{(n+m)(nV_1-\rho ks\sigma^2)}$	$\dfrac{ks\rho\sigma^2}{nV_1-\rho ks\sigma^2}$

通过表 8.1 可知,无论投资者之间存在可观测性异质还是不可观测性异质,IPO 定价模型都不变,而 IPO 抑价模型却完全不同。当在可观测性和不可观测性异质共存的条件下,它们都与 IPO 抑价正相关,这说明了可观测性和不可观测性异质都可能是 IPO 高抑价产生的原因。此外,结合表 8.1 也可以看出,它们对 IPO 抑价的影响程度受投资者数量结构的影响,当机构投资者数量居多时,机构投资者不可观测性异质对 IPO 抑价的影响占主导地位;尤其是当 $m \to \infty$,即散户投资者数量偏多时,IPO 抑价只与机构投资者和散户投资者之间的异质有关,而与机构投资者之间的不可观测性异质无关。综上所述,我们可以得到如下结论。

结论 8.1:机构投资者和散户投资者对新股价值分歧(可观测性异质)程度与 IPO 抑价正相关,当机构投资者与散户投资者分歧(异质)越大时,IPO 抑价程度越高,且正向异质导致 IPO 高抑价,而负向异质可能导致跌破发行价,产生"赢者诅咒"现象。

(1)当 $V_1 \neq V_2$ 且 $V_1 \neq V_3$ 时,即机构投资者不可观测性异质以及机构投资者和散户投资者之间异质同时存在时,根据式(8.6),对 $V_3 - V_1$ 求一阶导数得 $\dfrac{\mathrm{dUP}}{\mathrm{d}(V_3-V_1)} = \dfrac{nm}{(n+m)(nV_1-ks\rho\sigma^2)} > 0$。也就是说,当机构投资者在一、二级市场对新股价值评估存在不可观测性异质,以及机构投资者和散户投资者对新股价值评估的分歧(可观测性异质)同时存在时,可观测性异质与 IPO 抑价正相关。

（2）当 $V_1 = V_2$ 且 $V_1 \neq V_3$ 时，即只存在机构投资者和散户投资者之间的异质时，根据式（8.7），对 $V_3 - V_1$ 求一阶导数得 $\dfrac{\mathrm{d}UP}{\mathrm{d}(V_3 - V_1)} = \dfrac{nm}{(n+m)(nV_1 - \rho ks\sigma^2)} > 0$。也就是说，当机构投资者和散户投资者对新股价值评估存在分歧（可观测性异质），而不存在机构投资者不可观测性异质时，可观测性异质与 IPO 抑价正相关。

（3）当 $m \to \infty$ 且 $V_1 \neq V_3$ 时，即散户投资者数量趋于无穷大，只存在机构投资者和散户投资者之间的异质时，根据式（8.9），对 $V_3 - V_1$ 求一阶导数得 $\dfrac{\mathrm{d}UP}{\mathrm{d}(V_3 - V_1)} = \dfrac{n}{nV_1 - \rho ks\sigma^2} > 0$。也就是说，当散户投资者数量趋于无穷大时，机构投资者和散户投资者对新股价值评估的分歧与 IPO 抑价正相关。

当 $V_1 \neq V_3$ 时，即机构投资者和散户投资者对新股价值评估存在分歧（可观测性异质），下面进一步讨论 $V_1 < V_3$ 和 $V_1 > V_3$ 两种情况下 IPO 抑价的变化情况。

（1）当 $V_1 < V_3$ 时，即散户投资者对新股价值评估高于机构投资者（正向可观测性异质）时，也就是说散户投资者比机构投资者对新股的预期更为乐观，尤其是当 $m \to \infty$ 时，这种狂热现象更为明显，IPO 抑价更高。根据式（8.6）和式（8.7）可以得到，在机构投资者和散户投资者存在正向可观测性异质的情况下，UP > 0。可能由于机构投资者比散户投资者更能收集到公司的真实信息，因此，散户投资者对新股会产生非理性的预期，当这种非理性预期过度乐观时，将导致二级市场定价过高，提高了 IPO 抑价，这与 Aggarwal 和 Rivoli（1990）的结论一致。

（2）当 $V_1 > V_3$ 时，即散户投资者对新股的价值评估低于机构投资者（负向可观测性异质）时，根据式（8.6），如果 $|nm(V_3 - V_1) - ns\rho\sigma^2| > |n^2(V_2 - V_1) + (n+m)ks\rho\sigma^2|$，则有 $\dfrac{n^2(V_2 - V_1) + nm(V_3 - V_1) - ns\rho\sigma^2 + (m+n)ks\rho\sigma^2}{(n+m)(nV_1 - \rho ks\sigma^2)} < 0$；再根据式（8.7），如果 $|nm(V_3 - V_1) - ns\rho\sigma^2| > |(m+n)ks\rho\sigma^2|$，则有 $\dfrac{nm(V_3 - V_1) - ns\rho\sigma^2 + (m+n)ks\rho\sigma^2}{(n+m)(nV_1 - \rho ks\sigma^2)} < 0$。同理，根据式（8.9），如果 $|n(V_3 - V_1)| > |ks\rho\sigma^2|$，则有 $\dfrac{n(V_3 - V_1) + ks\rho\sigma^2}{nV_1 - \rho ks\sigma^2} < 0$。也就是说，负向异质可能导致跌破发行价，产生"赢者诅咒"现象。而且当散户投资者对新股的价值评估低于机构投资者这种可观测性异质可能是由信息不对称引起时，这与张小成等（2008，2011）的研究结论一致。

为了进一步论证结论 8.1，分析投资者可观测性异质对 IPO 抑价的影响，以某公司发行 IPO 为例进行数值分析，令 $n=15$；$V_3=14$；$k=0.45$；$s=1$；$\rho=8$；$\sigma^2=12$。运用 Matlab 进行数值分析，具体如图 8.1 和图 8.2 所示。

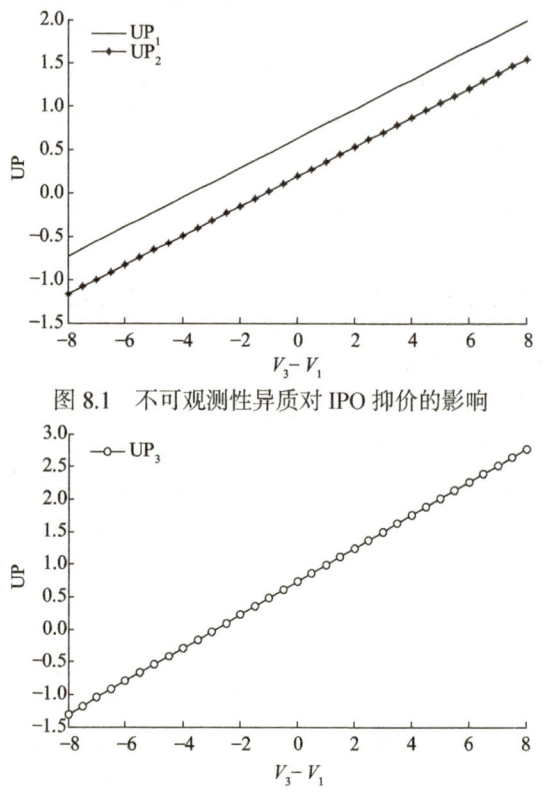

图 8.1　不可观测性异质对 IPO 抑价的影响

图 8.2　$m\to\infty$ 时，可观测性异质对 IPO 抑价的影响

图 8.1 中 UP_1 表示当投资者不可观测性异质和可观测性异质同时存在时 V_3-V_1 对 IPO 抑价的影响；UP_2 表示当只存在投资者可观测性异质时 V_3-V_1 对 IPO 抑价的影响；图 8.2 中 UP_3 表示当散户投资者数量趋于无穷大时 V_3-V_1 对 IPO 抑价的影响。从图 8.1 可以看出，机构投资者和散户投资者之间异质与 IPO 抑价正相关，且当机构投资者不可观测性异质与机构投资者和散户投资者可观测性异质同时存在时的 IPO 抑价高于只有机构投资者和散户投资者之间异质存在时的 IPO 抑价。也就是说，机构投资者之间的不可观测性异质对机构投资者和散户投资者对 IPO 抑价的影响有正向叠加效果，提高了 IPO 抑价。从图 8.2 也可以看出，当散户投资者数量足够多时，机构投资者和散户投资者之间异质与 IPO 抑价为正相关关系。同时从图 8.1 和图 8.2 可以看出，负向异质可能导致跌破发行价，产生"赢者诅咒"现象。比较图 8.1 和图 8.2，发现当散户投资者数量趋于无穷时，IPO 抑价更高，可能是散户投资者收集信息和评估价值能力较差，易产生非理性预期和狂热心理，从而导致

IPO 高抑价。这不仅论证了结论 8.1，也与 Aggarwal 和 Rivoli（1990）的结论相吻合。因此，对监管机构和发行人来说，加强信息披露，降低信息不对称程度，降低机构投资者和散户投资者之间的异质，可以达到降低 IPO 抑价的目的。对投资者而言，可以提高 IPO 信息的收集能力，防止产生负向异质，规避"赢者诅咒"风险。

结论 8.2：机构投资者在一、二级市场对新股价值的不可观测性异质程度与 IPO 抑价正相关，当机构投资者之间的不可观测性异质越大时，IPO 抑价程度越高，且正向不可观测性异质导致 IPO 高抑价，而负向不可观测性异质可能导致跌破发行价，产生"赢者诅咒"现象。

（1）当 $V_1 \neq V_3$ 且 $V_1 \neq V_2$ 时，即机构投资者不可观测性异质以及机构投资者和散户投资者之间异质同时存在时，根据式（8.6），对 V_2-V_1 求一阶导数得 $\frac{\mathrm{dUP}}{\mathrm{d}(V_2-V_1)} = \frac{n^2}{(n+m)(nV_1-ks\rho\sigma^2)} > 0$。也就是说，当机构投资者在一、二级市场对新股的价值评估存在不可观测性异质，以及机构投资者和散户投资者对新股价值评估的分歧（可观测性异质）同时存在时，机构投资者不可观测性异质程度与 IPO 抑价正相关。

（2）当 $V_1 = V_3$ 且 $V_1 \neq V_2$ 时，即只存在机构投资者和散户投资者之间的异质时，根据式（8.8），对 V_3-V_1 求一阶导数得 $\frac{\mathrm{dUP}}{\mathrm{d}(V_3-V_1)} = \frac{n^2}{(n+m)(nV_1-\rho ks\sigma^2)} > 0$。也就是说，当机构投资者在一、二级市场对新股价值评估存在不可观测性异质，而机构投资者和散户投资者之间的异质不存在时，机构投资者不可观测性异质程度与 IPO 抑价正相关。

下面进一步讨论 $V_1 < V_2$ 和 $V_1 > V_2$ 两种情况下 IPO 抑价的变化情况。

（1）当 $V_1 < V_2$ 时，即二级市场机构投资者对新股的价值评估高于一级市场机构投资者对新股的价值评估时，根据式（8.6）和式（8.7），明显可以得到 UP>0。也就是说，当二级市场机构投资者对新股的价值评估高于其在一级市场对新股的价值评估时，会提高 IPO 抑价。

（2）当 $V_1 > V_2$ 时，即二级市场机构投资者对新股的价值评估低于一级市场投资者对新股的价值评估时，根据式（8.6），如果 $|n^2(V_2-V_1)-ns\rho\sigma^2| > |nm(V_3-V_1)+(m+n)ks\rho\sigma^2|$，则有 $\frac{n^2(V_2-V_1)+nm(V_3-V_1)-ns\rho\sigma^2+(m+n)ks\rho\sigma^2}{(n+m)(nV_1-\rho ks\sigma^2)} < 0$。同理，根据式（8.8），如果 $|n^2(V_2-V_1)-ns\rho\sigma^2| > |(m+n)ks\rho\sigma^2|$，则有 $\frac{n^2(V_2-V_1)-ns\rho\sigma^2+(m+n)ks\rho\sigma^2}{(n+m)(nV_1-\rho ks\sigma^2)} < 0$。也就是说，负向不可观测性异质可能导致

跌破发行价,产生"赢者诅咒"现象。

为了进一步论证结论 8.2,分析投资者不可观测性异质对 IPO 抑价的影响,以某公司发行 IPO 为例进行数值分析,令 $n=15$;$m=30$;$V_2=12$;$k=0.45$;$s=1$;$\rho=8$;$\sigma^2=12$。运用 Matlab 进行数值分析,具体如图 8.3 和图 8.4 所示。

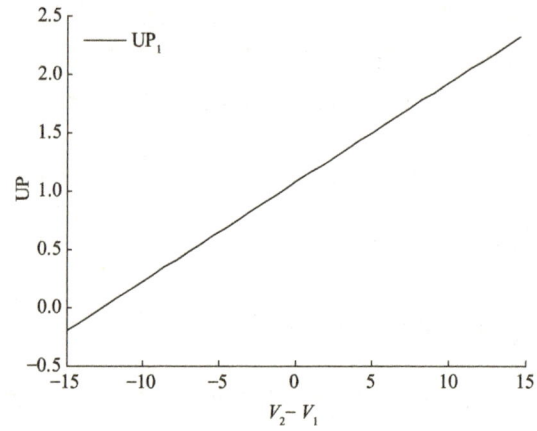

图 8.3 不可观测性异质对 IPO 抑价的影响

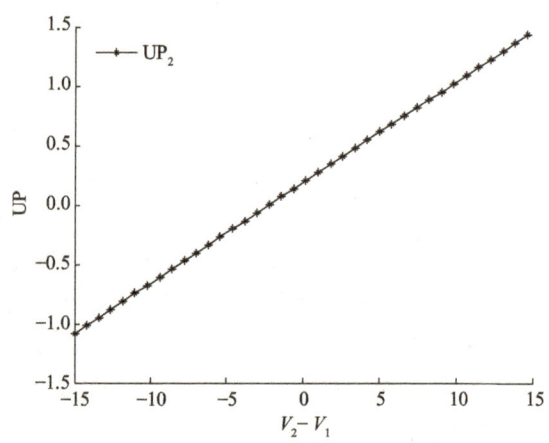

图 8.4 可观测性异质对 IPO 抑价的影响

图 8.3 中 UP_1 表示存在投资者不可观测性异质的情况下,V_2-V_1 对 IPO 抑价的影响;图 8.4 中 UP_2 表示存在投资者可观测性异质的情况下,V_2-V_1 对 IPO 抑价的影响。从图 8.3 和图 8.4 可以看出,无论投资者之间是否存在异质,机构投资者在一、二级市场对新股价值评估的不可观测性异质都与 IPO 抑价正相关。很明显,当 $V_2-V_1>0$ 时,机构投资者一、二级市场不可观测性异质程度越大,IPO 抑价越高;当 $V_2-V_1<0$ 时,投资者不可观测性异质越大,IPO 抑价为负,即跌破发行价,导致"赢者诅咒"现象。从而论证了结论 8.2。比较图 8.3 和图 8.4 可以看出,在

相同的情况下，图 8.3 中的 IPO 抑价比图 8.4 中的高，这说明存在投资者可观测性异质和不可观测性异质下的 IPO 抑价比只存在机构投资者不可观测性异质下的 IPO 抑价高。因此，不仅可以通过降低投资者之间的异质行为，也可以通过减少机构投资者的不可观测性异质来降低 IPO 高抑价，而在证券市场实际中，投资者之间的异质是很难消除的，但投资者在一、二级市场的不可观测性异质是可以消除的。因此，无论是监管当局还是发行人，都可以通过完善的信息披露机制，尽量消除投资者在一、二级市场的不可观测性异质，从而降低 IPO 抑价。

结论 8.3：当机构与散户投资者数量之比大于 1 时，机构投资者不可观测性异质对 IPO 抑价的影响大于机构投资者和散户投资者之间的异质；当机构投资者和散户投资者数量之比小于 1 时，机构投资者和散户投资者之间的异质对 IPO 抑价的影响大于机构投资者不可观测性异质。

根据式（8.6）对 V_2-V_1 求导得 $\dfrac{\mathrm{dUP}}{\mathrm{d}(V_2-V_1)}=\dfrac{n^2}{(n+m)(nV_1-ks\rho\sigma^2)}$，表明不可观测性异质对 IPO 抑价的影响程度。再根据式（8.6）对 V_3-V_1 求导得 $\dfrac{\mathrm{dUP}}{\mathrm{d}(V_3-V_1)}=\dfrac{nm}{(n+m)(nV_1-ks\rho\sigma^2)}$，表明可观测性异质对 IPO 抑价的影响程度。

（1）当 $\dfrac{n}{m}=1$ 时，即机构投资者和散户投资者数量相等时，根据式（8.6）分别对 V_2-V_1 和 V_3-V_1 求一阶导数得 $\dfrac{n^2}{(n+m)(nV_1-ks\rho\sigma^2)}=\dfrac{nm}{(n+m)(nV_1-ks\rho\sigma^2)}$。也就是说，当机构投资者和散户投资者数量相同时，可观测性异质和不可观测性异质对 IPO 抑价的影响相同。为进一步分析结论 8.3，分析投资者结构对可观测性异质和不可观测性异质的影响，从而影响 IPO 抑价。根据结论 8.1 中数值分析数据，通过 Matlab 软件进行数值分析，具体如图 8.5 和图 8.6 所示。

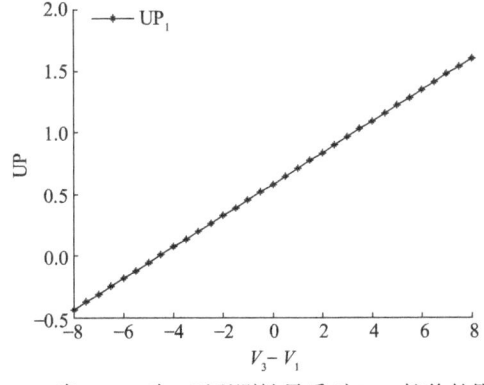

图 8.5 当 $n=m$ 时，可观测性异质对 IPO 抑价的影响

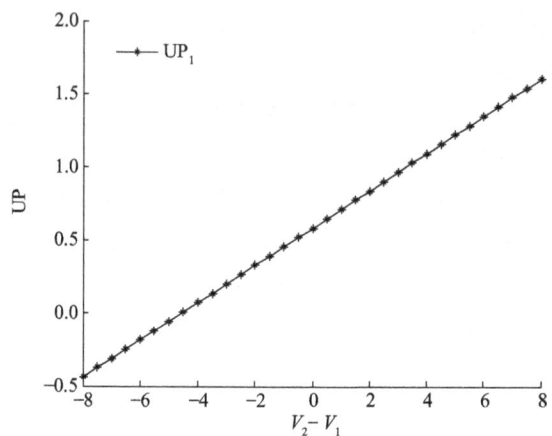

图 8.6　当 $n=m$ 时，不可观测性异质对 IPO 抑价的影响

图 8.5 中，UP_1 表示当 $n=m$ 时，$V_3 - V_1$ 对 IPO 抑价的影响；图 8.6 中，UP_1 表示当 $n=m$ 时，$V_2 - V_1$ 对 IPO 抑价的影响。从图 8.6 可以看出，在机构投资者不可观测性异质以及机构投资者和散户投资者可观测性异质同时存在的情况下，当机构投资者和散户投资者数量相同时，机构投资者和散户投资者之间可观测性异质与 IPO 抑价正相关。从图 8.5 可以看出，当机构投资者和散户投资者数量相同时，机构投资者在一、二级市场不可观测性异质与 IPO 抑价正相关。从图 8.5 和图 8.6 可以看出，当机构投资者和散户投资者数量相同时，机构投资者不可观测性异质以及机构投资者和散户投资者可观测性异质对 IPO 抑价的影响是一致的，从而论证了结论 8.3。

（2）当 $\dfrac{n}{m} > 1$ 时，即机构投资者数量大于散户投资者时，根据式（8.6）分别对 $V_2 - V_1$ 和 $V_3 - V_1$ 求一阶导数得 $\dfrac{n^2}{(n+m)(nV_1 - ks\rho\sigma^2)} > \dfrac{nm}{(n+m)(nV_1 - ks\rho\sigma^2)}$。也就是说，当机构比散户投资者数量多，与发达的、成熟的资本市场情况相符时，不可观测性异质对 IPO 抑价的影响程度大于可观测性异质。

（3）当 $\dfrac{n}{m} < 1$ 时，即机构投资者数量小于散户投资者时，根据式（8.6）分别对 $V_2 - V_1$ 和 $V_3 - V_1$ 求一阶导数得 $\dfrac{n^2}{(n+m)(nV_1 - ks\rho\sigma^2)} < \dfrac{nm}{(n+m)(nV_1 - ks\rho\sigma^2)}$。也就是说，当散户投资者比机构投资者多，与不发达、非成熟的资本市场情况相符时，可观测性异质对 IPO 抑价的影响程度大于不可观测性异质。

为进一步分析结论 8.3，分析投资者结构对可观测性异质和不可观测性异质的影响，从而影响 IPO 抑价。根据结论 8.1 中数值分析数据，通过 Matlab 软件进行数值分析，具体如图 8.7 和图 8.8 所示。

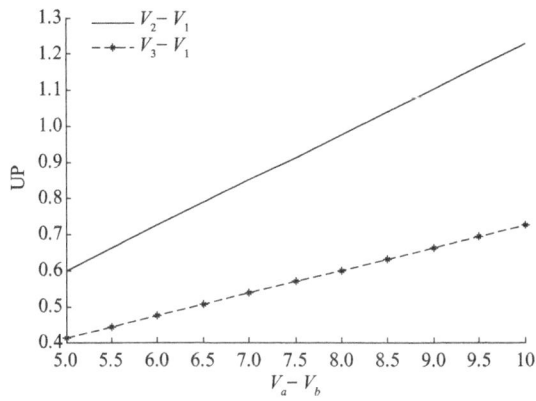

图 8.7　当 $n>m$ 时，不可观测性异质和可观测性异质对 IPO 抑价的影响

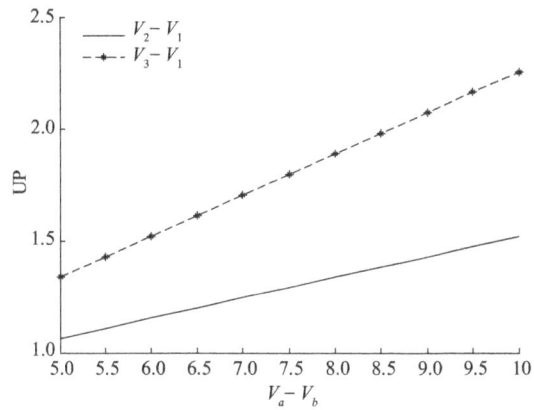

图 8.8　当 $n<m$ 时，不可观测性异质和可观测性异质对 IPO 抑价的影响

在图 8.7 中，V_2-V_1 表示在投资者异质和异化同时存在的情况下，当 $n>m$ 时，投资者异化对 IPO 抑价的影响；V_3-V_1 表示在投资者异质和异化同时存在的情况下，当 $n>m$ 时，投资者异质对 IPO 抑价的影响。图 8.8 中，V_2-V_1 表示在投资者异质和异化同时存在的情况下，当 $n<m$ 时，投资者异化对 IPO 抑价的影响；V_3-V_1 表示在投资者异质和异化同时存在的情况下，当 $n<m$ 时，投资者异质对 IPO 抑价的影响。从图 8.7 和图 8.8 可以看出，在机构投资者异化及机构投资者和散户投资者异质同时存在的情况下，当机构投资者数量大于散户投资者数量时，机构投资者在一、二级市场异化以及机构投资者和散户投资者之间异质都与 IPO 抑价正相关，但是投资者异化对 IPO 抑价的影响比机构投资者和散户投资者异质对 IPO 抑价的影响更大。当机构投资者数量小于散户投资者数量时，机构投资者在一、二级市场异化以及机构投资者和散户投资者之间的异质都与 IPO 抑价正相关，但此时，机构投资者和散户投资者异质对 IPO 抑价的影响大于机构投资者在一、二级市场异化对 IPO 抑价的影响。这也说明，对不成熟的资本市场来说，异质对 IPO 抑价的影响更

大;对成熟的资本市场来说,异化对 IPO 抑价的影响更大。从而论证了结论 8.3。因此,对监管机构、发行人和承销商而言,可以通过优化投资者结构,以达到降低长期 IPO 高抑价,提高 IPO 定价效率的目的。结论 8.3 不仅为投资者结构研究提供了新的思路,也为我国下一步 IPO 询价改革实践提供了理论指导。

结论 8.4:当投资者不可观测性异质和可观测性异质同时存在时,IPO 抑价与一级市场机构投资者对新股的价值评估负相关,与二级市场机构投资者对新股的价值评估正相关,也与散户投资者对新股的价值评估正相关。

根据式(8.6),分别对 V_1、V_2、V_3 求一阶导数得

$$\frac{dUP}{dV_1} = \frac{-n^2\left(nV_2 + mV_3 - \rho s \sigma_1^2\right)}{(n+m)\left(nV_1 - ks\rho\sigma_1^2\right)} < 0 \quad ; \quad \frac{dUP}{dV_2} = \frac{n^2}{(n+m)\left(nV_1 - ks\rho\sigma_1^2\right)} > 0 \quad ; \quad \frac{dUP}{dV_3} = \frac{nm}{(n+m)\left(nV_1 - ks\rho\sigma_1^2\right)} > 0 \; 。$$

在投资者对新股的价值评估同时存在可观测性和不可观测性异质的情况下,IPO 阶段机构投资者对新股的预期与 IPO 抑价负相关,IPO 抑价与二级市场机构投资者对新股的预期正相关,与散户投资者对新股的预期正相关。也就是说,一级市场机构投资者对新股的预期越乐观,IPO 抑价越低;二级市场机构投资者或散户投资者对新股的预期越乐观,IPO 抑价越高。从而得到了与宋顺林和唐斯圆(2016)、俞红海等(2015)、张小成等(2008)一致的结论。

为进一步论证结论 8.4,我们结合式(8.6)对投资者在异质和异化情况下,IPO 抑价分别与投资者对新股的价值评估进行数值分析,探讨投资者价值评估对 IPO 抑价的影响。利用结论 8.1 的参数,令 $n=15$,$m=30$,分别研究投资者对新股的价值评估 V_1、V_2、V_3 与 IPO 抑价的关系,见图 8.9 和图 8.10。

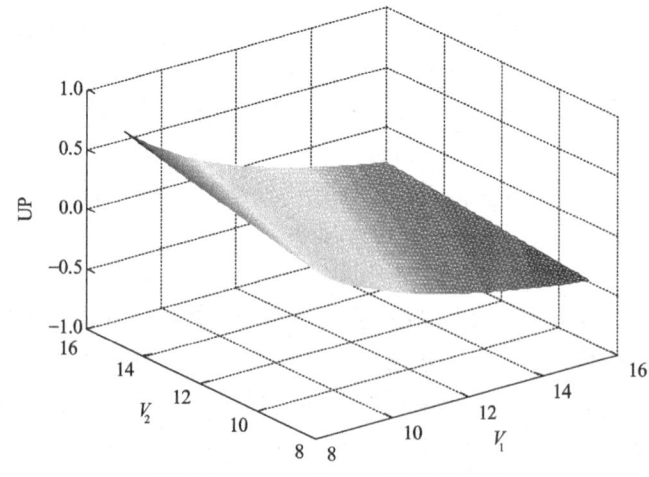

图 8.9 V_1、V_2 与 IPO 抑价的关系

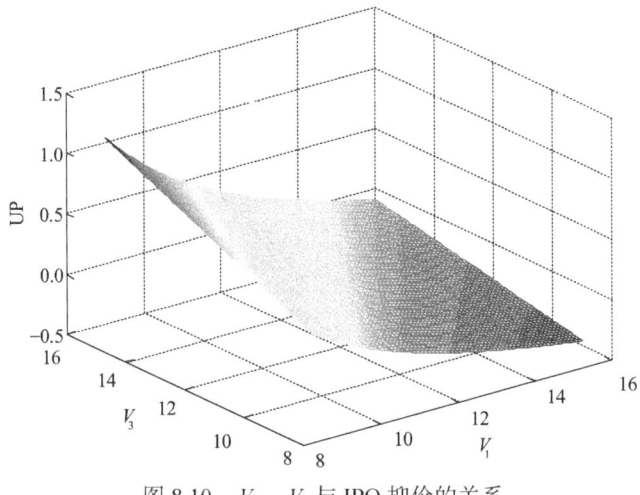

图 8.10 V_1、V_3 与 IPO 抑价的关系

图 8.9 表示当投资者不可观测性异质和可观测性异质同时存在时，V_1、V_2 与 IPO 抑价的关系；图 8.10 表示当投资者不可观测性异质和可观测性异质同时存在时，V_1、V_3 与 IPO 抑价关系。从图 8.9 和图 8.10 可以看出，IPO 抑价与 IPO 阶段机构投资者对新股的价值评估 V_1 负相关，与二级市场投资者对新股的价值评估 V_2 和散户投资者对新股的价值评估 V_3 正相关，从而论证了结论 8.4，也得到了与宋顺林和唐斯圆（2016）、俞红海等（2015）、张小成等（2008）一致的结论。进一步比较图 8.9 和图 8.10 可知，当散户投资者数量大于机构投资者时，散户投资者的价值评估对 IPO 抑价的影响大于机构投资者的价值评估对 IPO 抑价的影响，再次论证了结论 8.3。因此，对监管机构而言，加强散户投资者理性培养，降低散户投资者非理性情绪，可以降低 IPO 高抑价，提高 IPO 抑价。同时，减少信息不对称，降低机构投资者不可观测性异质，也可以降低 IPO 抑价。

8.5 本 章 小 结

本章以投资者期望效用最大化为目标，研究了机构投资者和散户投资者不同的情绪对 IPO 抑价的影响，并进行比较分析。研究表明，机构投资者和散户投资者对新股价值分歧（可观测性异质）程度与 IPO 抑价正相关，机构投资者与散户投资者分歧（异质）越大，IPO 抑价程度越高，且正向异质提高 IPO 抑价，负向异质降低 IPO 抑价；机构投资者不可观测性异质程度与 IPO 抑价正相关，机构投资者不可观测性异质程度越大，IPO 抑价程度越高，且正向不可观测性异质提高

IPO抑价，负向不可观测性异质降低IPO抑价；同时，当机构投资者与散户投资者数量之比大于1时，不可观测性异质对IPO抑价的影响大于异质分歧，当机构投资者和散户投资者数量之比小于1时，异质分歧对IPO抑价的影响大于不可观测性异质；此外，进一步研究发现，当投资者不可观测性异质和可观测性异质同时存在时，IPO抑价与一级市场机构投资者对新股的价值评估负相关，与二级市场机构投资者对新股的价值评估正相关，也与散户投资者对新股的预期价值正相关。

本章的研究不仅进一步拓展了IPO行为金融理论，也为我国的IPO市场化改革提供了理论借鉴。同时，我们也可以得到部分经济学启示：①投资者可观测性异质和不可观测性异质可能导致IPO高抑价，而信息不对称是引起观测性异质的主要原因，因此，对监管当局而言，应强制执行严格的信息的披露机制，降低由信息不对称引起的投资者可观测性异质和不可观测性异质，优化投资者结构，降低IPO高抑价，提高IPO抑价。②投资者可观测性异质和不可观测性异质也可能导致"赢者诅咒"现象，因此，对投资者而言，提高收集新股信息的能力，防止产生负向可观测性和不可观测性异质，从而规避"赢者诅咒"风险。③对承销商和发行人而言，应执行全面的信息的披露策略，降低投资者可观测性异质和不可观测性异质，这不仅可以降低IPO发行失败风险，也可以降低IPO高抑价。

本章的研究是在假定机构投资者存在不可观测性异质以及机构投资者和散户投资者之间存在异质的基础上得到的结论，并没有考虑散户投资者不可观测性异质以及机构投资者之间存在的异质的情况，若排除这一假定，特别是当机构投资者之间存在异质以及散户投资者也存在不可观测性异质的情况下，IPO定、抑价模型的求解可能会变得更加复杂和困难。这是本章的不足之处，同时也是值得进一步研究的地方。

第9章 不同发行机制下投资者可观测性异质对 IPO 抑价影响

在不同的定价机制下，为何发行机制不同，而 IPO 高抑价却长期存在？且在不同的发行机制下，新股发行参与主体究竟会对 IPO 定、抑价产生怎样的影响？这是本章要研究的出发点，本章将针对不同发行机制下投资者的异质行为对 IPO 定、抑价产生怎样的影响进行分析，并进行抑价比较，以解释不同发行机制下 IPO 高抑价产生的原因。同时，针对我国 IPO 发行的实际情况进行实例模拟和实证分析，以支撑本章的主要结论。

9.1 引　言

自中国证券市场成立以来，新股发行抑价一直堪称世界之最且长期居高不下，这种 IPO 抑价的异常现象吸引了不少国内外学者的关注。早期的研究主要沿用国外的理论和分析框架，但很快发现这些理论无法解释中国过高的 IPO 抑价，于是基于中国特有的制度和市场背景，学者们纷纷提出了具有中国特色的 IPO 抑价理论。

杨丹（2004）认为，政府对 IPO 供给的严格控制使其成为一种稀有资源，IPO 市场上严重的供需失衡导致了高抑价现象。尽管发行审核制度已经由额度制转向了核准制，但对上市资源的控制依然实质存在，因此这一理论具有现实合理性，然而它并没有回答一个由此引申出的问题。刘力和王汀汀（2003）认为，中国特有的二元股权结构和对发行价格的管制使流通股的流通权价值在定价时无法得到体现，因而体现在二级市场上，因此这种一、二级市场之间流通权价值的差异导致了 IPO 高抑价现象。杜莘等（2001）认为，非市场化的定价方式使新股定价偏低，从而产生 IPO 高抑价现象。从我国新股定价市场化改革的实践看（包括放开市盈率管制和实行询价发行），高抑价现象仍然明显存在。因此，新股发行定价管制应该不是形成 IPO 高抑价现象的主要原因。陈鹏程和周孝华（2016）等认为，我国 IPO 高抑价的形成不是由于一级市场新股发行定价过低，而是投资者的狂热情绪导致二级市场对 IPO 的定价过高。这种观点得到了实证检验的支持，但对投资者情绪在多大程度上影响了 IPO 抑价，以及它在微观上是如何影响 IPO 抑价等问题目前尚缺乏深入研究。

　　制度背景的差异可能会导致 IPO 高抑价，但这并不是形成这一现象的唯一原因。美国证券市场并不存在类似于我国的发行管制和股权分置等问题，然而在 20 世纪末的网络泡沫时期同样出现了远高于正常年份的 IPO 高抑价。针对这一现象，国外学者提出了几种不同的解释。Ofek 和 Richardson（2003）发现，网络泡沫时期较高的卖空成本限制了悲观投资者在二级市场的卖空操作，从而使 IPO 交易价格不能迅速回归其内在价值，由此产生了 IPO 高抑价。Loughran 和 Ritter（2002）认为，一方面，网络类 IPO 具有更高的风险，因此理应获得更高的抑价；另一方面，由于意识到在泡沫时期市场对上市公司的价值评估将会螺旋上升，因此管理层乐于接受 IPO 发行高抑价，因为他们在高抑价发行时的财富损失可以在二级市场上得到弥补。

　　Miller（1977）、Ritter（1984）等认为，二级市场投资者的过度乐观是产生 IPO 短期抑价和长期弱势的重要原因，根据这一理论，高抑价可能也源于投资者的狂热。Ljungqvist 和 Wilhelm（2003）等为数不多的学者建立了投资者异质预期与 IPO 抑价和长期弱势之间的关系模型，将这一理论进行了形式化。Gouldey（2006）在 Miller（1977）的基础上进一步发展其定价模型，针对投资者情绪，以发行人和承销商效用最大化为目标，确定 IPO 发行价，指出 IPO 无意抑价是投资者异质信念的结果，而有意抑价是发行人和承销商为防止发行失败的有意行为。以上学者试图从理论上解释 IPO 高抑价，但在不同的发行机制下投资者可观测性异质究竟对 IPO 抑价会产生怎样的影响呢？

　　尽管以上学者针对投资者异质对 IPO 抑价做出了一定的解释，但在中国证券市场上，IPO 高抑价却成为一种常态，在研究方法上，已有的理论研究则由于中外发行制度上的差异而导致其假设与我国的现状不符，因此，国外学者的这些理论并不能完全解释中国 IPO 高抑价长期存在的事实。本章试图弥补这方面的不足，根据我国 IPO 实际情况，以机构和发行人期望效用最大化为目标，研究固定价格和询价发行机制下可观测性异质对 IPO 抑价的影响，并进行比较分析。最后，通过实例模拟和实证研究为本章的结论提供定量支撑。

9.2 我国 IPO 发展历程

从 1990 年我国股票市场建立以来,在新股发行机制上一直实行审批制。在审批制下,我国的新股定价方式经历了三个阶段。

第一阶段是 1990~1998 年底。此阶段新股发行价格基本上是根据发行企业的每股收益和一个相对固定的市盈率水平来确定的,即新股发行价=每股税后利润×市盈率。对新股发行价格确定起重要作用的是市盈率和每股税后利润两个因素。1998 年 3 月,为了使新股定价更为公正合理,有关部门对发行管理办法进行了调整,每股税后利润改为以发行当年加权预测利润为依据。

第二阶段是 1998 年末至 2000 年 3 月。此阶段的新股定价对新股发行市盈率的限制开始放开,不再规定市盈率上限。1998 年底的《中华人民共和国证券法》将行政定价改为承销商和发行人协商定价,确立了发行的利益关系人决定价格的原则,并规定我国股票发行实行核准制。1999 年 2 月《股票发行定价分析报告指引(试行)》提出了定价分析报告的要求。1999 年 7 月又颁布了《关于进一步完善股票发行方式的通知》,提出了战略投资者的概念,使战略投资者参与定价成为可能。2000 年 2 月,监管部门又出台了《关于向二级市场投资者配售新股的有关问题的通知》,将一级市场的定价行为和二级市场的投资行为相挂钩。我国的新股定价方式逐步市场化,新股发行市盈率不断提高。1999 年发行 A 股 87 家,平均发行市盈率为 17.42 倍,最高发行市盈率为 23.54 倍;2000 年 1~3 月,发行 A 股 9 家,平均发行市盈率为 23.1 倍。

2000 年 3 月 16 日,中国证监会公布《中国证监会股票发行核准程序》和《股票发行上市辅导工作暂行办法》,标志着我国股票发行体制正式从审批制转向核准制(其中的"通道制")。2001 年 3 月 28 日,中国证监会发布了《上市公司新股发行管理办法》,确定了核准制下股票发行程序。新的发行体制取消额度分配和行政推荐的办法,由股票发行审核委员会独立审核股票发行人是否符合发行的条件。在核准制下,股票发行人在准备公开募集和发行股票时,应将依法公开的各种资料完全、准确地向证券监管部门申报,证券监管部门根据股票发行人提供的材料审查其是否符合股票发行的条件。股票发行条件由《中华人民共和国公司法》和《中华人民共和国证券法》来规定。在核准制下,新股定价应该符合两个原则:①投资价值原则,股票的发行价格应该反映股票的投资价值。②市场化原则,股票的发行价格应该反映市场对股票的需求,使股票的供给和需求达到均衡,以准确地反映市场对股票价值的认同。与审批制下按一个固定的市盈率(15 倍左右)

来确定新股价格的发行机制相比，核准制下新股定价方式应更准确地反映股票的投资价值和市场供求关系，其核心就是由市场来决定新股发行价格，新股定价方式的改变是股票发行机制市场化的关键环节。当然，从严格意义上说，从 2000 年 3 月到目前为止，应属于核准制的过渡期，即"通道制"，其间自 2001 年 4 月 23 日用友软件以 64.35 倍的市盈率发行后，证监会又规定新股发行市盈率控制在 15~20 倍。2004 年 2 月 1 日施行的《证券发行上市保荐制度暂行办法》标志着证券发行保荐制度的正式实施，是核准制变革的进一步深化。

第三阶段是 2004 年 12 月 13 日，证监委正式发布了《关于首次公开发行股票试行询价制度若干问题的通知》，标志着我国的新股发行开始全面实行市场化定价方式。询价制度的实施或许在某种程度上降低了 IPO 抑价，但它仍然没有从根本上消除 IPO 高抑价现象。

9.3 我国 IPO 询价发行机制

询价发行机制是指在 IPO 发行过程中，承销商和发行人通过向投资者询价，并利用询价建立的投资者报价指令簿来确定发行价格，然后承销商利用其新股自主配售权，用确定的发行价格向参与申购的投资者配售。

询价制度在中国股票市场推行过程中有其中国特色，证监会先后于 2009 年 6 月、2010 年 10 月、2012 年 4 月、2013 年 11 月、2014 年 3 月、2015 年 12 月实施了 6 次改革，对这一定价制度进行完善。

价格确定程序：发行人及保荐机构向潜在机构投资者询价以确定 IPO 的发行价格。这个过程分为两步。第一步，保荐机构向所有的询价对象提供发行人的价值研究资料，询价对象参考这些材料并做出独立的报价，通过对所有报价的整合，保荐机构便能确定价格和市盈率的浮动区间。第二步，在累计投标询价阶段，询价对象申报认购价格和数量，发行人和保荐机构确定新股的发行价格。

总之，与成熟资本市场上主流的询价发行机制相比，我国现行的询价发行机制与其存在着本质的区别：一是监管机构明确规定了 IPO 配售实行"价高者得"的分配原则，并对机构投资者的配售上限做出了明确规定，这就使承销商失去了 IPO 分配权。然而，国外学者对询价发行机制的研究表明，承销商具有 IPO 分配权是询价发行机制的本质特征之一，任何限制这一权力的规定都会降低 IPO 询价效率；二是我国现行询价发行机制对机构投资者获配的 IPO 股份规定了锁定期限制，其目的是增加机构投资者的持股风险，促使其按照 IPO 价值进行投资，并抑制机构投资者对新股上市之后的价格炒作，维持 IPO 价格稳定。

9.4 不同发行机制下的 IPO 抑价模型

9.4.1 问题的描述和条件假设

设新股的发行规模为 1，承销商邀请 $n \geq 2$ 个机构投资者参与报价，且所有参与询价的机构投资者同质。发行人在询价前规定了机构投资者在本次 IPO 发行中的新股配售比例为 k，$k \in (0,1)$，则机构投资者在本次 IPO 发行中的配售量为 k。发行人在累计机构投资者的需求后并根据其新股配售比例 k 的总量确定发行价格。市场上的投资者可分为两类，一类是数量为 n 个的机构投资者，另一类为散户投资者，数量为 m 个。

假定发行人和机构投资者具有足够的理性，他们对 IPO 内在价值的先验估计是无偏的，即认为 IPO 内在价值为 $V \rightarrow N(\bar{E}(U),\sigma^2)$；设机构投资者对 IPO 内在价值的先验估计为 V_1；散户投资者对 IPO 内在价值的先验估计为 V_2；投资者对 IPO 内在价值的后验估计为 $V' \sim V + \varepsilon(0,\sigma_2^2)$。这与噪声交易模型所预言的噪声交易者和理性交易者能长期共存于同一市场的结论是一致的（de Long et al.，1990）。

定价模型分为两个时期：第 1 期，发行人确定 IPO 发行价格 p_1，并向投资者进行配售；第 2 期，IPO 在二级市场进行交易，均衡交易价格为 p_2，并假定发行和上市之间间隔足够短，投资者在期间得不到任何新的信息。

9.4.2 固定价格发行机制下 IPO 发行价的确定

在固定价格发行机制下，由于发行人无法确定有效申购需求，因此在确定 IPO 发行价时，为规避发行失败风险或 IPO 融资不足，在缺乏定价参照的情况下，发行人在确定风险规避系数的基础上，通常会按照期望效用最大化的原则来制定发行价格，尽量使 IPO 定价接近其预期价值。由于定价时 IPO 真实值未知，故对风险规避的发行人而言，根据 CARA 模型，满足期望效用最大化的定价为

$$E[U(V)] = -\text{EXP}\left[-\rho\left(\bar{E}(U) - \frac{1}{2}\rho\sigma_1^2\right)\right] = -\text{EXP}(-\rho p_1) \quad (9.1)$$

故 IPO 发行价为

$$p_1 = \bar{E}(U) - \frac{1}{2}\rho\sigma_1^2 \quad (9.2)$$

从式（9.2）可以看出，在固定价格发行机制下，发行人为规避定价风险，p_1 与 IPO 预期价值 $\overline{E}(U)$ 正相关，而与风险厌恶系数负相关。因此，当发行人风险中性时，即 $\rho=0$，IPO 发行价等于 IPO 预期价值 $\overline{E}(U)$。发行人为规避发行失败或吸引足够多的投资者参与 IPO 认购，从而将部分风险转移给一级市场上的投资者。这与 Rock 的 "赢者诅咒" 模型所得出的结论相类似。

发行结束后，股票开始在二级市场进行交易。设投资者在第 1 期的最优需求取决于他们在第 1 期开始时所掌握的信息和对第 2 期 IPO 清算价格的预期。令 $I_{ij}, p_3 (i=1,2,\cdots,n; j=1,2,\cdots,m)$ 分别表示机构投资者和散户投资者在第 1 期开始时所掌握的信息和他们预期的 IPO 清算价格，那么 p_3 基于 I_{ij} 的条件分布服从均值为 $E(p_3 \mid I_{ij})$，方差为 $D(p_3 \mid I_{ij})$ 的正态分布。根据投资者期望效用最大化 $E[U(W_{ij})] = \mathrm{EXP}\{-\rho[(p_3-p_2)q_1]\}$，求其极大值，可得投资者在第 1 期的最优需求为

$$q_1 = \frac{E(p_3 \mid I_{ij}) - p_2}{\rho D(p_3 \mid I_{ij})}$$

在固定价格发行机制下，发行价格不包含投资者的任何私人信息，因此在第 1 期，所有投资者都只拥有自己的私人信息。又由 Kyle（1989）的结论且结合上式可得对机构投资者 i 此时的最优需求为

$$q_1^i = \frac{\sigma_2^2 \overline{E}(U) + \sigma_1^2 s_i - (\sigma_2^2 + \sigma_1^2) p_2}{\rho \sigma_1^2 \sigma_2^2}$$

同理，对散户投资者 j 而言，其在第 1 期的最优需求为

$$q_1^j = \frac{\sigma_2^2 \overline{E}(U) + \sigma_1^2 s_j + (\sigma_2^2 + \sigma_1^2)(V_2 - V_1 - p_2)}{\rho \sigma_1^2 \sigma_2^2}$$

由二级市场的均衡条件 $\sum_{i=1}^{n} q_i + \sum_{j=1}^{m} q_j = 1$ 可得第 1 期的均衡交易价格 p_2 为

$$p_2 = \frac{\sigma_2^2 \overline{E}(U)(n+m) + m(\sigma_1^2+\sigma_2^2)(V_2-V_1) + \sigma_1^2\left(\sum_{i=1}^{n} s_i + \sum_{j=1}^{m} s_j\right) - \rho}{(n+m)(\sigma_1^2+\sigma_2^2)}$$，则当 $m \to \infty$ 时，

$\frac{m}{n+m} \to 1, \frac{n}{n+m} \to 0, \frac{\rho}{(n+m)(\sigma_1^2+\sigma_2^2)} \to 0$，且由大数定理，$\sum_{j=1}^{m} s_j / m \to V$，因此

$$p_2 = \frac{\sigma_2^2 \overline{E}(U) + \sigma_1^2 V}{\sigma_1^2 + \sigma_2^2} + V_2 - V_1 = \overline{E}(U) + V_2 - V_1 \tag{9.3}$$

由式（9.2）和式（9.3）知，在固定价格发行机制下，IPO 期望抑价为

$$\mathrm{UP}_1 = \frac{p_2 - p_1}{p_1} = \frac{\rho\sigma_1^2 + 2(V_2 - V_1)}{2\overline{E}(U) - \rho\sigma_1^2} \tag{9.4}$$

9.4.3 询价发行机制下的 IPO 发行价确定

在询价发行机制下，发行人首先邀请机构投资者进行投标报价，并根据他们的报价信息和可配售总量确定发行价格，剩余股份再按发行价格配售给散户投资者。理性的机构投资者在申购报价时通常以对 IPO 内在价值的估计作为报价基础。在 IPO 询价中对机构投资者进行数量歧视的配售规则可以诱使私人信息的真实披露（Benveniste and Spindt, 1989），因此本节也不考虑投资者信息隐藏的可能性。尽管在实践中，机构投资者只上报有限对（价格、需求量）组合，但出于分析的简便性，本节假定他们上报的是连续需求曲线。

在第 2 期，机构投资者 i 只拥有自己的私人信息 s_i，因此，他基于 s_i 对 IPO 内在价值 V 所形成的后验估计为 $E(V|s_i) = \dfrac{\sigma_2^2 \overline{E}(U) + \sigma_1^2 s_i}{\sigma_1^2 + \sigma_2^2}$，$D(V|s_i) = \dfrac{\sigma_1^2 \sigma_2^2}{\sigma_1^2 + \sigma_2^2}$，故其第 1 期的最优需求为

$$q_i = \frac{\sigma_2^2 \overline{E}(U) + \sigma_1^2 s_i - (\sigma_1^2 + \sigma_2^2) p_1}{\rho \sigma_1^2 \sigma_2^2}$$

假定 $k \leq 1$ 为对机构投资者的新股配售比例，则由一级市场均衡条件 $\sum\limits_{i=1}^{n} s_i = k$ 可求出 IPO 发行价格为

$$p_1 = \frac{n\sigma_2^2 \overline{E}(U) + \sigma_1^2 \sum\limits_{i=1}^{n} s_i - \rho k}{n(\sigma_1^2 + \sigma_2^2)} \tag{9.5}$$

由式（9.5）可知，在询价发行机制下，IPO 发行价格和机构投资者的私人信息 $\sum\limits_{i=1}^{n} s_i$ 之间存在着单调递增的线性对应关系，因此参与人可凭借发行价格推断出 $\sum\limits_{i=1}^{n} s_i$。故在第 1 期结束时，机构投资者的私人信息 $\sum\limits_{i=1}^{n} s_i$ 将成为参与人的共同知识。

在第 2 期，由于机构投资者的私人信息 $\sum\limits_{i=1}^{n} s_i$ 已经成为共同知识，故对机构投资者 i 而言，他对第 2 期均衡价格的条件期望和条件方差分别为

$$E\left(V_1 \mid \sum_{i=1}^{n} s_i\right) = \frac{\sigma_2^2 \overline{E}(U) + \sigma_1^2 \sum_{i=1}^{n} s_i}{n\sigma_1^2 + \sigma_2^2}$$

$$D\left(V \mid \sum_{i=1}^{n} s_i\right) = \frac{\sigma_1^2 + \sigma_2^2}{n\sigma_1^2 + \sigma_2^2}$$

其在第 2 期的最优需求为

$$q_i = \frac{\sigma_2^2 \overline{E}(U) + \sigma_1^2 \sum_{i=1}^{n} s_i - \left(n\sigma_1^2 + \sigma_2^2\right) p_2}{\rho \sigma_1^2 \sigma_2^2}$$

在第 2 期，对散户投资者 j 而言，除自己的私人信息外，他还掌握了机构投资者私人信息，故其对第 2 期均衡价格的条件期望和条件方差分别为

$$E\left(V_2 \mid \sum_{i=1}^{n} s_i, s_j\right) = \frac{\sigma_2^2 \overline{E}(U) + \sigma_1^2 \left(\sum_{i=1}^{n} s_i + s_j\right)}{(n+1)\sigma_1^2 + \sigma_2^2} + V_2 - V_1$$

$$D\left(V_2 \mid \sum_{i=1}^{n} s_i, s_j\right) = \frac{\sigma_1^2 \sigma_2^2}{(n+1)\sigma_1^2 + \sigma_2^2}$$

则他在第 2 期的最优需求为

$$q_j = \frac{\sigma_2^2 \overline{E}(U) + \sigma_1^2 \left(\sum_{i=1}^{n} s_i + s_j\right) - \left[(n+1)\sigma_1^2 + \sigma_2^2\right](V_2 - V_1 + p_2)}{\rho \sigma_1^2 \sigma_2^2}$$

由均衡条件 $\sum_{i=1}^{n} q_i + \sum_{j=1}^{m} q_j = 1$，且当 $m \to \infty$ 时，即可得二级市场的均衡价格为

$$p_2 = \frac{\sigma_2^2 \overline{E}(U) + \sigma_1^2 V - n\sigma_1^2 \sum_{i=1}^{n} s_i}{(n+1)\sigma_1^2 + \sigma_2^2} + V_2 - V_1 \quad (9.6)$$

由式（9.5）和式（9.6）可得询价发行机制下的 IPO 期望抑价为

$$\mathrm{UP}_2 = \frac{p_2 - p_1}{p_1}$$

$$= \frac{k\rho\sigma_1^2\sigma_2^2 + n\left(\sigma_1^2 + \sigma_2^2\right)(V_2 - V_1)}{n\overline{E}(U)\left(\sigma_1^2 + \sigma_2^2\right) - k\rho\sigma_1^2\sigma_2^2} \quad (9.7)$$

根据式（9.4）和式（9.7）可知，IPO 抑价与风险规避程度及散户对新股的价值评估正相关，而与机构投资者对新股的价值评估（可观测性异质）负相关。

9.5 IPO 抑价比较分析

根据两种发行机制下的 IPO 抑价模型,可以总结如下,见表 9.1。

表9.1 固定价格发行和询价发行IPO定、抑价比较

发行机制	发行价	二级市场均衡价	IPO 抑价
固定价格发行	$\bar{E}(U) - \frac{1}{2}\rho\sigma_1^2$	$\bar{E}(U) + V_2 - V_1$	$\dfrac{\rho\sigma_1^2 + 2(V_2 - V_1)}{2\bar{E}(U) - \rho\sigma_1^2}$
询价发行	$\dfrac{n\sigma_2^2\bar{E}(U) + \sigma_1^2\sum_{i=1}^{n}s_i - \rho k}{n(\sigma_1^2 + \sigma_2^2)}$	$\dfrac{\sigma_2^2\bar{E}(U) + \sigma_1^2 V - n\sigma_2^2\sum_{i=1}^{n}s_i}{(n+1)\sigma_1^2 + \sigma_2^2} + V_2 - V_1$	$\dfrac{k\rho\sigma_1^2\sigma_2^2 + n(\sigma_1^2 + \sigma_2^2)(V_2 - V_1)}{n\bar{E}(U)(\sigma_1^2 + \sigma_2^2) - k\rho\sigma_1^2\sigma_2^2}$

发行机制	有意抑价	无意抑价(可观测性异质)
固定价格发行	$\dfrac{\rho\sigma_1^2}{2\bar{E}(U) - \rho\sigma_1^2}$	$\dfrac{2(V_2 - V_1)}{2\bar{E}(U) - \rho\sigma_1^2}$
询价发行	$\dfrac{k\rho\sigma_1^2\sigma_2^2}{n\bar{E}(U)(\sigma_1^2 + \sigma_2^2) - k\rho\sigma_1^2\sigma_2^2}$	$\dfrac{n(\sigma_1^2 + \sigma_2^2)(V_2 - V_1)}{n\bar{E}(U)(\sigma_1^2 + \sigma_2^2) - k\rho\sigma_1^2\sigma_2^2}$

从表 9.1 我们可以得出以下结论。

结论 9.1:固定价格和询价发行都没能消除 IPO 抑价,IPO 抑价中既有发行人或机构投资者因素导致的有意抑价,又有投资者可观测性异质导致的无意抑价。

从表 9.1 可知,两种发行机制下 IPO 抑价都存在,IPO 抑价与风险规避程度及散户对新股的价值评估正相关,而与机构投资者对新股的价值评估和新股内在价值负相关。固定价格发行机制下,IPO 有意抑价只与发行人的风险规避程度相关,无意抑价与机构和散户对新股的价值评估(可观测性异质)相关。在询价发行机制下,有意抑价不但与机构的风险规避程度相关,而且与新股配售比例和机构数量相关,无意抑价则与投资者可观测性异质程度、新股配售比例、机构数量相关。由于风险规避程度无法控制。结论 9.1 的政策性建议是加强信息披露和投资者的培训,减少非理性投资,降低投资者之间的可观测性异质,从而降低无意抑价,以降低 IPO 抑价。

结论 9.2:在 IPO 抑价中,有意抑价与发行人和机构投资者风险规避有关,而无意抑价只与投资者可观测性异质有关,且风险规避系数越大,有意抑价越高;投资者可观测性异质越大,无意抑价越高。

在固定价格发行机制下,IPO 抑价为 $\dfrac{\rho\sigma_1^2}{2\bar{E}(U) - \rho\sigma_1^2} + \dfrac{2(V_2 - V_1)}{2\bar{E}(U) - \rho\sigma_1^2}$,加号左

边为发行人规避风险而有意折价所产生的期望抑价,加号右边则为因机构投资者和散户投资者可观测性异质而产生的无意抑价,可观测性异质越大,即 (V_2-V_1) 越大,无意抑价也越高。在询价发行机制下,IPO 抑价为

$$\frac{k\rho\sigma_1^2\sigma_2^2}{n\overline{E}(U)(\sigma_1^2+\sigma_2^2)-k\rho\sigma_1^2\sigma_2^2}+\frac{n(\sigma_1^2+\sigma_2^2)(V_2-V_1)}{n\overline{E}(U)(\sigma_1^2+\sigma_2^2)-k\rho\sigma_1^2\sigma_2^2}$$

因此,在两种不同的发行机制下,投资者可观测性异质越大,无意抑价越大,IPO 抑价也越大。

由结论 9.2 可知,无论哪种 IPO 发行机制,IPO 高抑价不仅是发行人和机构有意抑价的行为,也是由投资者可观测性异质引起的无意抑价行为,想要降低 IPO 高抑价,不但要降低有意抑价,而且要消除投资者之间的异质,从而降低无意抑价,以达到降低 IPO 高抑价的目的。

结论 9.3:在相同的情况下,与固定价格相比,询价发行机制下的 IPO 期望抑价较低,且由可观测性异质引起的无意抑价更低。

比较式(9.4)和式(9.7)可知,当 $n \geq 2$ 时,询价发行机制下的 IPO 期望抑价为 $\frac{k\rho\sigma_1^2\sigma_2^2}{n\overline{E}(U)(\sigma_1^2+\sigma_2^2)-k\rho\sigma_1^2\sigma_2^2}+\frac{n(\sigma_1^2+\sigma_2^2)(V_2-V_1)}{n\overline{E}(U)(\sigma_1^2+\sigma_2^2)-k\rho\sigma_1^2\sigma_2^2}$,将该公式分子分母同除以 σ_2^2 可得 $\frac{k\rho\sigma_1^2}{n\overline{E}(U)\left(\frac{\sigma_1^2}{\sigma_2^2}+1\right)-k\rho\sigma_1^2}+\frac{n\left(\frac{\sigma_1^2}{\sigma_2^2}+1\right)(V_2-V_1)}{n\overline{E}(U)\left(\frac{\sigma_1^2}{\sigma_2^2}+1\right)-k\rho\sigma_1^2}$。很明显,

$n\overline{E}(U)\left(\frac{\sigma_2^2}{\sigma_2^2}+1\right)-k\rho\sigma_1^2 \geq 2\overline{E}(U)-\rho\sigma_1^2$,而 $\frac{n(\sigma_1^2+\sigma_2^2)}{n\overline{E}(U)(\sigma_1^2+\sigma_2^2)-k\rho\sigma_1^2\sigma_2^2} \leq \frac{2}{2\overline{E}(U)-\rho\sigma_1^2}$,故 $UP_2 \leq UP_1$。同时,由于 $\frac{n(\sigma_1^2+\sigma_2^2)}{n\overline{E}(U)(\sigma_1^2+\sigma_2^2)-k\rho\sigma_1^2\sigma_2^2} \leq \frac{2}{2\overline{E}(U)-\rho\sigma_1^2}$,因此,询价发行机制下因投资者可观测性异质而引起的无意抑价比固定价格发行机制下的无意抑价更小,这与 Benveniste 和 Spindt(1989)、Loughran 和 Ritter(2002)的研究结果相一致。

结论 9.3 的经济含义是,询价发行和固定价格发行具有更高的 IPO 抑价,加强新股信息披露和监管,让更多的投资者参与新股定价,减少投资者之间的可观测性异质,减少新股发行中的信息不对称,降低 IPO 无意抑价,以达到降低 IPO 高抑价的目的。在询价发行机制下,增加机构的数量和降低新股配售比例,能减少机构投资者的有意抑价行为,因此加大对机构的培训力度让更多的机构参与 IPO 申购,能降低 IPO 有意抑价,从两个方面防止 IPO 高抑价。

9.6 数值分析

9.6.1 IPO 抑价比较分析

为了探讨不同定价机制下可观测性异质对抑价的影响,本节以某公司 IPO 发行为例进行数值分析,对固定价格发行和询价发行两种情形进行了对比分析,以期得到部分 IPO 发行中的管理启示。应用 Matlab 软件进行数值模拟如下。

令 $n=10$;$k=0.65$;$\rho=2$;$\sigma_1^2=1$;$\sigma_2^2=2.5$;$\overline{E}(U)=12.6$;$V_2=14.5$;$V_1=11.46$。利用上述参数,探讨 IPO 抑价与 ρ、σ_1^2 的关系及 IPO 抑价与 V_1、V_2 之间的关系,见图 9.1 和图 9.2。

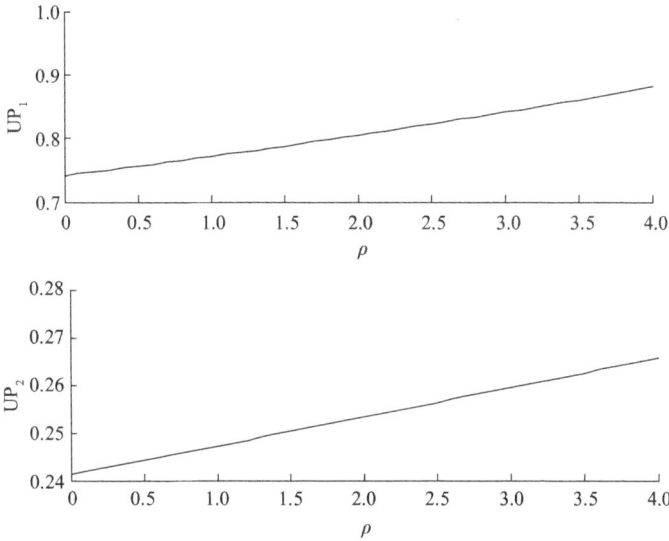

图 9.1 两种定价机制下风险规避系数对 IPO 抑价的影响

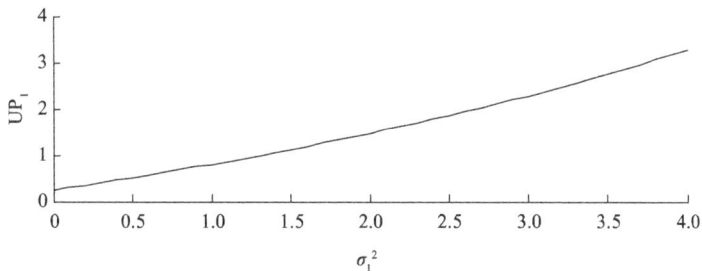

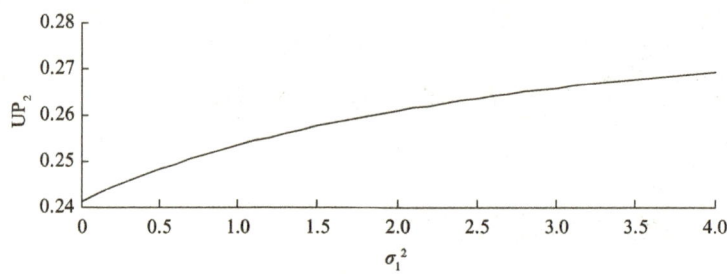

图 9.2 两种定价机制下风险对 IPO 抑价的影响

图 9.1 代表两种不同定价机制的情况下风险规避系数 ρ 对 IPO 抑价的影响，图 9.2 代表两种不同定价机制的情况下风险 σ_1^2 对 IPO 抑价的影响。从图 9.1 和图 9.2 可知，在两种不同的定价机制下，IPO 抑价与 ρ、σ_1^2 正相关，且都大于 0；但在相同的条件下，与固定价格发行相比，询价发行的 IPO 抑价更低（图 9.3 和图 9.4），从而论证了结论 9.1 和结论 9.3。

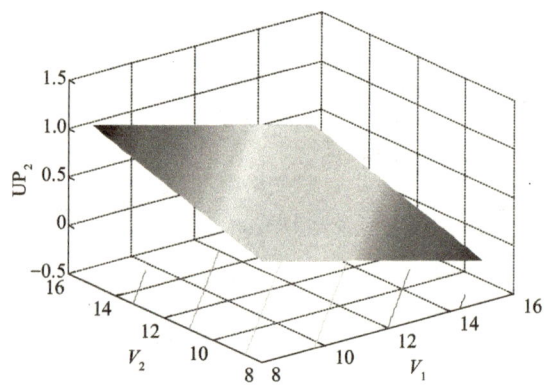

图 9.3 固定价格发行机制下 IPO 抑价与 V_1、V_2 的关系

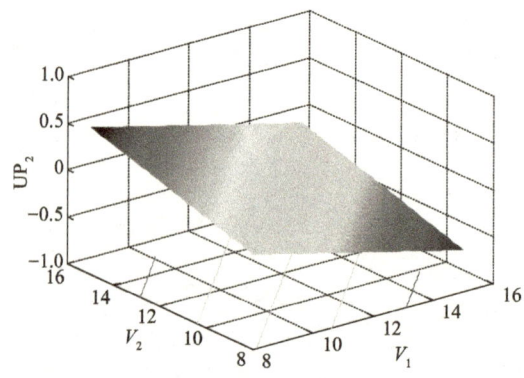

图 9.4 询价发行机制下 IPO 抑价与 V_1、V_2 的关系

从图 9.3 和图 9.4 中可知，IPO 抑价与 V_2 正相关，与 V_1 负相关，也就是说当散户投资者对 IPO 前景越乐观时，无意抑价越高；当 $V_2=16$，$V_1=8$ 时，V_2-V_1 越大，即投资者之间可观测性异质越大，无意抑价越大，IPO 抑价也越大。当 $V_2=8$，$V_1=16$ 时，V_2-V_1 越小，尽管投资者之间可观测性异质越大，但导致无意抑价为负，尽管有意抑价为正，但无法消除投资者这种逆向可观测性异质对 IPO 抑价造成的影响，从而导致 IPO 抑价为负，IPO 抑价跌破发行价，产生"赢者诅咒"。比较图 9.3 和图 9.4，在相同条件下，固定价格发行机制下 IPO 抑价在[-0.25, 0.9]，而询价发行机制下 IPO 抑价在[-0.75, 0.45]，与固定价格发行相比询价发行机制下 IPO 抑价更低，从而论证了结论 9.1 和结论 9.3。

9.6.2　IPO 有意抑价比较分析

从上面的比较分析可知，IPO 有意抑价是发行人和机构投资者为规避新股发行失败和"逆向选择"风险而采取的有意抑价行为，那么在不同的发行机制下，发行人和机构投资者究竟会对 IPO 有意抑价产生怎样的影响呢？为便于论证上述结论，采用上面数值分析的参数，运用 Matlab 软件对不同发行机制下 IPO 有意抑价进行数值模拟，模拟结果如下，见图 9.5 和图 9.6。

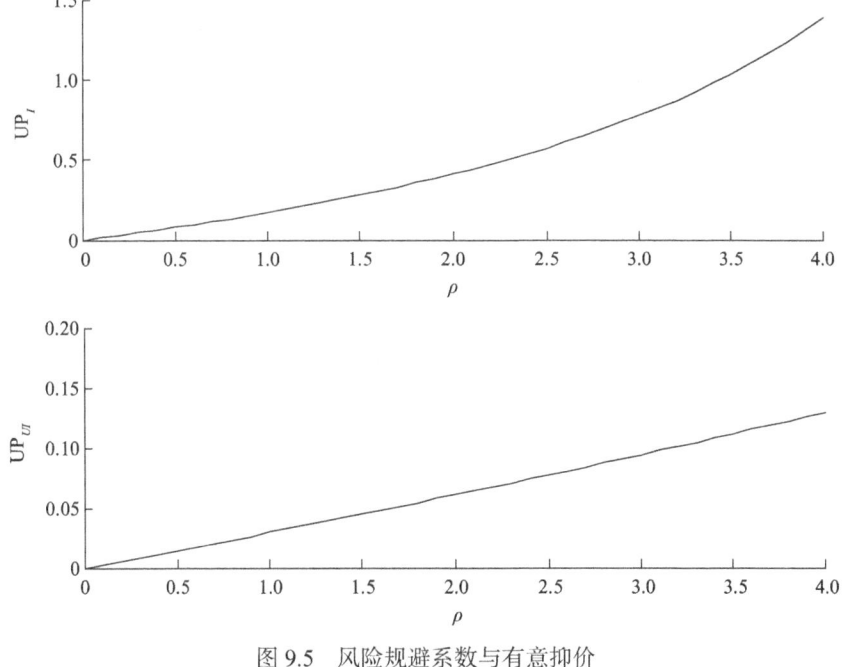

图 9.5　风险规避系数与有意抑价

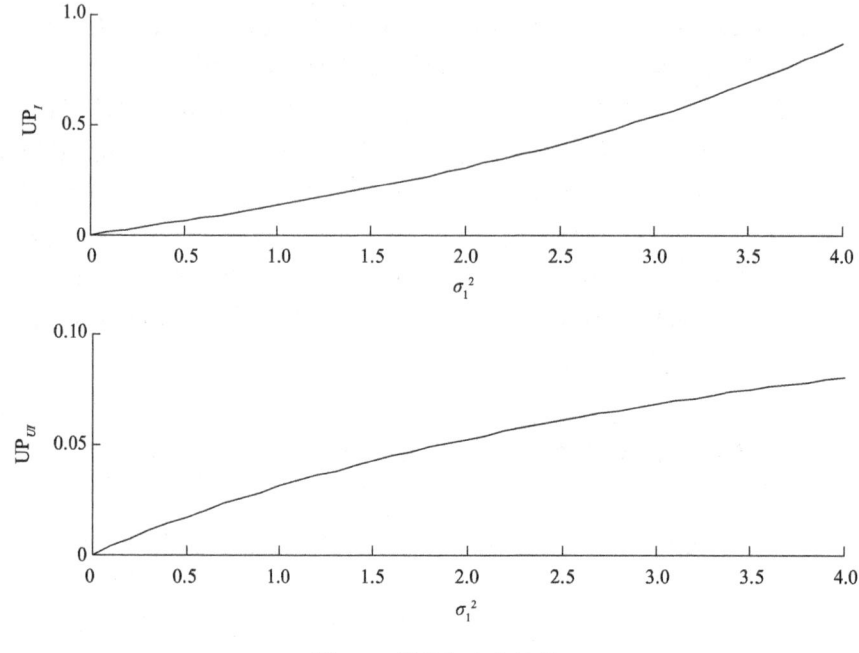

图 9.6 风险与有意抑价

图 9.5 和图 9.6 中,图 9.5 代表两种不同定价机制的情况下风险规避系数 ρ 对 IPO 有意抑价的影响,图 9.6 代表两种不同定价机制的情况下风险 σ_1^2 对 IPO 有意抑价的影响。从图 9.5 和图 9.6 中可知,有意抑价大于 0,且都与 ρ、σ_1^2 正相关;结合图 9.1、图 9.2,很明显,在询价发行机制下,有意抑价都较小,小于 0.1,而在固定价格发行机制下,有意抑价占 IPO 总抑价的比例较大。也就是说,在询价发行机制下,机构投资者风险规避程度和风险对 IPO 抑价的影响不大;而在固定价格发行机制下,发行人的风险规避程度和风险对 IPO 抑价的影响较大。因此,在固定价格发行机制下,IPO 抑价主要由发行人的风险规避程度和风险以及投资者可观测性异质决定;而在询价发行机制下,IPO 抑价主要由投资者可观测性异质决定。

9.6.3 IPO 无意抑价比较分析

从上面的比较分析可知,IPO 无意抑价是机构投资者和散户对新股价值评估产生分歧而导致的无意抑价行为,那么在不同的发行机制下,投资者的可观测性异质究竟会对 IPO 抑价及无意抑价产生怎样的影响呢?为便于论证上述结论,采用上面数值分析的参数,运用 Matlab 软件对不同发行机制下 IPO 抑价和无意抑价进行数值模拟，模拟结果见图 9.7 和图 9.8。

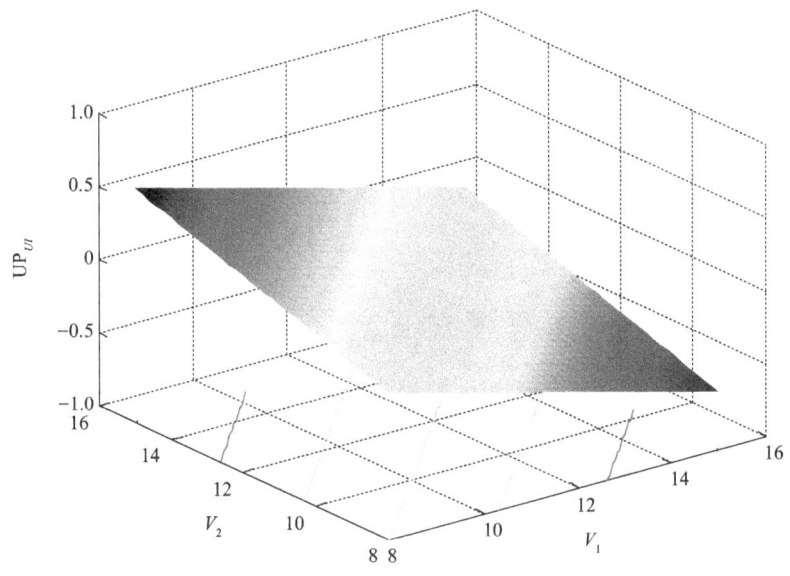

图 9.7　固定价格发行机制下无意抑价与 V_1、V_2 的关系

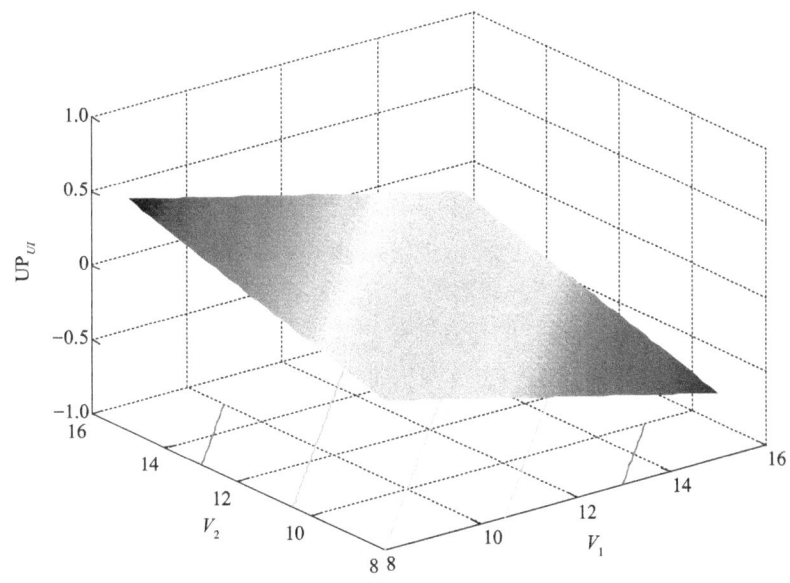

图 9.8　询价发行机制下无意抑价与 V_1、V_2 的关系

从图 9.7 和图 9.8 中可以看出，无论是固定价格发行机制还是询价发行机制，无意抑价与 V_2 正相关，与 V_1 负相关。结合图 9.5、图 9.6 可知，在固定价格发行机

制下，IPO 抑价中有意抑价和无意抑价占总抑价的比例差不多，大约各占 50%。也就是说，发行人为防止新股发行失败，有意抑价行为较严重；而在询价发行机制下，IPO 抑价主要表现为无意抑价，机构投资者有意抑价部分较小，IPO 抑价主要是投资者可观测性异质引起的无意抑价。从而进一步论证了结论 9.1 和结论 9.3。

9.7 实证分析

9.7.1 样本选择和数据来源

本章以 1996~1999 年和 2005~2008 年在深沪两市上市的 IPO 作为研究对象，剔除中签率数据缺失样本 21 个，每股收益数据缺失样本 3 个，市盈率数据缺失样本 4 个，最终得到的有效样本 789 个，其中 1996~1999 年样本 512 个，2005~2008 年样本 277 个。相关数据来源 CSMAR 数据库。

9.7.2 可观测性异质代理指标

要准确度量 IPO 发行过程中投资者可观测性异质比较困难。可观测性异质理论强调二级市场投资者的意见分歧程度造成新股首日价格被高估，而人们交易的最直接动机就是对股票价值有不同的判断，换手率正是可观测性异质的直观体现（Harris and Raviv，1993）。陈鹏程和周孝华（2016）以换手率和看涨指标等作为散户投资者情绪的代理指标，这种乐观情绪会被带入二级市场，从而增加其在二级市场上的需求。因此本章拟选择 IPO 上市前 5 只股票的平均抑价（UP_5）和首日换手率（Turn Over）作为投资者可观测性异质的代理指标。此外，尽管模型没有考虑投资者可观测性异质对 IPO 申购需求的影响，但一个直观的推测是，投资者对 IPO 的乐观情绪越强，其申购新股的热情也会越高，因此本章也将 IPO 申购中签率（Lot Rate）作为投资者可观测性异质的一个代理指标。

9.7.3 研究变量选择

为验证投资者可观测性异质对抑价的影响，以 IPO 上市首日抑价（UP）作为因变量，以 IPO 上市前 5 只股票的平均抑价（UP_5）、首日换手率（Turn Over）和中签率（Lot Rate）3 个指标作为解释变量，Chang 等（2008）以 1996~2004 年在中国沪深两市上市的891只股票为样本进行实证研究，结果表明：IPO首日回报与首日换手率正相关，与中签率负相关，Liu等（2014）也认为IPO首日抑价是新股分配机制的结果，且这种分配机制导致二级市场错误定价，并认为新股首日抑价与中签率负相关。在控制变量的选择上，综合前人的研究成果并结合本章所选择的样本，我们首先进行了由一般到特殊的回归分析，最后选择以下在沪市或深市具有统计显著性的因素作为控制变量。

发行至上市时间间隔（Lag）：陈工孟和高宁（2000）、Tian（2011）的研究都指出，我国存在发行日与上市日间隔时间较长的现象，增加了IPO的发行风险，因此相应提高了IPO的初始收益。发行至上市时间间隔越长，投资者所承担的风险越大，同时IPO申购成本也越高，因此所要求得到的回报也越高，故其应与IPO抑价正相关。

上市首日大盘指数收益率（Index）：大盘指数越高，散户投资者的情绪越乐观，对新股越容易高估，二级市场对IPO的需求就会越旺，因此该指标应与IPO抑价正相关，Chang等（2008）认为IPO首日回报与上市首日大盘指数收益率正相关。由于沪深两市缺乏统一指数，所以我们只选择以沪市1996~2004年发行的股票为样本。

发行规模（IPO Size）：Beatty和Ritter（1986）认为，发行规模可以作为公司风险度量的一个代理指标，发行规模越小的公司，收益具有较大的不确定性，很难预测其现金流量，因而其价值很难估计。宋逢明和梁洪昀（2001）、Chi和Padgett（2005）等认为，大的发行规模意味着供给的增加和价格炒作难度的加大，因此它应该与IPO抑价负相关。

资产负债率（ADR）：资产负债率越高，公司财务风险越大，对投资者的吸引力越小，因此它应与IPO抑价负相关。

净资产收益率（ROE）：净资产收益率越高，公司未来资产营利能力越强，对二级市场投资者的吸引力越大，因此IPO抑价应越高。

每股收益（EPS）和发行市盈率（PE）：在我国IPO市场上，市盈率定价法是确定新股发行价格的主要方法，这2个指标越高，IPO定价也就越高，二级市场交易价格上升的空间也就越小，因此它们应与IPO抑价负相关。

每股发行费用（Fee）：在样本考察期内，沪深两市共有157只IPO实行了锁定制度。新股锁定比例越高，意味着二级市场IPO供给减少的程度越高，在同等需求的情况下，IPO交易价格上升的幅度也应越高，即锁定比例与IPO抑价应该正相关。

公司存在时间（CAT）：借鉴Ljungqvist和Wilhelm（2003）、汪昌云和武佳薇（2015）等的研究，选取公司存在时间作为其中一个控制变量，公司存在时间越长，投资者对公司了解越充分，信息不对称的难度越低，所以公司存在时间与IPO

抑价负相关。

表 9.2 和表 9.3 分别给出了相关变量的描述性统计结果。

表9.2 不同定价机制下样本描述性统计（1996~1999年）

变量	UP	Turn Over	Lot Rate	UP$_5$	CAT	Lag	Index	IPO Size	PE	Fee	ADR	EPS	ROE
均值	1.388	0.639 1	2.308	2.764	2.134	29.40	0.025	4 483.8	15.23	0.411	55.65	0.505	0.267
中值	1.226	0.606 5	0.793	1.895 8	2.470	21.00	0.035	3 430	14.96	0.396	59.25	0.403	0.247
极大值	8.311	0.996 4	0.905 7	4.251 5	11.24	377.0	0.074	35 000	32.5	0.884	81.58	1.72	0.809
极小值	-0.067 4	0.088 3	0.016	0.466 4	0.005	7.00	-0.101	1 000.0	8.8	0.00	7.76	0.05	0.010
标准差	8.588	0.544 1	6.929	1.981 8	2.106	27.58	0.024 8	4 666.3	2.25	0.136	13.26	0.167	0.128

表9.3 不同定价机制下样本描述性统计（2005~2008年）

变量	UP	Turn Over	Lot Rate	UP$_5$	CAT	Lag	Index	IPO Size	PE	Fee	ADR	EPS	ROE
均值	1.389	0.702 3	0.303 1	2.580	5.44	13.33	0.009	32 204.7	20.24	0.606	56.00	0.575	0.223
中值	1.015	0.720 0	0.133 2	1.797	4.80	13.00	0.012	3 200.0	20.97	0.580	57.04	0.430	0.205
极大值	5.381	0.94	5.327 5	4.304	20.08	24.00	0.096	1 495 000	92.60	1.560	97.37	3.81	0.736
极小值	0.000	0.34	0.012 9	0.190	0.19	7.00	-0.099	1 250	2.44	0.046	0.59	0.070	0.15
标准差	1.050	0.126 7	0.522 8	0.202	3.92	3.569	0.045	12 582.2	8.220	0.318	17.39	0.517	0.111

从表 9.2 和表 9.3 可以看出，在样本考察期内，两种不同发行机制下的 IPO 的平均抑价并无显著差异，但抑价水平较高，都超过了 130%，高抑价现象明显；新股上市前 5 家 IPO 的平均历史抑价水平差距并不太大，但询价发行和固定价格发行比较，二级市场首日换手率指标的均值更高，而中签率却低很多，且市盈率更高，说明询价发行机制下的投机气氛可能更浓，且询价发行的 IPO 则更受投资者追捧，这也说明询价发行机制下投资者对新股的价值评估分歧很大，导致无意抑价增大；从发行至上市的平均时间间隔来看，1996~1999 年数据显著高于 2005~2008 年数据，这说明询价发行机制下国家管制放开，加快了公司 IPO 上市的进度；每股平均发行费用和发行规模则相反，这可能与发行规模上的差异有关。规模越大的公司，其先期准备工作和受到的待遇可能强于规模小的公司，因此上市等待期更短。同时，由于每股发行费用通常为部分固定费用加发行收入的一定比例，因此发行规模越大，每股发行费用也越高；从平均市盈率指标上看，询价发行比固定价格发行要高，这是因为 1996~1999 年处于发行市盈率管制阶段，同时也说明

机构投资者对参与新股申购普遍乐观；1996~1999 年 IPO 的平均每股收益和公司平均存在时间低于 2005~2008 年数据，这可能与发行规模和部分在国外上市的公司回归 A 股有关，而 IPO 在其他两个财务指标上的差异并不明显。

9.7.4 实证检验结果

我们采用下述模型进行回归：

$$UP = \beta_0 + \beta_1 \text{Turn Over} + \beta_2 \text{Lot Rate} + \beta_3 UP_5 + \beta_4 \text{CAT} + \beta_5 \text{Lag} + \beta_6 \text{Index} + \beta_7 \text{IPO Size} + \beta_8 \text{PE} + \beta_9 \text{Fee} + \beta_{10} \text{ADR} + \beta_{11} \text{EPS} + \beta_{12} \text{ROE} + \varepsilon$$

本章采用了广义最小二乘法进行回归估计，以消除回归中出现的异方差问题。其统计结果见表 9.4 和表 9.5。

表9.4 固定价格发行机制下IPO抑价与投资者可观测性异质关系检验

变量	预期符号	模型 1 系数	模型 1 p 值	模型 2 系数	模型 2 p 值	模型 3 系数	模型 3 p 值	模型 4（10%的显著水平）系数	模型 4（10%的显著水平）p 值
（常量）		8.616	0.841	129.888	0.000	3.540	0.936	24.882	0.498
Turn Over	+	0.004	0.952	0.022	0.772				
Lot Rate	−	−2.099	0.000	−2.477	0			−2.094	0
UP_5	+	0.070	0.000	0.058	0.005			0.073	0.000
CAT	−	0.949	0.639			1.951	0.345		
Lag	+	0.761	0.000			0.664	0.000	0.750	0.000
Index	+	2.608	0.091			2.307	0.142	−2.394	0.118
IPO Size	−	−0.004	0.005			−0.004	0.012	−0.003	0.001
PE	−	−3.926	0.035			−4.524	0.017	3.464	0.047
Fee	−	−11.735	0.001			−13.622	0.000	−11.302	0.001
ADR	−	−0.001	0.312			−0.001	0.272		
EPS	−	−0.540	0.062			−0.553	0.062	−0.576	0.045
ROE	+	14.308	0.649			6.499	0.840		
DW 值		1.605		1.668		1.480		1.607	
White 异方差检验的 p 值		0.023		0.001		0.000		0.000	
R^2		0.231		0.057		0.178		0.230	
调整后的 R^2		0.206		0.051		0.158		0.213	
F 检验的 p 值		0.000		0.000		0.000		0.000	

表9.5 询价发行机制下IPO抑价与投资者可观测性异质关系检验

变量	预期符号	模型1		模型2		模型3		模型4（10%的显著水平）	
		系数	p值	系数	p值	系数	p值	系数	p值
（常量）		0.005	0.987	−0.207	0.333	1.266	0.000	−0.152	0.478
Turn Over	+	0.138	0.107	0.039	0.585			0.111	0.102
Lot Rate	−	−0.675	0.006	−0.696	0.006			−0.712	0.003
UP_5	+	0.682	0.000	0.712	0.000			0.683	0.000
CAT	−	−0.003	0.663			−0.016	0.081		
Lag	−	−0.007	0.345			−0.016	0.052		
Index	+	1.112×10^{-8}	0.973			7.723×10^{-7}	0.003		
IPO Size	−	−2.848	0.000			−2.838	0.000	−2.647	0.000
PE	−	−0.003	0.104			−0.003	0.137	−0.003	0.101
Fee	−	−0.005	0.097			−0.003	0.360	−0.003	0.104
ADR	−	−0.065	0.387			−0.012	0.891		
EPS	−	−0.009	0.004			−0.009	0.012	0.009	0.003
ROE	+	0.068	0.484			0.072	0.522		
DW值		1.701		1.653		1.177		1.701	
White异方差检验的p值		0.021		0.001		0.000		0.000	
R^2		0.397		0.296		0.122		0.386	
调整后的R^2		0.379		0.243		0.101		0.354	
F检验的p值		0.000		0.000		0.000		0.000	

表9.4和表9.5中模型1合并了所有可能影响IPO抑价的因素，检验这些因素对IPO抑价的影响，模型2检验了投资者可观测性异质代理指标对IPO抑价的影响，模型3则通过剔除了影响投资者可观测性异质的主要因素，单纯检验了其他控制因素对IPO抑价的影响；模型4则通过逐步回归剔除了不具统计显著性的变量，仅保留影响IPO抑价的敏感因素。

从表9.4、表9.5中四个回归模型可知，以上所有影响IPO抑价的控制变量前面的系数都与预期符号一致。从可观测性异质的3个代理指标来看，表9.3中首日换手率指标完全不显著，其他两个指标都显著，而在表9.4中，首日换手率指标在统计上显著，且其他两个变量都显著，这表明固定价格发行机制下用首日换手率作为可观测性异质代理指标不具有稳健性，而中签率和前5只股票的平均抑价都具有稳健性，而在询价机制发行下3个代理指标都具有稳健性。比较表9.4和表

9.5 中模型 2 的调整后的 R^2 可知,可观测性异质在不同的定价机制下的确存在,且对 IPO 抑价产生影响,但很明显,询价发行机制下投资者可观测性异质比固定价格发行机制下对 IPO 抑价影响要大,这进一步证明了结论 9.3。

比较表 9.4、表 9.5 中的模型 1,固定价格发行机制下,首日换手率、公司存在时间、资产负债率和净资产收益率 4 个指标不具有统计显著性,而询价发行机制下,公司存在时间、发行至上市时间间隔、上市首日大盘指数收益率、资产负债率和每股收益 5 个指标不具有统计显著性,这说明询价机制并没有提高新股的 IPO 抑价,发行至上市时间间隔指标并不显著的原因可能是询价发行机制下,公司上市的步伐加快,从表 9.2 和表 9.3 可知,发行至上市时间间隔相差不大,这对机构投资者来说,这段时间成本差可以忽视,从而导致不显著。从表 9.5 的模型 1 和模型 2 可知,上市首日大盘指数收益率指标在去掉可观测性异质的 3 个代理指标后统计显著,因为这个指标和前 5 只股票平均抑价公线性,从而导致其不显著;同时由于每股收益和净资产收益率指标之间也具有公线性,从而导致这 2 个指标有一个不显著。

在表 9.4 和表 9.5 中,比较模型 1 和模型 3 调整后的 R^2 可以看出,模型 1 的调整后的 R^2 值比模型 2 大,在加入投资者可观测性异质指标后,模型对 IPO 抑价的解释能力明显提高,这表明结论 9.2 得到了实证检验的支持。

需要指出的是,对投资者可观测性异质进行精确度量非常困难。从广义上讲,除了我们所使用的 3 个指标外,其他任何因素都可能包含投资者可观测性异质,如对同一公司的财务指标,乐观和悲观的投资者会形成不同的预期,从而影响其对公司的评价。然而,我们却无法从众多影响 IPO 抑价的因素中将投资者可观测性异质完全分离出来,由此所引申出的一个问题是,投资者可观测性异质究竟在多大程度上影响了 IPO 抑价?显然,简单比较表 9.4 和表 9.5 中模型 1~模型 3 的调整后的 R^2 值不可能得到正确答案,因此必须寻找新的方法来解决这一问题。

9.8 本章小结

本章以机构和发行期望效用最大化为目标,求出了固定价格发行和询价发行机制下的 IPO 定价模型,并根据二级市场机构投资者和散户投资者可观测性异质求出二级市场均衡价格,最后确定不同发行机制下的 IPO 抑价模型,并进行抑价比较分析。通过抑价比较表明,固定价格发行和询价发行都不能消除 IPO 抑价;在两种发行机制下,投资者可观测性异质越大,无意抑价越高,IPO 抑价也越大;与固定价格发行机制相比,询价发行机制下由可观测性异质引起的无意抑价越低,

IPO 抑价越低。最后，本章进行数值分析，得到了部分管理启示，从而为本章的结论提供了定量支撑。

需要指出的是，本章 IPO 均衡定、抑价模型是在假定发行人和机构投资者风险规避且机构投资者和散户投资者可观测性异质的基础上得到的结论，若排除这一假定，特别是当假定所有的投资者为可观测性异质时，要解出其在不同情形下最优报价策略的解析表达式异常困难。这是本章的不足之处，同时也是值得进一步研究的问题。

第10章　超募制度变迁下投资者可观测性异质对 IPO 抑价影响

第 9 章我们讨论了固定价格发行和询价发行机制下投资者可观测性异质对 IPO 抑价的影响，我们得到询价发行比固定价格发行具有更高的 IPO 定价效率，且在不同的发行机制下，投资者可观测性异质与 IPO 抑价正相关，也就是说，投资者可观测性异质越大，IPO 抑价越高。然而超募制度是否提高了 IPO 定价效率，且超募制度下投资者观测性异质对 IPO 抑价的影响怎样？这是本章要探讨的问题。

10.1　引　言

2009 年 6 月 11 日，证监会出台《关于进一步改革和完善新股发行体制的指导意见》，该意见打破了政府对 IPO 定价的行政管制，承销商获得 IPO 定价的权力，并且允许超额募集资金，这是继 2005 年询价制改革后最为深刻的一次制度变革，是我国证券市场化的重要标志。然而在意见出台之后，证券市场迅速出现了 2 个新问题：①发行价格过高，超募现象凸显。②高抑价现象并未得到完全改善。据统计，在 2012 年发行的 150 家新股中，有 148 家是首发上市募资，而超募的新股公司有 126 家，占比高达 85.14%，超募资金总额达到 300.58 亿元，平均每家新股超募资金达到 2.39 亿元，其中奥康国际、京威股份、百隆东方等 6 家的新股超募资金则超过 7 亿元，可见超募情况相当严重；同时截至 2012 年底，IPO 平均抑价高达 35.38%。中国证券市场"三高"市场失灵的现象引起了学术界、新闻媒体和投资者的广泛关注，并一度成为讨论的热点和焦点问题。我国证券市场失灵现象迫使监管当局暂停了 IPO 发行。

基于此，本章提出的问题如下：超募制度的变迁对 IPO 抑价有怎样的影响？超额募集的资金对 IPO 抑价是否有影响？鉴于以上问题的回答，有助于人们更加深刻地理解中国 IPO 超募制度变迁与 IPO 抑价之间的影响机理，不但可以进一步深化 IPO 领域的研究，而且可以为监管当局实施发行体制改革提供一些参考。本章试图结合中国 IPO 发行的实际，运用博弈论和行为金融理论工具，分别构建投资者拥有私人信息条件下新股超募前后 IPO 定、抑价模型。同时，结合我国上市公司数据，运用 Matlab 编程进行数值分析和比较分析，以期得到部分管理启示。最后以 2005 年 1 月~2008 年 12 月和 2009 年 1 月~2012 年 12 月我国沪深两市上市的公司为研究对象，通过多元回归进行实证分析，研究超募制度变化前后投资者异质情绪对 IPO 抑价的影响，并进行比较研究。此外，为了更清晰地解释问题，本章联合 IPO 每股超募资金调整后的抑价和经市场调整的 IPO 抑价来考查 IPO 抑价问题，较为系统地研究了超募制度变迁对 IPO 抑价的影响。

10.2　基本理论模型

10.2.1　问题的描述和假设

为了更加贴合我国证券市场的实际情况，在构建模型之前，我们先假定新股在发行过程中不存在超募行为，并做了如下的描述和假设。

（1）假定新股发行过程中全部参与 IPO 的投资者对 IPO 内在价值的先验估计是无偏的。

其内在价值为 V；新股的发行规模为 s；机构投资者在本次 IPO 发行中的新股配售比例为 k，$k \in (0,1)$；ks 为机构投资者新股配售数量。

在累计机构投资者的需求后（我国散户投资者没有参与 IPO 定价的权力），根据我国 IPO 情况，我们假设承销商和上市公司严格根据价格-数量结合，依照 ks 得到新股发行价格。

（2）假定证券市场上存在投资信息公开的两类投资者，机构投资者和散户投资者对新股的价值评估存在分歧。

机构投资者数量为 n，$n \geq 2$；散户投资者数量为 m；所有投资者风险规避系数为 ρ；机构投资者对新股先验价值评估为 V_1；散户投资者对新股先验价值评估为 V_2，其中 $V_1 \neq V_2$。

当 $V_1 \neq V_2$ 时，即机构投资者和散户投资者对新股价值评估存在分歧，且其都为投资者之间的共同知识。$V_i \sim V+\varepsilon(0,\alpha)$ 是投资者对 IPO 内在价值的后验估计。

10.2.2 信息不对称和询价制度环境

信息不对称变量的引入：Lin 等（2007）以 1995~2002 年我国台湾的 89 个拍卖 IPO 为样本数据进行实证检验发现，公司股票价值与投资者拍卖的价值成正比时，与 IPO 抑价成反比，这也表明与散户相比，机构投资者拥有更少 IPO 公司的价值信息。刘静和陈璇（2008）以 2001~2007 年我国深沪两市 A 股 IPO 公司为样本对信息不对称理论进行实证检验，研究说明中国 A 股市场 IPO 折价现象与信息不对称理论是贴合的。基于此，我们假定公司首次发行新股以前，全部投资者都收到一个有关新股内在价值 V 的私人信号，假定这个信息模型为 $X_i = V + \varepsilon_i$，$\varepsilon_i \sim N(0,\beta)$，且 ε_i 和 V 是相互独立情况，$i=1,2,\cdots,n+m$。

假设 x_i 的实现值为 X_i，但信号结构为共同信息。

X_i 代表私人信息；$x_i(i=1,2,\cdots,n)$ 代表机构投资者的私人信息；$x_j(j=1,2,\cdots,m)$ 代表散户投资者的私人信息。

询价制度环境的约束：为了与我国 IPO 理论模型中的实际证券市场相一致，引入信息不对称理论，对衍生过程进行建模，并结合我国环境平衡 IPO 定价理论模型的具体询价制度。这主要因为与国外的询价制度相比，我国的询价制度具有以下特性。

（1）在我国特殊询价制度下，只有机构投资者有参与 IPO 定价的权力，而散户投资者不能参与 IPO 定价，所以在 IPO 定价模型的推导过程中，机构投资者的需求和新股发行的比例是发行人和承销商确定 IPO 价格的主要依据，这与国外 IPO 定价理论模型完全不同。

（2）对我国证券市场来说，散户投资者尽管不能参与 IPO 定价，但散户投资者可以在二级市场购买股票，因此，散户投资者情绪对 IPO 定价和 IPO 抑价都会产生较大的影响。

（3）由于在我国询价发行制度下，超募制度变化前后募集资金数量要事先确定，因此，IPO 价格也基本确定。在构建 IPO 抑价模型中，必然要考虑这些因素，这与国外 IPO 询价机制是完全不同的。

基于以上三点考虑，本章在构建 IPO 定价理论模型过程中，考虑我国 IPO 询价发行的实际，然后得到中国询价机制下的 IPO 定价模型。

10.2.3 投资者期望收益函数

假定投资者对股票的需求为 $q(p)$，投资者的收益为 π，根据投资者对新股的价值评估，机构投资者的需求函数为 $q_i(p) = \begin{cases} q_i(p) & V_1 > p \\ 0 & V_1 \leq p \end{cases}$，散户投资者的需求为 $q_j(p) = \begin{cases} q_j(p) & V_2 > p \\ 0 & V_2 \leq p \end{cases}$，则机构投资者的期望收益函数为 $\pi_i = (V_1 - p)q_i(p)$，散户投资者的期望收益函数为 $\pi_j = (V_2 - p)q_j(p)$。

我们在借鉴 Makarov 和 Schornick（2010）方法的基础上，引入 CARA 模型效用函数，可以确定风险规避的投资者其期望收益函数为

$$\pi[q(p)] = -1/\rho \times \text{EXP}\{-\rho[(V-p)q_j(p) - \rho\alpha q_j^2(p)/2]\}$$

因此，在投资者拥有私人信息条件下，可以得到风险规避的机构投资者和散户投资者的期望收益函数：

$$E[\pi(V|x_i)] = E\{-1/\rho \times \text{EXP}\{-\rho[(V(V|x_i) - p)q_i(p) - \rho\alpha q_i^2(p)/2]\}\}$$

$$E[\pi(V|x_j)] = E\{-1/\rho \times \text{EXP}\{-\rho[(V(V|x_j) - p)q_j(p) - \rho\alpha q_j^2(p)/2]\}\}$$

根据投资者期望收益最大化的均衡，对 $E[\pi(V|x)]$ 求最大值，即 $\text{Max}E[\pi(V|x)]$，可以得到投资者期望最大化的收益函数：

$$\text{Max}E[\pi(V|x)] = \text{Max}E\{-1/\rho \times \text{EXP}\{-\rho[(V(V|x) - p)q(p) - \rho\alpha q^2(p)/2]\}\}$$

由于 $\text{Max}E\{-1/\rho \times \text{EXP}\{-\rho[(V(V|x) - p)q(p) - \rho\alpha q^2(p)/2]\}\}$ 等价于 $\text{Max}E\{[V(V|x) - p]q(p) - \rho\alpha q^2(p)/2\}$，于是投资者收益最大化的均衡函数可转化为 $\text{Max}E\{[V(V|x) - p]q(p) - \rho\alpha q^2(p)/2\}$。

10.2.4 超募制度变化前 IPO 定、抑价模型

在 IPO 发行定价阶段，由于监管机构明确规定不能 IPO 超募，因此在新股发行规模 s 和募集资金 SU_0 确定，且承销费率 a 为定值的基础上，有

$$(1-a)p_1 \times s = SU_0$$

可以求出 IPO 定价：

$$p_1 = \frac{SU_0}{(1-a) \times s} \tag{10.1}$$

设发行人募集资金为定值。SU_0 表示预计需募集资金总额；p^* 表示期望的发行价值；SU_2 表示实际募资额；$SU_1 = SU_2 - SU_0$ 表示 IPO 超募资金。

根据我国询价发行规则，在 IPO 发行定价阶段，机构投资者 i 只拥有自己的私人信息 x_i，根据 Kyle（1989）引理，其基于 x_i 对 IPO 内在价值 V 所形成的预期后验估计为 $E(V|x_i) = \dfrac{\beta V + \alpha x_i}{\alpha + \beta}$，$D(V|x_i) = \dfrac{\alpha\beta}{\alpha + \beta}$，则第 i 个机构投资者的效用函数为

$$E\left[\pi(V|x_i)\right] = E\left\{-1/\rho \times \mathrm{EXP}\left\{-\rho\left[\left(\dfrac{\beta V + \alpha x_i}{\alpha + \beta} - p\right)q_i(p) - \rho\dfrac{\alpha\beta}{\alpha + \beta}q_i^2(p)/2\right]\right\}\right\}$$

根据效用最大化的原则，则第 i 个机构投资者的期望效用最大化的函数为

$$\mathrm{Max}E\left[\pi(V|x_i)\right] = \mathrm{Max}E\left\{-1/\rho \times \mathrm{EXP}\left\{-\rho\left[\left(\dfrac{\beta V + \alpha x_i}{\alpha + \beta} - p\right)q_i(p) - \rho\dfrac{\alpha\beta}{\alpha + \beta}q_i^2(p)/2\right]\right\}\right\}$$

等价于 $\mathrm{Max}E\left[\left(\dfrac{\beta V + \alpha x_i}{\alpha + \beta} - p\right)q_i(p) - \rho\dfrac{\alpha\beta}{\alpha + \beta}q_i^2(p)/2\right]$，令 $d\{E[\pi(V|x_i)]\}/dq_i(p) = 0$，可求出第 i 个机构投资者在发行阶段机构投资者的最优需求为

$$q_i = \dfrac{\beta V + \alpha x_i - (\alpha + \beta)p_1}{\rho\alpha\beta}$$

根据 $q_i = \dfrac{\beta V + \alpha x_i - (\alpha + \beta)p_1}{\rho\alpha\beta}$ 和一级市场均衡条件 $\sum_{i=1}^{n}q_i = ks$，

同时，将式（10.1）代入，则可得

$$\sum_{i=1}^{n}x_i = \left[\rho ks\alpha\beta + \dfrac{n(\alpha + \beta) \times \mathrm{SU}_0}{(1-a) \times s} - n\beta V\right]\bigg/\alpha \quad (10.2)$$

在二级市场交易过程中，机构投资者的私人信息 $\sum_{i=1}^{n}x_i$ 成为共同知识，同样根据 Kyle（1989）引理，机构投资者 i 对二级市场交易期望均衡价格的条件期望和条件方差分别为

$$E\left(V_1 \bigg| \sum_{i=1}^{n}x_i\right) = \dfrac{\beta V + \alpha\sum_{i=1}^{n}x_i}{n\alpha + \beta}$$

$$D\left(V_1 \bigg| \sum_{i=1}^{n}x_i\right) = \dfrac{\alpha + \beta}{n\alpha + \beta}$$

同理，通过 $d\{E[\pi(V_1|x_i)]\}/dq_i(p) = 0$，可以得到机构投资者在二级市场交易的最优需求为

$$q_i = \dfrac{\beta V + \alpha\sum_{i=1}^{n}x_i - (n\alpha + \beta)p_2}{\rho\alpha\beta}$$

而对散户投资者 j 而言,在二级市场,其不仅拥有自己的私人信息 $\sum_{j=1}^{n} x_j$,同时还掌握了机构投资者的私人信息,根据 Kyle(1989)引理,可求出二级市场交易期望均衡价格的条件期望和条件方差分别为

$$E\left(V_2 \mid \sum_{i=1}^{n} x_i, x_j\right) = \frac{\beta V + \alpha\left(\sum_{i=1}^{n} x_i + x_j\right)}{(n+1)\alpha + \beta} + V_2 - V_1$$

$$D\left(V_2 \mid \sum_{i=1}^{n} x_i, x_j\right) = \frac{\alpha\beta}{(n+1)\alpha + \beta}$$

同理,根据上面的散户在拥有私人信息的收益函数的公式,可以得到散户效用最大化条件下期望收益函数为

$$\text{Max} E\left(\frac{\beta V + \alpha\left(\sum_{i=1}^{n} x_i + x_j\right)}{(n+1)\alpha + \beta} + V_2 - V_1 - p\right) q_j(p) - \rho \frac{\alpha\beta}{\alpha + \beta} q^2_{j}(p)/2$$

当 $d\{E[\pi(V_2|x_j)]\}/dq_j(p) = 0$ 时,可以得到散户投资者在二级市场交易的最优需求为

$$q_j = \frac{\beta V + \alpha\left(\sum_{i=1}^{n} x_i + x_j\right) - [(n+1)\alpha + \beta](V_1 - V_2 + p_2)}{\rho\alpha\beta}$$

由二级市场均衡条件 $\sum_{i=1}^{n} q_i + \sum_{j=1}^{m} q_j = s$,且当 $m \to \infty$ 时,可得二级市场的均衡价格为

$$p_2 = \frac{V(\alpha + \beta) + \alpha \sum_{i=1}^{n} x_i}{(n+1)\alpha + \beta} + V_2 - V_1 \quad (10.3)$$

为了消除 $\sum_{i=1}^{n} x_i$,我们将式(10.2)代入式(10.3),得到以下方程:

$$p_2 = \frac{[V(\alpha+\beta) + \rho k s \alpha\beta - n\beta V] \times (1-a) \times s + n(\alpha+\beta) \times \text{SU}_0}{(1-a) \times s \times [(n+1)\alpha + \beta]} + V_2 - V_1 \quad (10.4)$$

根据 IPO 抑价 $\text{UP} = \frac{p_2 - p_1}{p_1}$,可求出超募约束下的 IPO 抑价模型为

$$\mathrm{UP} = \frac{[V(\alpha+\beta) + \rho ks\alpha\beta - n\beta V] \times (1-a) \times s - \alpha \times \mathrm{SU}_0}{[(n+1)\alpha + \beta] \times \mathrm{SU}_0} + \frac{(1-a)s \times (V_2 - V_1)}{\mathrm{SU}_0}$$
(10.5)

同时，我们也可以求出投资者风险中性下的 IPO 抑价模型 ($\rho = 0$) 为

$$\mathrm{UP} = \frac{[V(\alpha+\beta) - n\beta V] \times (1-a) \times s - \alpha \times \mathrm{SU}_0}{[(n+1)\alpha + \beta] \times \mathrm{SU}_0} + \frac{(1-a)s \times (V_2 - V_1)}{\mathrm{SU}_0} \quad (10.6)$$

当机构投资者和散户投资者之间对新股价值评估不存在分歧时，即 $V_2 = V_1$，此时投资者风险规避下的 IPO 抑价为

$$\mathrm{UP} = \frac{[V(\alpha+\beta) + \rho ks\alpha\beta - n\beta V] \times (1-a) \times s - \alpha \times \mathrm{SU}_0}{[(n+1)\alpha + \beta] \times \mathrm{SU}_0} \quad (10.7)$$

比较式（10.5）和式（10.7）可知，当投资者理性时，IPO 抑价较低，IPO 定价效率较高。

10.2.5 超募制度变化后的 IPO 定、抑价模型

根据 10.2.4 节的模型推导，根据 IPO 超募制度的约束，推导出超募制度变化后 IPO 定、抑价模型，具体推导如下：

$$(1-a) p_1 \times s = \mathrm{SU}_0 + \mathrm{SU}_1$$

可以求出 IPO 定价为

$$p_1 = \frac{\mathrm{SU}_0 + \mathrm{SU}_1}{(1-a) \times s}$$

同理，我们可以根据前面禁止超募下的模型推导过程，可得到 IPO 发行阶段机构投资者的最优需求函数为 $q_i = \frac{\beta V + \alpha x_i - (\alpha+\beta) p_1}{\rho \alpha \beta}$，将 $p_1 = \frac{\mathrm{SU}_0 + \mathrm{SU}_1}{(1-a) \times s}$ 代入机构投资者最优需求函数中，我们可以得

$$\sum_{i=1}^{n} x_i = \left[\rho ks\alpha\beta + \frac{n(\alpha+\beta) \times (\mathrm{SU}_0 + \mathrm{SU}_1)}{(1-a) \times s} - n\beta V \right] \bigg/ \alpha$$

结合式（10.3），可以得到 $p_2 = \frac{V(\alpha+\beta) + \alpha \sum_{i=1}^{n} x_i}{(n+1)\alpha + \beta} + V_2 - V_1$，从而可以推出

$$p_2 = \frac{[V(\alpha+\beta) + \rho ks\alpha\beta - n\beta V] \times (1-a) \times s + n(\alpha+\beta) \times (\mathrm{SU}_0 + \mathrm{SU}_1)}{(1-a) \times s \times [(n+1)\alpha + \beta]} + V_2 - V_1$$
(10.8)

根据 IPO 抑价 $UP = \dfrac{p_2 - p_1}{p_1}$，可求出准许超募下的 IPO 抑价模型为

$$UP = \dfrac{\left[V(\alpha+\beta)+\rho ks\alpha\beta - n\beta V\right]\times(1-a)\times s - \alpha\times(SU_0+SU_1)}{\left[(n+1)\alpha+\beta\right]\times(SU_0+SU_1)} + \dfrac{(1-a)s\times(V_2-V_1)}{(SU_0+SU_1)}$$

(10.9)

则可以求出投资者风险中性下的 IPO 抑价模型为

$$UP = \dfrac{\left[V(\alpha+\beta)-n\beta V\right]\times(1-a)\times s - \alpha\times(SU_0+SU_1)}{\left[(n+1)\alpha+\beta\right]\times(SU_0+SU_1)} + \dfrac{(1-a)s\times(V_2-V_1)}{(SU_0+SU_1)} \quad (10.10)$$

当机构投资者和散户投资者之间对新股价值评估不存在分歧时，即 $V_2 = V_1$ 时，投资者风险规避下的 IPO 抑价为

$$UP = \dfrac{\left[V(\alpha+\beta)+\rho ks\alpha\beta - n\beta V\right]\times(1-a)\times s - \alpha\times(SU_0+SU_1)}{\left[(n+1)\alpha+\beta\right]\times(SU_0+SU_1)} \quad (10.11)$$

比较式（10.9）和式（10.11）可知，当 $V_2 = V_1$ 时，IPO 抑价较低，IPO 定价效率更高。

10.3 超募制度变化前后投资者可观测性异质对 IPO 抑价比较分析

10.3.1 超募制度变化前后 IPO 抑价影响比较

为了更直观地比较超募制度变化前后投资者可观测性异质对 IPO 抑价的影响，结合 10.2 节的 IPO 抑价模型（10.5）和模型（10.9），总结如表 10.1 所示。

表10.1 不同超募制度下IPO抑价比较

超募制度		风险偏好	UP
超募实施前	投资者存在可观测性异质	风险规避	$UP = \dfrac{\left[V(\alpha+\beta)+\rho ks\alpha\beta - n\beta V\right]\times(1-a)\times s - \alpha\times SU_0}{\left[(n+1)\alpha+\beta\right]\times SU_0} + \dfrac{(1-a)s\times(V_2-V_1)}{SU_0}$
		风险中性	$UP = \dfrac{\left[V(\alpha+\beta)-n\beta V\right]\times(1-a)\times s - \alpha\times SU_0}{\left[(n+1)\alpha+\beta\right]\times SU_0} + \dfrac{(1-a)s\times(V_2-V_1)}{SU_0}$
	投资者不存在可观测性异质	$V_2 = V_1$	$UP = \dfrac{\left[V(\alpha+\beta)+\rho ks\alpha\beta - n\beta V\right]\times(1-a)\times s - \alpha\times SU_0}{\left[(n+1)\alpha+\beta\right]\times SU_0}$

续表

超募制度		风险偏好	UP
超募实施后	投资者存在可观测性异质	风险规避	$\mathrm{UP} = \dfrac{[V(\alpha+\beta)+\rho ks\alpha\beta-n\beta V]\times(1-a)\times s-\alpha\times(\mathrm{SU}_0+\mathrm{SU}_1)}{[(n+1)\alpha+\beta]\times(\mathrm{SU}_0+\mathrm{SU}_1)}+\dfrac{(1-a)s\times(V_2-V_1)}{(\mathrm{SU}_0+\mathrm{SU}_1)}$
		风险中性	$\mathrm{UP} = \dfrac{[V(\alpha+\beta)-n\beta V]\times(1-a)\times s-\alpha\times(\mathrm{SU}_0+\mathrm{SU}_1)}{[(n+1)\alpha+\beta]\times(\mathrm{SU}_0+\mathrm{SU}_1)}+\dfrac{(1-a)s\times(V_2-V_1)}{(\mathrm{SU}_0+\mathrm{SU}_1)}$
	投资者不存在可观测性异质	$V_2=V_1$	$\mathrm{UP} = \dfrac{[V(\alpha+\beta)+\rho ks\alpha\beta-n\beta V]\times(1-a)\times s-\alpha\times(\mathrm{SU}_0+\mathrm{SU}_1)}{[(n+1)\alpha+\beta]\times(\mathrm{SU}_0+\mathrm{SU}_1)}$

从表 10.1 中可以看出，超募制度变化前后，无论投资者对待风险的程度如何，也无论投资者的态度如何，IPO 抑价是一直存在的，且投资者风险中性下的 IPO 抑价更高。投资者理性下的 IPO 抑价比非理性下的 IPO 抑价低。此外，不管是在超募制度变化前还是超募制度变化后，投资者可观测性异质与 IPO 抑价呈反相关关系，即投资者越乐观，IPO 抑价越低。因此可以得到如下结论。

结论 10.1：超募制度变化后的 IPO 抑价低于超募制度变化前的 IPO 抑价，在其他前提条件相同的情况下，超募制度的变化降低了 IPO 高抑价，提高了 IPO 定价效率。

比较式（10.5）和式（10.9），

令 $\mathrm{UP}_1 = \dfrac{[V(\alpha+\beta)+\rho ks\alpha\beta-n\beta V]\times(1-a)\times s-\alpha\times\mathrm{SU}_0}{[(n+1)\alpha+\beta]\times\mathrm{SU}_0}+\dfrac{(1-a)s\times(V_2-V_1)}{\mathrm{SU}_0}$；

$\mathrm{UP}_2 = \dfrac{[V(\alpha+\beta)+\rho ks\alpha\beta-n\beta V]\times(1-a)\times s-\alpha\times(\mathrm{SU}_0+\mathrm{SU}_1)}{[(n+1)\alpha+\beta]\times(\mathrm{SU}_0+\mathrm{SU}_1)}+\dfrac{(1-a)s\times(V_2-V_1)}{(\mathrm{SU}_0+\mathrm{SU}_1)}$。

当 $\mathrm{SU}_1>0$ 时，$\dfrac{[V(\alpha+\beta)+\rho ks\alpha\beta-n\beta V]\times(1-a)\times s-\alpha\times\mathrm{SU}_0}{[(n+1)\alpha+\beta]\times\mathrm{SU}_0}$ 大于

$\dfrac{[V(\alpha+\beta)+\rho ks\alpha\beta-n\beta V]\times(1-a)\times s-\alpha\times(\mathrm{SU}_0+\mathrm{SU}_1)}{[(n+1)\alpha+\beta]\times(\mathrm{SU}_0+\mathrm{SU}_1)}$，且 $\dfrac{(1-a)s\times(V_2-V_1)}{\mathrm{SU}_0}$

大于 $\dfrac{(1-a)s\times(V_2-V_1)}{(\mathrm{SU}_0+\mathrm{SU}_1)}$，则 $\mathrm{UP}_1-\mathrm{UP}_2>0$，表明了超募制度变化后的 IPO 抑价更高。

为了进一步论证结论 10.1，我们运用 Matlab 工具，并结合式（10.5）和式（10.9）对超募制度变化前后 UP 与 V 之间的关系进行数值分析，主要验证：一是超募制度变化前后 IPO 抑价高低对比；二是投资者不同风险偏好下 IPO 抑价与新股内在价值之间的关系。令 $a=0.3$；$k=0.45$；$n=15$；$\beta=16$；$\alpha=14$；$s=1$；$\rho=10$；$p^*=3.5$；$\mathrm{SU}_0=3$；$V_2=7.5$；$V_1=4.5$。得到投资者不同风险下 UP 与 V 的关系

图，具体见图 10.1 和图 10.2。

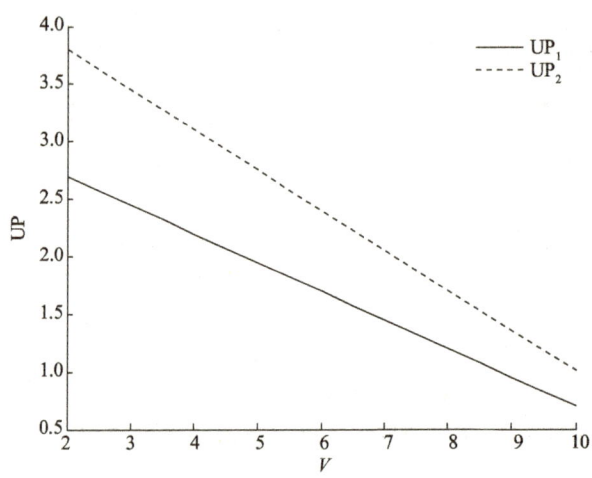

图 10.1　投资者风险规避下 UP 与 V 关系

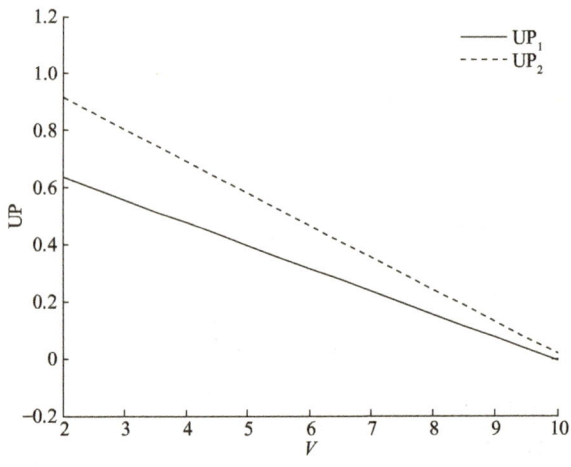

图 10.2　投资者风险中性下 UP 与 V 关系

图 10.1 和图 10.2 中，UP_2 代表超募制度变化前 IPO 抑价与股票内在价值的关系；UP_1 代表超募制度变化后的 UP 与 V 关系。从图 10.1 和图 10.2 可以得出，UP 与 V 存在负相关关系，也就是说，股票内在价值越高，IPO 抑价越低。同时也可以看出，无论是投资者风险规避下 UP 与 V 的关系，还是投资者风险中性下 UP 与 V 的关系，在其他前提条件相同的情况下，超募制度变化前的 IPO 抑价比超募制

度变化后的高,也就是说超募制度的实施是有效的,论证了结论 10.1。

10.3.2 投资者可观测性异质对 IPO 抑价影响分析

根据表 10.1 和式(10.5)、式(10.6)、式(10.9)、式(10.10),超募制度变化前后,无论风险规避系数如何,散户投资者对新股估值越高,IPO 抑价越高,而机构投资者则完全相反,且散户投资者和机构投资者分歧越大,IPO 抑价越低。因此我们可以得到如下结论。

结论 10.2:超募制度变化前后,散户投资者越乐观,IPO 抑价越高,而机构投资者恰好相反,当他们之间分歧越大时,IPO 抑价越高,IPO 定价效率越低。

根据式(10.5)、式(10.6),分别对 V_2、V_1 求导,得 $\dfrac{dUP}{dV_2}=\dfrac{(1-a)s}{SU_0}$,$\dfrac{dUP}{dV_1}=-\dfrac{(1-a)s}{SU_0}$,其中,$0<a<1$,$SU_0>0$,$s>0$,很明显 $\dfrac{dUP}{dV_2}>0$,$\dfrac{dUP}{dV_1}<0$。也就是说,在超募制度变化后,UP 与 V_1 负相关,与 V_2 正相关,即散户投资者越乐观,IPO 抑价越低,而机构投资者相反。

根据式(10.9)、式(10.10),分别对 V_2,V_1 求导,得 $\dfrac{dUP}{dV_2}=\dfrac{(1-a)s}{SU_0+SU_1}$,$\dfrac{dUP}{dV_2}=-\dfrac{(1-a)s}{SU_0+SU_1}$。其中,$SU_0$,$s>0$,$SU_1\geqslant 0$,$0<a<1$,则 $\dfrac{dUP}{dV_2}>0$,$\dfrac{dUP}{dV_1}<0$。我们可以得到与式(10.5)和式(10.6)相同的结论。

根据式(10.5)、式(10.6)和式(10.9)、式(10.10)分别对 V_2-V_1 求导,得 $\dfrac{dUP}{d(V_2-V_1)}=\dfrac{(1-a)s}{SU_0}$ 和 $\dfrac{dUP}{d(V_2-V_1)}=\dfrac{(1-a)s}{SU_0+SU_1}$,则 $\dfrac{dUP}{d(V_2-V_1)}>0$,IPO 抑价与散户和机构投资者之间的分歧成反比,即散户对新股发行抱有态度越乐观,IPO 抑价越低。

通过分析,我们可以得到,不管是在超募制度变化前还是后,散户投资者越乐观,IPO 抑价越低,而机构投资者恰好相反,而且他们之间分歧越大,IPO 抑价越低。从而论证了结论 10.2。

利用图 10.1 和图 10.2 各变量数值,根据式(10.5)和式(10.9)进行数值分析。

(1)超募制度变化前后散户和机构投资者行为对 IPO 抑价的影响。具体见图 10.3 和图 10.4。

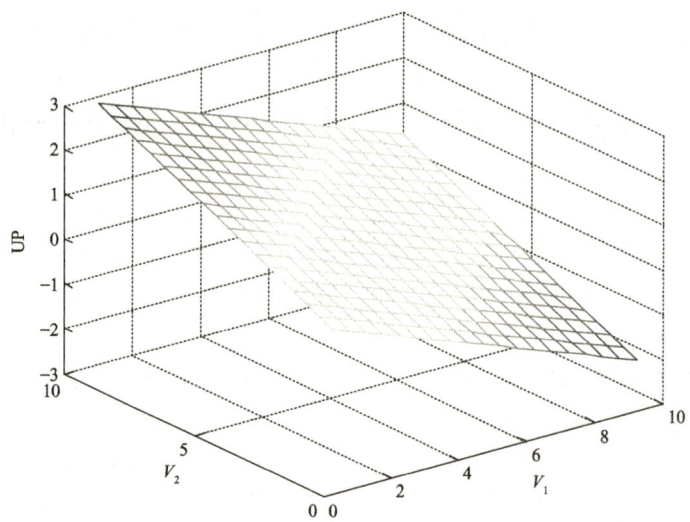

图 10.3　超募制度变化前散户和机构投资者行为对 IPO 抑价的影响

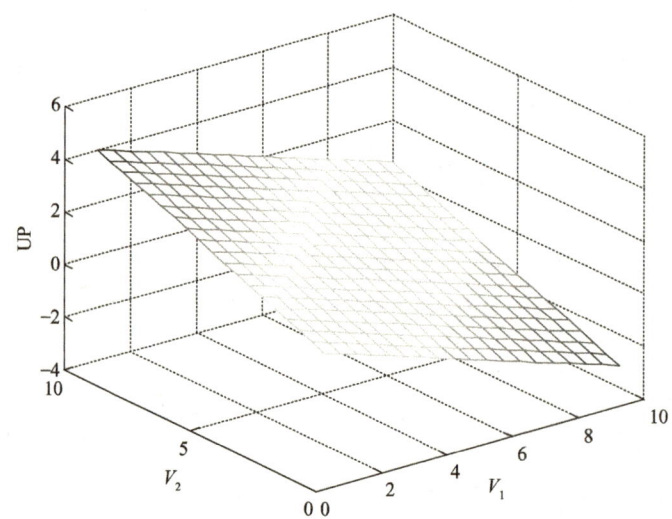

图 10.4　超募制度变化后散户和机构投资者行为对 IPO 抑价的影响

从图 10.3 和图 10.4 可以看出，超募制度变化前后，散户投资者可观测性异质对 IPO 抑价产生负向影响，同时机构投资者行为对 IPO 抑价产生正向影响，从而论证了结论 10.2。同时，通过对比图 10.3 和图 10.4 可知，在相同的条件下，超募制度变化后的 IPO 抑价高于超募制度变化前的 IPO 抑价，这也进一步论证了结论 10.1。

（2）超募制度变化前后散户投资者情绪对 IPO 抑价的影响。具体见图 10.5 和图 10.6。

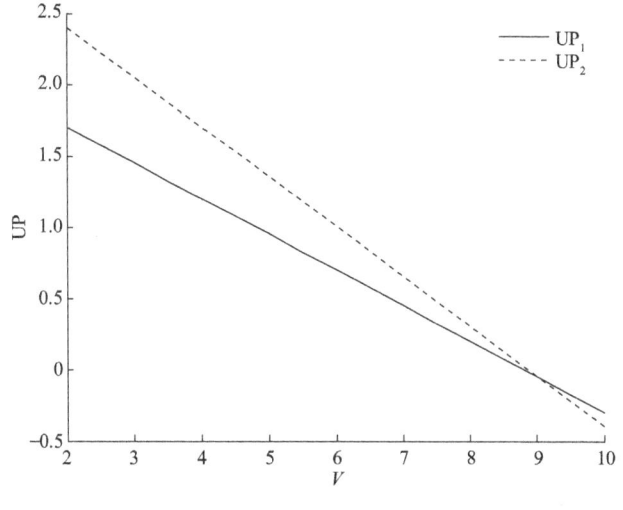

图 10.5　散户过度悲观时 $(V_2 - V_1 = -1)$ UP 与 V 关系

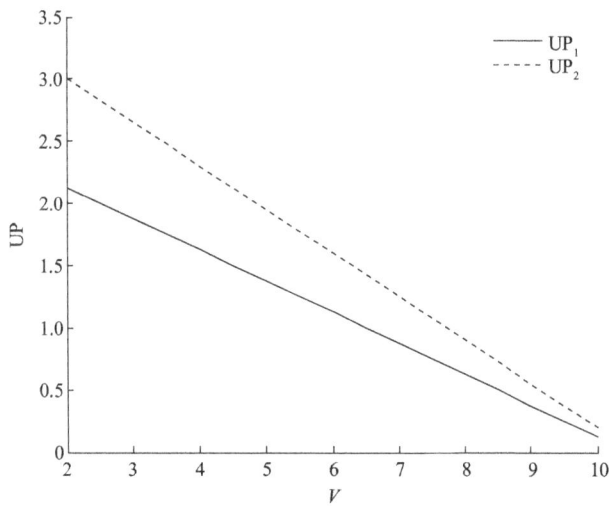

图 10.6　散户理性时 $(V_2 - V_1 = 0)$ UP 与 V 关系

在图 10.5 和图 10.6 中，UP_2 代表超募制度变化前 UP 与 V 关系；UP_1 代表超募制度变化后 UP 与 V 关系。从图 10.5 和图 10.6 可以看出，无论散户投资者理性还是非理性，超募制度变化后的 IPO 抑价低于超募制度变化前的 IPO 抑价，从而论证了结论 10.1。比较图 10.5、图 10.6 和图 10.1，图 10.1 中 $V_2 - V_1 = 3$，而图 10.5 中 $V_2 - V_1 = -1$，图 10.6 中 $V_2 - V_1 = 0$，由此可以看出，无论是 UP_1 曲线还是 UP_2 曲线，图 10.1 中 IPO 抑价最高 0.6<UP<3.7，图 10.5 中 IPO 抑价最低-0.4<UP<2.4，而图 10.6 中 IPO 抑价位于 0.1<UP<3，这也表明散户投资者与 IPO 抑价负相关。

这进一步论证了结论 10.2。

10.3.3 超募制度变化前后投资者可观测性异质变化对 IPO 抑价影响

通过上面的分析，我们得出：在假定其他条件相同的情况下，超募制度变化后的 IPO 抑价高于超募制度变化前的 IPO 抑价，且散户投资者情绪与 IPO 抑价负相关。然而，当超募制度变化前后投资者可观测性异质发生改变时，超募制度的变化是否能够提高 IPO 抑价呢？结合上述参数取值，我们探讨当投资者可观测性异质发生改变时，超募制度的变化对 IPO 抑价影响是否是正向的，见图 10.7。

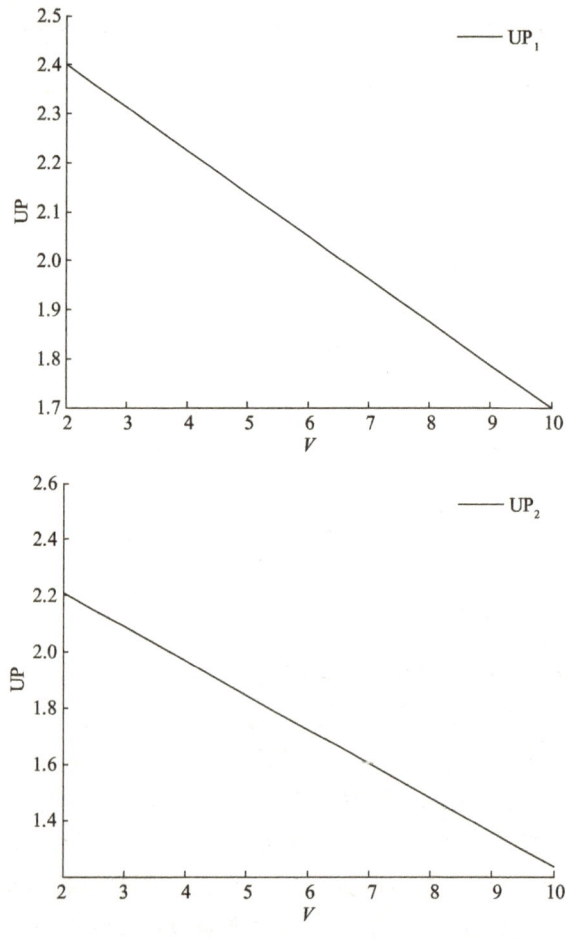

图 10.7　超募制度变化前后投资者可观测性异质变化对 IPO 抑价的影响

图 10.7 中,UP_2 代表超募制度变化前 UP 与 V 的关系 $(V_2-V_1=3)$,UP_1 代表超募制度变化后 UP 与 V 的关系 $(V_2-V_1=6)$。从图 10.7 可以看出,超募制度变化后 $1.7<UP_1<2.4$,而超募制度变化前 $1.1<UP_2<2.2$,超募制度变化后 IPO 抑价更低,得到的结论与结论 10.1 恰好相反。这说明在超募制度变化前后,当投资者情绪发生改变时,尤其对制度的变化发生改变时,超募制度的变化反而没有提高 IPO 抑价,产生与预期完全相反的结果,这也可以说明我国 2009 年出台《关于进一步改革和完善新股发行体制的指导意见》后导致的"三高"现象,尽管降低了 IPO 抑价,但 IPO 平均抑价还是较高,且超募比例远远超出预期。

10.4 实证分析

10.4.1 样本与数据来源

为了验证超募制度变化前后投资者可观测性异质对 IPO 抑价的影响,本章选取 2005~2008 年以及 2009~2012 年沪深上市的 IPO 公司为研究样本,其间共有 1 169 家 IPO 公司。根据本章的需要,对数据做如下筛选:①剔除数据缺失的公司 18 个;②剔除异常数据的公司 1 个。最终得到 1 150 个有效数据,其中 2005~2008 年数据 281 个,2009~2012 年数据 868 个。

图 10.8 为 2005~2012 年各年上市公司的数量,由图 10.8 可以明显看出,上市公司的数量在 2009 年之后要显著高于 2009 年之前,上市公司数量的增加意味着新股发行规模的增长,供需之间趋于平衡,相比较供不应求的状况,新股发行规模增长使得新股的定价更加服从市场需求的状况,有助于 IPO 抑价的提高。

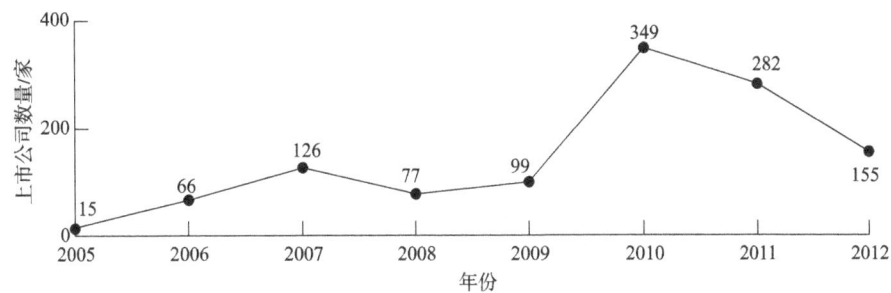

图 10.8 2005~2012 年各年公司 IPO 数量

资料来源:CSMAR 数据库

10.4.2 变量及实证模型

1. 被解释变量

借鉴胡丹和冯巧根（2013）、梁彤缨等（2014）、刘祥东等（2014）以经市场调整的 IPO 抑价来作为 IPO 抑价的代理指标：

$$\mathrm{UP} = \frac{p_1 - p}{p} - \frac{m_t - m_{t-1}}{m_{t-1}}$$

其中，p_1 为新股上市首日收盘价；p 为新股发行价；m_t 为上市首日的综合指数；m_{t-1} 为招股日的综合指数。

为了更好地说明超募制度变迁对 IPO 抑价的影响，我们根据 $\mathrm{UP} = \frac{p_1 - p}{p} - \frac{m_t - m_{t-1}}{m_{t-1}}$，并结合我国证券市场的实际，将考虑超募资金调整后的抑价 UP_n 作为衡量 IPO 抑价的另一个指标：

$$\mathrm{UP}_n = \frac{p_1 - (p - \mathrm{su})}{p - \mathrm{su}} - \frac{m_t - m_{t-1}}{m_{t-1}}$$

其中，p_1 为新股上市首日收盘价；p 为新股发行价；su 为每股超募资金，su 为正；m_t 为上市首日的综合指数；m_{t-1} 为招股日的综合指数。

UP_n 是在假设没有超募的情况下，将新股在没有超募影响下的发行价 $p-\mathrm{su}$ 作为发行价来计算抑价，以此来对有无超募制度约束下的 IPO 抑价进行研究。

2. 解释变量

借鉴 Beatty 和 Ritter（1986）、Reber 和 Vencappa（2016）、翁宵暐等（2014）的研究，结合本章研究的实际，我们选取以下解释变量。

发行规模（ln IPO Size）是实际募集资金总额的自然对数，发行规模越大，新股的供给量就会越多，价格炒作的机会就会越少，所以它与 IPO 抑价应该负相关。发行至上市时间间隔（Lag）越长，不确定因素就越多，所以为弥补不确定因素对投资者收益的影响，会降低发行价格，因此发行至上市时间间隔与 IPO 抑价正相关。公司存在时间（CAT）越长，发行价格越低，所以公司存在时间与 IPO 抑价正相关。每股收益（EPS）代表了公司的营利能力，如果每股收益越高，那么投资者对新股的期望就会越高，新股发行价格就会越高，所以每股收益与 IPO 抑价负相关。每股发行费用（Fee）间接体现了上市公司的上市成本，每股发行费用越高，则发行价格越高，所以每股发行费用与 IPO 抑价负相关。资产负债率（ADR）与

IPO抑价正相关，公司负债率越高，财务风险就越大，二级市场新股价格上升空间越小。前5只股票的平均抑价（UP_5）与首日换手率（Turn Over）是投资者情绪的代理指标，投资者情绪越高涨，新股价格炒作的可能性就越大，所以价格上涨得也越快，所以投资者可观测性异质与IPO抑价正相关。

3. 研究模型

借助SPSS对制度变化前后的情况进行比较说明，并构建如下模型进行多元回归。

$$UP = \alpha_0 + \alpha_1 \ln IPO\ Size + \alpha_2 Lag + \alpha_3 CAT + \alpha_4 EPS + \alpha_5 Fee + \alpha_6 ADR + \alpha_7 UP_5 + \alpha_8 Turn\ Over + \varepsilon$$

$$UP_n = \beta_0 + \beta_1 \ln IPO\ Size + \beta_2 Lag + \beta_3 CAT + \beta_4 EPS + \beta_5 Fee + \beta_6 ADR + \beta_7 UP_5 + \beta_8 Turn\ Over + \varepsilon$$

其中，α_0、β_0为常数项；α_i、β_i（$i=1,2,\cdots,8$）为模型的回归系数；ε为随机误差。模型中代码表示的研究变量及其含义如表10.2所示。

表10.2 变量说明

变量名称	变量符号	变量定义
发行规模	ln IPO Size	实际募集资金总额的自然对数
发行至上市时间间隔	Lag	首次招股日与上市日时间间隔
公司存在时间	CAT	企业成立日与上市日的时间间隔
每股收益	EPS	税后利润与股本总数的比率
每股发行费用	Fee	股票发行的每股发行费用
资产负债率	ADR	负债总额与总资产的比率
前5只股票的平均抑价	UP_5	上市前5只股票的平均抑价率
首日换手率	Turn Over	股票上市首日的换手率

10.4.3 数据性描述

1. 调整前数据描述

表10.3为2005~2012年超募制度变化前后各年的描述性统计。

表10.3 2005~2012年超募制度变化前后各年的描述性统计

年份	均值	标准差	中值	T检验	样本量
2005	0.489	0.330	0.51	5.741	15
2006	0.808	0.601	0.69	10.909	66
2007	1.875	1.116	1.69	18.794	124
2008	1.191	0.886	0.85	11.728	76

续表

年份	均值	标准差	中值	T 检验	样本量
2005~2008	1.365	1.038	0.98	22.033	281
2009	0.740	0.406	0.71	17.950	97
2010	0.416	0.406	0.32	18.910	341
2011	0.214	0.293	0.15	12.246	277
2012	0.228	0.324	0.16	8.667	152
2009~2012	0.355	1.608	0.266	26.488	868

由表 10.3 可知，2005~2008 年的平均抑价为 1.365，2009~2012 年的平均抑价为 0.355，由此可以看出，制度变化前的平均抑价高于制度变化后的平均抑价，由制度变化前后两年的数据来看，2008 年的平均抑价为 1.191，2009 年的平均年抑价为 0.740，更直观地体现出制度的变迁对 IPO 抑价的影响，与禁止超募相比，允许超募降低了 IPO 抑价，提高了 IPO 定价效率，这也论证了结论 10.1。从 T 检验可以看出是显著的。从各年的标准差来看，超募制度变化前的最大值为 2007 年 1.116，超募制度变化后的最大值为 2009 年的 0.406，前者明显高于后者，这也说明了超募制度的变迁促进了市场的稳定发展。

表 10.4 为 2005~2012 年各解释变量的描述性统计。

表10.4 2005~2012年各解释变量的描述性统计

变量	2005~2008 年				2009~2012 年			
	极小值	极大值	均值	标准差	极小值	极大值	均值	标准差
Ln IPO Size	9.11	15.71	10.81	1.359	9.75	15.43	11.22	0.706
Lag	1.00	40.00	13.88	6.905	1.00	51.00	12.11	5.377
CAT	0.22	20.14	5.88	3.905	0.49	27.44	8.66	4.829
EPS	0.05	5.37	0.57	0.483	−0.10	4.00	0.71	0.420
Fee	0.046	1.56	0.60	0.318	0.054	7.700	1.73	0.961
ADR	2.72	95.43	39.19	19.821	1.10	94.51	21.13	15.009
UP$_5$	0.17	4.15	1.37	0.827	−0.14	1.45	0.36	0.309
Turn Over	12.00	94.00	70.01	13.124	12.00	269.00	70.30	21.420

由表 10.4 可知，发行规模在超募制度变化前的均值为 10.81，超募制度变化后的均值为 11.22，制度变化前后的差别并不大。从发行至上市时间间隔来看，超募制度变化前后的均值分别为 13.88 和 12.11，制度变化前的数值稍微大于变化后的。从标准差来看，超募变化前的为 6.905，超募制度变化后的为 5.377，差异并不显著。每股收益在超募制度变化前的最小值为 0.05，而在超募制度变化后的最小

值为-0.10,存在负数,表明对IPO的期望低,IPO定价低,那么IPO抑价就高。超募制度变化前的每股发行费用均值为0.60,超募制度变化后的均值为1.73,由此可以看出,每股发行费用的提高会导致IPO定价的提高,从而IPO抑价就会相对降低,而资产负债率在超募制度变化前后的差异较大。制度变化后的平均抑价要显著小于制度变化前的平均抑价,但代表投资者可观测性异质的另一个指标首日换手率,超募制度变化前后的均值无显著变化,但是超募制度变化后的标准差为21.420,超募制度变化前的标准差为13.124,说明我国投资者由于制度变化从而产生对新股的非理性预期。

2. 调整前后数据描述比较

表10.5和表10.6对超募资金调整前后的首日抑价进行了描述性统计,主要描述了考虑超募资金前后IPO抑价的变化。

表10.5 超募资金调整前后首日抑价的描述性统计

数据	年份	均值	标准差	中值	T检验	样本量
调整前数据	2009	0.740	0.406	0.71	17.950	97
	2010	0.416	0.406	0.32	18.910	341
	2011	0.214	0.293	0.15	12.246	277
	2012	0.228	0.324	0.16	8.667	152
	2009~2012	0.355	1.608	0.266	26.488	868
调整后数据	2009	2.712	1.347	2.61	19.835	97
	2010	3.019	1.819	2.69	30.698	342
	2011	0.773	1.153	1.58	25.631	277
	2012	1.278	0.979	0.96	16.096	152
	2009~2012	2.282	0.395	1.959	41.829	868

表10.6 制度变化前与考虑超募资金调整后首日抑价的描述性统计

数据	年份	均值	标准差	中值	T检验	样本量
调整前数据	2005	0.489	0.330	0.51	5.741	15
	2006	0.808	0.601	0.69	10.909	66
	2007	1.875	1.116	1.69	18.794	124
	2008	1.191	0.886	0.85	11.728	76
	2005~2008	1.365	1.038	0.98	22.033	281
调整后数据	2009	2.712	1.347	2.61	19.835	97
	2010	3.019	1.819	2.69	30.698	342
	2011	0.773	1.153	1.58	25.631	277
	2012	1.278	0.979	0.96	16.096	152
	2009~2012	2.282	0.395	1.959	41.829	868

由表 10.6 可以看出 2009~2012 年考虑超募资金调整后的平均抑价为 2.282，而考虑超募资金调整前的 IPO 平均抑价为 0.355（表 10.5），由此可以明显地看出，经调整后的 IPO 抑价明显要高于未经调整的 IPO 抑价。由表 10.6 可以看出，2005~2008 年的平均抑价为 1.365，考虑超募资金调整后 2009~2012 年的平均抑价为 2.282，考虑超募资金调整后的 IPO 平均抑价显著高于制度变化前的平均抑价，这与监管当局的预计恰好相反，这可能是由于受投资者非理性行为的影响，散户投资者表现出的狂热情绪影响了 IPO 抑价，使得 IPO 抑价并未达到其预期的效果，这也将在下面的实证中得以论证。

10.4.4 制度变化前后回归结果分析

为了揭示超募制度变化前后 IPO 抑价的影响因素，阐明 IPO 度变迁与 IPO 抑价之间的影响机理，借助 SPSS 对制度变化前后的情况进行比较说明。

表 10.7 中的回归结果分为 3 个部分，样本一为全样本 2005~2012 年的数据回归，样本二为 2005~2008 年的数据回归，样本三为 2009~2012 年的数据回归，这 3 个样本是已经调整后的上市首日抑价（UP），作为被解释变量。

表10.7　制度变化前后回归结果

变量	预期符号	样本一		样本二		样本三	
		系数	p 值	系数	p 值	系数	p 值
（常量）		2.075	0.000	1.566	0.057	0.815	0.000
ln IPO Size	−	−0.203	0.000	−0.238	0.000	−0.092	0.000
Lag	+	−0.002	0.340	0.004	0.664	−0.001	0.488
CAT	+	−0.004	0.163	−0.002	0.836	0.001	0.801
EPS	−	0.037	0.268	0.216	0.037	−0.057	0.030
Fee	−	−0.048	0.005	−0.308	0.085	−0.018	0.135
ADR	+	0.001	0.418	0.001	0.823	0.000	0.659
UP_5	+	0.786	0.000	0.837	0.000	0.586	0.000
Turn Over	+	0.006	0.000	0.017	0.000	0.006	0.000
DW 值		1.772		1.752		1.836	
R^2		0.658		0.531		0.511	
调整后的 R^2		0.656		0.518		0.506	
F 检验的 p 值		0.000		0.000		0.000	

由表 10.7 中的样本一可以看出，发行规模、每股发行费用、上市前 5 只股票的平均抑价和首日换手率对 IPO 抑价都具有显著的影响，并且其符号与预期符号

一致，发行规模和每股发行费用与 IPO 抑价负相关，前 5 只股票的平均抑价和首日换手率与 IPO 抑价正相关。从样本一到样本三可以看出发行规模、前 5 只股票的平均抑价和首日换手率在 3 个样本中均显著，说明不管在制度变化前还是在制度变化后，公司的发行规模和投资者可观测性异质都对 IPO 抑价有显著的影响，这主要与我国散户投资者所占比例显著高于机构投资者有关，散户投资者的投机行为会影响 IPO 抑价，结合表 10.4 可以看出，不管在制度变化前还是在制度变化后，投资者可观测性异质都是影响 IPO 抑价的重要因素。这也说明 IPO 制度的变化虽然降低了 IPO 抑价，但是并没有改变投资者的非理性行为。

10.4.5 调整前后回归结果比较分析

为了进一步论证投资者非理性行为对 IPO 抑价的影响，我们加入超募资金的考虑，将调整前后的数据进行回归并对回归结果进行比较分析。

表 10.8 中的回归结果分为 3 个部分，样本一为全样本 2005~2012 年的数据回归，样本二和样本三则都为 2009~2012 年的数据回归，其中样本一和样本二是以经调整后的上市首日抑价（UP）作为被解释变量，而样本三则是以经超募资金调整后的上市首日抑价（UP_n）作为被解释变量。

表10.8 数据调整前后回归结果

变量	预期符号	样本一		样本二		样本三	
		系数	p 值	系数	p 值	系数	p 值
（常量）		2.075	0.000	0.815	0.000	−5.603	0.000
ln IPO Size	−	−0.203	0.000	−0.092	0.000	−0.511	0.000
Lag	+	−0.002	0.340	−0.001	0.488	0.034	0.000
CAT	+	−0.004	0.163	0.001	0.801	−0.005	0.601
EPS	−	0.0370	0.268	−0.057	0.030	−0.199	0.101
Fee	−	−0.048	0.005	−0.018	0.135	0.557	0.000
ADR	+	0.001	0.418	0.000	0.659	−0.027	0.000
UP_5	+	0.786	0.000	0.586	0.000	1.307	0.000
Turn Over	+	0.006	0.000	0.006	0.000	0.015	0.000
DW 值		1.772		1.836		1.829	
R^2		0.658		0.511		0.361	
调整后的 R^2		0.656		0.506		0.355	
F 检验的 p 值		0.000		0.000		0.000	

从表 10.8 的 3 个样本中可以看出，不管是在样本一、样本二还是在样本三中，代表投资者可观测性异质的两个指标，前 5 只股票的平均抑价和首日换手率都对

IPO 抑价具有显著的影响，而从各自的影响系数可以看出，数据调整后前 5 只股票的平均抑价和首日换手率的影响系数分别为 1.307 和 0.015，远高于数据调整前的 0.586 和 0.006，这也说明，在考虑了超募资金的影响后，投资者可观测性异质对 IPO 抑价的影响更加突出，IPO 超募制度的变迁并没有改善投资者的非理性行为，反而加剧了其非理性的行为，限制了超募制度变迁对 IPO 抑价的影响，使得 IPO 抑价并未达到监管当局的预期，这也论证了结论 10.2。

10.4.6 稳健性检验

为了进一步确保结果的有效性，我们将每股收益（EPS）替换为发行前每股收益，同时将资产负债率（ADR）替换为净资产收益率（ROE）进行重新回归，结果如表 10.9 所示。

表10.9 替换变量后的回归结果

变量	预期符号	样本一		样本二		样本三		样本四	
		系数	p 值	系数	p 值	系数	p 值	系数	p 值
（常量）		1.928	0.000	1.132	0.172	0.854	0.000	−5.520	0.000
ln IPO Size	−	−0.191	0.000	−0.206	0.000	−0.093	0.000	−0.485	0.000
Lag	+	−0.002	0.395	0.006	0.468	−0.002	0.428	0.048	0.000
CAT	+	−0.003	0.278	−0.001	0.959	0.001	0.464	−0.003	0.765
Fee	−	−0.028	0.082	−0.173	0.328	−0.008	0.505	0.700	0.000
UP_5	+	0.788	0.000	0.832	0.000	0.585	0.000	1.308	0.000
Turn Over	+	0.006	0.000	0.017	0.000	0.006	0.000	0.014	0.000
EPS	−	−0.061	0.017	−0.041	0.598	−0.082	0.000	−0.295	0.002
ROE	+	0.007	0.061	0.016	0.147	−0.003	0.426	−0.074	0.000
DW 值		1.775		1.754		1.835		1.878	
R^2		0.662		0.529		0.520		0.345	
调整后的 R^2		0.659		0.515		0.516		0.339	
F 检验的 p 值		0.000		0.000		0.000		0.000	

由表 10.9 可以看出，在我们将每股收益（EPS）替换为发行前每股收益，同时将资产负债率（ADR）替换为净资产收益率（ROE）进行重新回归后，4 个样本

的回归方程的解释变量与被解释变量的符号与预期符号和显著性水平依然没有发生变化,说明模型是稳健的。

10.5 本章小结

本章以投资者可观测性异质为研究视角,构建超募制度变化前后 IPO 定、抑价模型,研究超募制度变化前后投资者可观测性异质对 IPO 抑价的影响,并运用了对比分析的方法。通过研究指出,在其他情况相同的条件下,超募制度变化后的 IPO 抑价高于超募制度变化前的 IPO 抑价;无论是在超募制度变化前还是在超募制度变化后,散户投资者情绪和 IPO 抑价负相关,而机构投资者情绪和 IPO 抑价正相关,散户投资者和机构投资者之间的可观测性异质越大,IPO 抑价越高;当超募制度变化后投资者情绪更加乐观时,将会抵消制度的变化带来的影响。本章运用 Matlab 编程,对超募制度变化前后 IPO 抑价模型进行数值分析,且以 2005~2008 年以及 2009~2012 年沪深 A 股上市公司为研究样本,运用 SPSS 回归分析,为本章结论提供支撑。

本章的结论不仅揭示了投资者可观测性异质与 IPO 抑价之间的影响机理,丰富和拓展了 IPO 相关领域的研究,也具有如下政策启示:①在我国证券市场上,由于我国特殊的投资者结构,散户投资者主导着我国证券市场交易,而投资经验缺乏、风险意识差和严重的从众心理等特点,使我国证券市场带有浓重的非理性预期,同时存在市场失灵所带来的风险,所以适当的政府干预对我国证券市场的健康有序发展具有重要意义。②虽然市场化的制度改革有效地缓解了 IPO 抑价,但是投资者非理性行为造成了新股短期超额的收益率以及长期弱势的现象,所以要改善我国投资者的结构,提高机构投资者占比,突出机构投资者在证券市场中的引导作用。这不仅有利于证券市场的健康发展,对整个社会经济的发展都具有推动作用。

本章理论和实证研究结论为未来我国 IPO 抑价研究提供了许多有益的方向。首先,尽管本章只是研究超募制度变迁对 IPO 抑价影响,但可以进一步扩展理论模型,研究不同超募制度下投资者可观测性异质对 IPO 抑价的影响问题。其次,实证分析的结论也为我国 IPO 市场狂热现象的研究做铺垫,可以深入分析制度变迁对投资者 IPO 狂热的影响。最后,本章的理论模型是在假定所有机构投资者对新股价值评估不存在分歧的基础上得到的,排除这一假设,当机构投资者之间存在分歧时,理论模型会更贴近证券市场实际,这是本章的不足之处,也是值得进一步研究的课题。

第 11 章　老股转让制度下投资者可观测性异质对 IPO 抑价影响研究

第 10 章研究了超募制度变化前后投资者可观测性异质对 IPO 抑价的影响，发现超募前后投资者可观测性异质都与 IPO 抑价正相关。当投资者可观测性异质不变时，新股超募制度并不能消除 IPO 抑价，但降低了 IPO 抑价，提高了 IPO 定价效率；然而，当投资者可观测性异质发生改变时，可能导致超募制度不仅没有降低 IPO 抑价，反而提高了 IPO 抑价，实证结果恰好证明了这一点。由此引申的是老股转让制度是否与超募制度产生一样的结果？基于此，本章进一步研究老股转让制度下投资者可观测性异质对 IPO 抑价影响，分析老股转让制度是否改变了 IPO 抑价。

11.1　引　　言

自证券市场成立以来，我国监管当局一直在努力探索 IPO 发行机制市场化改革，以期降低我国 IPO 高抑价，提高 IPO 定价效率。从审批制到核准制，再到目前的询价机制，我国 IPO 市场化改革卓有成效，逐步降低了 IPO 抑价，提高了 IPO 定价效率。然而，与成熟的资本市场相比，我国 IPO 首日抑价依旧远超西方发达国家水平（Ritter，1991）。更有甚者，在我国市场化改革中，出现了诸如"三高"、"老股套现"、"暴涨暴跌"和"高抑价"等 IPO 异象，这些异象触发了多方对我国 IPO 市场化改革的质疑，这些质疑不仅来自广大投资者、新闻媒体，也来自金融学界。外界的质疑也使得我国 IPO 市场化改革成效成为学术界研究和探讨的重大课题。

面对外界对我国 IPO 市场化改革方向质疑的现实，学者们从理论、方法和实证等多方面进行研究，取得了许多重要的成果。南晓莉（2015）认为，IPO 制度市场化改革进程的推进，一定程度上优化了我国 IPO 市场的资源配置效率。Tian

（2011）通过实证发现，IPO 抑价与证券市场上 IPO 定价制度的变迁显著相关。刘志远等（2011）则对我国新股询价制度第一阶段改革的成效进行研究，认为改革后新股定价效率明显提高。郁鞲君（2005）却认为我国的 IPO 询价制度并未使 IPO 效率获得大幅提升，IPO 的首日平均收益率仍处于较高水平。这些研究表明，我国 IPO 发行改革确实提高了 IPO 定价效率，毋庸置疑，我国 IPO 市场化改革方向是正确的，但 IPO 发行制度仍需进一步完善。

近年来，我国监管当局在借鉴美国等成熟资本市场 IPO 发行经验的基础上，相继出台了 IPO 超募和老股转让等政策，以期进一步完善我国 IPO 询价发行机制。然而，在我国 IPO 询价实践中却出现了与监管当局预期截然不同的结果，最后监管当局必须通过行政干预手段进行窗口指导，抑制 IPO 超募和老股转让，以期降低证券市场风险。为何借鉴或部分复制成熟资本市场 IPO 发行经验在我国无法适应？究竟是什么原因导致 IPO 超募和老股转让等政策失灵？从理论和实证上解释以上问题，不但可以发现我国市场化改革中存在的问题，而且对我国下一步 IPO 市场化改革也具有重要的指导意义。

基于此，结合我国特殊的制度环境，本章通过构建老股转让制度前后的 IPO 定、抑价模型，探讨老股转让制度前后 IPO 抑价问题以及投资者情绪对 IPO 抑价的影响，并进行比较分析，并在此基础上进行数值和实证分析。本章的研究意义在于：第一，本章从 IPO 制度变迁和投资者可观测性异质两个方面来考察 IPO 抑价的问题，厘清了究竟是制度变迁还是投资者可观测性异质影响 IPO 抑价或者是两个方面的联合影响；第二，关于对 IPO 制度变迁、投资者可观测性异质和 IPO 抑价的探讨，使得我们厘清了我国证券市场化改革中存在的问题，对于未来证券市场的发展具有现实意义；第三，研究结论对于监管当局未来制定相关的改革政策具有重要的借鉴意义。

11.2 老股转让制度前后 IPO 定、抑价模型

老股转让前后，新股发行规模、投资者数量、配售机制及信号结构等都不发生改变，老股转让前的模型即超募制度变化后的模型，为了得到更贴近证券市场实际的理论模型，我们做了一些描述和假定，其描述和假定与第 10 章一致。

老股转让制度实施后，遵循规定，根据询价结果分析，如果预期的新股发行所筹措的资金总额超过募集资金所投资的项目需要的资金总额，上市公司必须缩减新股发行数量，从而可以改善公司股东公开发行销售股份数量，所以超募资金会转移至老股转让部分，设老股转让规模为 s_1。在第 10 章模型的基础上，根据 IPO

老股转让制度，推导老股转让制度后 IPO 定、抑价模型，其中一级市场的均衡条件为 $\sum_{i=1}^{n} q_i = k(s-s_1)$。由于老股转让事前确定，机构投资者为确保自己中签，会把老股转让的数量扣除，此时市场均衡条件变为 $\sum_{i=1}^{n} q_i = k(s-s_1)$。也就是说参与定价的机构投资者的供给减少，根据其效用最大化原则，股票的发行价格提高，IPO 抑价降低，IPO 定价效率提高。

同理，根据第 10 章模型的推导过程，可以得到 IPO 发行阶段机构投资者的最优需求函数 $q_i = \dfrac{\beta V + \alpha x_i - (\alpha+\beta)p_1}{\rho \alpha \beta}$，则 $\sum_{i=1}^{n} x_i = [\rho k(s-s_1)\alpha\beta + n(\alpha+\beta)p_1 - n\beta V]/\alpha$。

根据 10.2.4 小节中的推论，同理，我们可以得到 $p_2 = \dfrac{V(\alpha+\beta)+\alpha \sum_{i=1}^{n} x_i}{(n+1)\alpha+\beta} + V_2 - V_1$，从而可以推出

$$p_2 = \dfrac{V(\alpha+\beta)+\rho k(s-s_1)\alpha\beta - n\beta + n(\alpha+\beta)\times p_1}{(n+1)\alpha+\beta} + V_2 - V_1 \quad (11.1)$$

根据 IPO 抑价 $UP = \dfrac{p_2 - p_1}{p_1}$，可求出老股制度转让后的 IPO 抑价模型为

$$UP = \dfrac{V(\alpha+\beta)+\rho k(s-s_1)\alpha\beta - n\beta V + [(n-1)\beta - \alpha]\times p_1}{[(n+1)\alpha+\beta]\times p_1} + \dfrac{V_2 - V_1}{p_1} \quad (11.2)$$

则可以求出投资者风险中性下的 IPO 抑价模型为

$$UP = \dfrac{V(\alpha+\beta) - n\beta V + [(n-1)\beta - \alpha]\times p_1}{[(n+1)\alpha+\beta]\times p_1} + \dfrac{V_2 - V_1}{p_1} \quad (11.3)$$

当机构和散户投资者对新股价值评估不存在分歧时，即 $V_2 = V_1$ 时，投资者风险规避下的 IPO 抑价为

$$UP = \dfrac{V(\alpha+\beta)+\rho k(s-s_1)\alpha\beta - n\beta V + [(n-1)\beta - \alpha]\times p_1}{[(n+1)\alpha+\beta]\times p_1} \quad (11.4)$$

比较式（11.2）和式（11.4），当 $V_2 = V_1$，即散户投资者对新股的价值评估不存在非理性预期时，IPO 抑价更高。

11.3 老股转让制度前后 IPO 抑价比较分析

11.3.1 老股转让前后 IPO 抑价比较

为了更清晰地比较老股转让前后投资者可观测性异质对 IPO 抑价的影响，结合第 10 章老股转让后 IPO 抑价模型的推导，归纳如表 11.1 所示。

表11.1 老股转让前后IPO抑价比较

老股转让制度		状态	IPO 抑价
老股转让前	投资者存在分歧	风险规避	$\mathrm{UP}=\dfrac{V(\alpha+\beta)+\rho k s\alpha\beta-n\beta V+\left[(n-1)\beta-\alpha\right]\times p_1}{\left[(n+1)\alpha+\beta\right]\times p_1}+\dfrac{V_2-V_1}{p_1}$
		风险中性	$\mathrm{UP}=\dfrac{V(\alpha+\beta)-n\beta V+\left[(n-1)\beta-\alpha\right]\times p_1}{\left[(n+1)\alpha+\beta\right]\times p_1}+\dfrac{V_2-V_1}{p_1}$
	投资者不存在分歧	$V_2=V_1$	$\mathrm{UP}=\dfrac{V(\alpha+\beta)+\rho k s\alpha\beta-n\beta V+\left[(n-1)\beta-\alpha\right]\times p_1}{\left[(n+1)\alpha+\beta\right]\times p_1}$
老股转让后	投资者存在分歧	风险规避	$\mathrm{UP}=\dfrac{V(\alpha+\beta)+\rho k(s-s_1)\alpha\beta-n\beta V+\left[(n-1)\beta-\alpha\right]\times p_1}{\left[(n+1)\alpha+\beta\right]\times p_1}+\dfrac{V_2-V_1}{p_1}$
		风险中性	$\mathrm{UP}=\dfrac{V(\alpha+\beta)-n\beta V+\left[(n-1)\beta-\alpha\right]\times p_1}{\left[(n+1)\alpha+\beta\right]\times p_1}+\dfrac{V_2-V_1}{p_1}$
	投资者不存在分歧	$V_2=V_1$	$\mathrm{UP}=\dfrac{V(\alpha+\beta)+\rho k(s-s_1)\alpha\beta-n\beta V+\left[(n-1)\beta-\alpha\right]\times p_1}{\left[(n+1)\alpha+\beta\right]\times p_1}$

从表 11.1 可以看出，老股转让前后，不论投资者是否存在可观测性异质，IPO 抑价都是无法消除的，投资者不存在可观测性异质下的 IPO 抑价比存在可观测性异质下的 IPO 低，即投资者理性下的 IPO 抑价比非理性下的 IPO 抑价低。且老股转让前后，投资者情绪越乐观，IPO 定价效率越低，而投资者越悲观，IPO 抑价越低。因此，我们可以得到以下结论。

结论 11.1：老股转让制度的变化并不能消除 IPO 抑价，但在其他情况相同的条件下，老股转让制度的变化降低了 IPO 抑价，提高了 IPO 定价效率。

比较式（11.5）和式（11.2），令

$$\mathrm{UP}_1=\dfrac{V(\alpha+\beta)+\rho k s\alpha\beta-n\beta V+\left[(n-1)\beta-\alpha\right]\times p_1}{\left[(n+1)\alpha+\beta\right]\times p_1}+\dfrac{V_2-V_1}{p_1};$$

$$UP_2 = \frac{V(\alpha+\beta)+\rho k(s-s_1)\alpha\beta-n\beta V+[(n-1)\beta-\alpha]\times p_1}{[(n+1)\alpha+\beta]\times p_1}+\frac{V_2-V_1}{p_1}。其中，$$

$$\frac{V(\alpha+\beta)+\rho ks\alpha\beta-n\beta V+[(n-1)\beta-\alpha]\times p_1}{[(n+1)\alpha+\beta]\times p_1}大于$$

$$\frac{V(\alpha+\beta)+\rho k(s-s_1)\alpha\beta-n\beta V+[(n-1)\beta-\alpha]\times p_1}{[(n+1)\alpha+\beta]\times p_1}，则 UP_1 > UP_2。也就是说，老$$

股转让制度变化后的 IPO 抑价小于老股转让前的 IPO 抑价，这也说明了老股转让制度变化降低了 IPO 抑价，提高了 IPO 定价效率。

为了进一步论证结论 11.1，我们运用 Matlab 工具，并结合模型（11.5）和（11.2）对老股转让前后 IPO 抑价与新股内在价值之间的关系进行数值分析，主要考察以下内容：一是老股转让前后 IPO 抑价高低程度；二是投资者不同风险态度下 IPO 抑价与新股内在价值之间的关系。

令 $k=0.45$；$n=15$；$\beta=6$；$\alpha=12$；$p_1=1$；$s=1$；$s_1=0.3$；$\rho=10$；$V_2=6$；$V_1=3.5$，得到投资者不同风险下 UP 与 V 的关系，具体见图 11.1 和图 11.2。

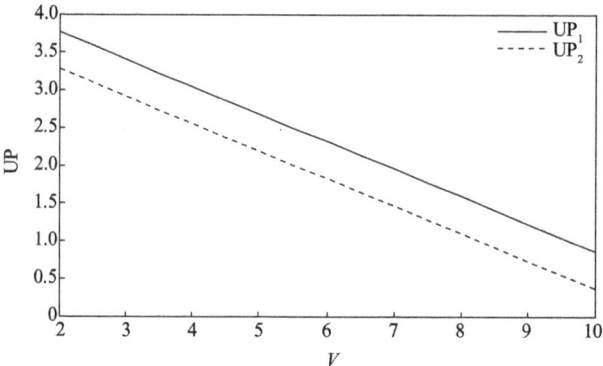

图 11.1 投资者风险规避下 UP 与 V 的关系

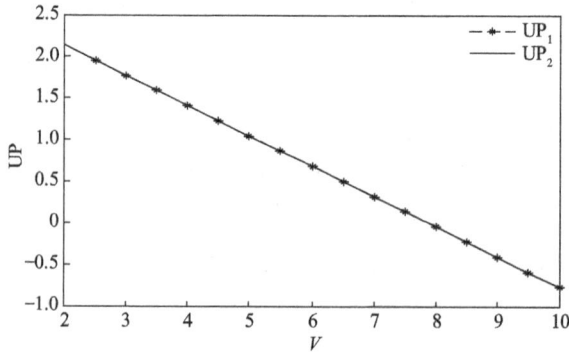

图 11.2 投资者风险中性下 UP 与 V 的关系

图 11.1 和图 11.2 中，UP_1 代表老股转让前的 UP 与 V 的关系，UP_2 代表老股转让后的 UP 与 V 的关系。从图 11.1 可以看出，UP 与 V 负相关，即股票内在价值越高，IPO 抑价越高。同时我们可以看出，在投资者风险规避下，老股转让后的 0.4<UP<3.3，老股转让前的 0.9<UP<3.8，老股转让后的 IPO 抑价低于老股转让前的 IPO 抑价，即老股转让制度降低了 IPO 抑价，提高了 IPO 定价效率，这与黄顺武等（2017）的结论相一致，同时也论证了结论 11.1。这进一步说明证券市场化改革对 IPO 抑价的提高具有一定的积极作用。

11.3.2 投资者情绪对 IPO 抑价的影响

根据表 11.1 和式（11.5）、式（11.6）和式（11.2）、式（11.3），老股转让前后，不论投资者对待风险的态度如何，散户投资者情绪和 IPO 抑价正相关，而机构投资者情绪则完全相反，且他们之间的分歧越大，IPO 抑价越高。因此我们可以得到如下结论：

结论 11.2：老股转让前后，散户投资者情绪和 IPO 抑价正相关，而机构投资者情绪和 IPO 抑价负相关，且他们之间的分歧越大，IPO 抑价越高，IPO 定价效率越低。

根据式（11.5）、式（11.6），我们分别对 V_1，V_2 求导，得出 $\frac{dUP}{dV_1} = -\frac{1}{p_1}$，$\frac{dUP}{dV_2} = \frac{1}{p_1}$，又 $p_1 > 0$ 很明显，$\frac{dUP}{dV_1} < 0$，$\frac{dUP}{dV_2} > 0$，也就是说，老股转让前，UP 与 V_2 正相关，与 V_1 负相关，即 IPO 抑价与散户投资者情绪负相关，而机构投资者情绪恰好相反。

根据式（11.2）、式（11.3），分别对 V_1，V_2 求导，同样可以得出与式（11.5）、式（11.6）相同的结论。

根据式（11.5）、式（11.6）和式（11.2）、式（11.3）分别对 $V_2 - V_1$ 求导，得出 $\frac{dUP}{d(V_2 - V_1)} = \frac{1}{p_1}$，则 $\frac{dUP}{d(V_2 - V_1)} > 0$，即 IPO 抑价与散户投资者和机构投资者之间的分歧负相关，也就是说，当散户投资者对新股越乐观，IPO 抑价越低。

通过上述分析我们可以得出，老股转让前后，散户投资者越乐观，IPO 抑价越低，而机构投资者恰好相反，且当散户投资者和机构投资者之间分歧越大时，IPO 抑价越低。从而论证了结论 11.2。

利用图 11.1 和图 11.2 各变量数值，根据式（11.5）和式（11.2）进行数值分析，主要考察：老股转让制度变化前后散户投资者和机构投资者可观测性异质对 IPO 抑价的影响，以期论证结论 11.2。具体见图 11.3 和图 11.4。

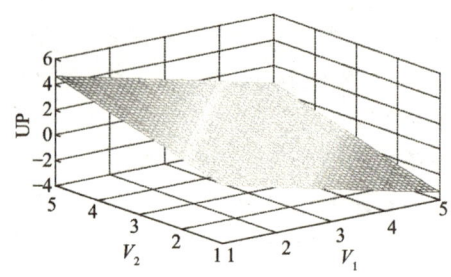

图 11.3 老股转让前散户投资者情绪和机构投资者情绪对 IPO 抑价的影响

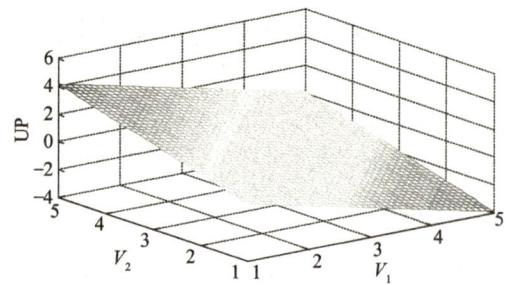

图 11.4 老股转让后散户投资者情绪和机构投资者情绪对 IPO 抑价的影响

从图 11.3 和图 11.4 可以看出,老股转让前后,散户投资者情绪与 IPO 抑价正相关,而机构投资者情绪则相反,从而论证了结论 11.2。同时,比较图 11.3 和图 11.4,在相同的条件下,当 $V_2=5$,$V_1=1$ 时,老股转让后的 UP 的数值约为 4 而老股转让前的 UP 的数值大于 4,老股转让后的 IPO 抑价比老股转让前的 IPO 抑价低,这也进一步论证了结论 11.1。

为了论证散户对 IPO 抑价的影响,根据式(11.5)和式(11.2)进行数值分析,具体如图 11.5 和图 11.6 所示。

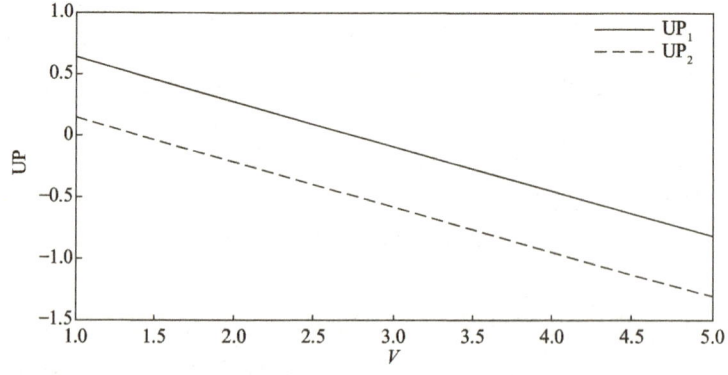

图 11.5 散户过度悲观时 $(V_2-V_1=-1)$ UP 与 V 关系

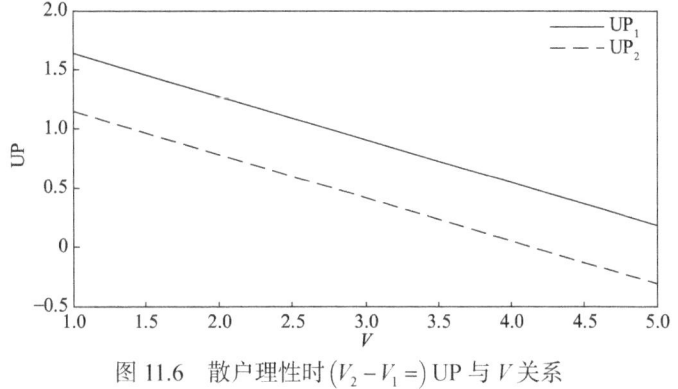

图 11.6 散户理性时 $(V_2-V_1=)$ UP 与 V 关系

图 11.5 中，UP_1 代表老股转让前 UP 与 V 关系，UP_2 代表老股转让后 UP 与 V 关系。从图 11.5 和图 11.6 可以看出，不论散户投资者过度悲观还是理性，老股转让后的 IPO 抑价比老股转让前的 IPO 抑价低，论证了结论 11.1。比较图 11.5、图 11.6 和图 11.1，上述 $V_2=6$，$V_1=3.5$，$V_2-V_1=2.5$，而图 11.5 中 $V_2-V_1=-1$，图 11.6 中 $V_2-V_1=0$，无论 UP_1 还是 UP_2，图 11.1 中 IPO 抑价最高 0.4<UP<3.7，图 11.5 中 IPO 抑价最低-1.3<UP<0.7，而图 11.6 中-0.3<UP<1.6，这说明散户投资者和 IPO 抑价负相关。这进一步从而论证了结论 11.2。

11.3.3 投资者情绪变化对老股转让前后的 IPO 抑价影响

通过前面的分析，我们得出：在假定其他条件相同的情况下，老股转让制度的实施的确降低了 IPO 抑价，提高了 IPO 定价效率，且散户投资者的乐观情绪与 IPO 抑价正相关。然而当老股转让前后投资者情绪发生改变时，老股转让制度的实施是否能够对 IPO 抑价产生影响？为此，结合上述参数取值，我们假定老股转让前后投资者对价值分歧更大，即转让前 $V_2-V_1=2$，转让后 $V_2-V_1=4$，即老股转让后散户投资者和机构投资者之间的分歧更大（散户投资者对新股的投资前景更乐观），在此基础上探讨当投资者情绪更加乐观时，老股转让前后 IPO 抑价的变化。具体见图 11.7。

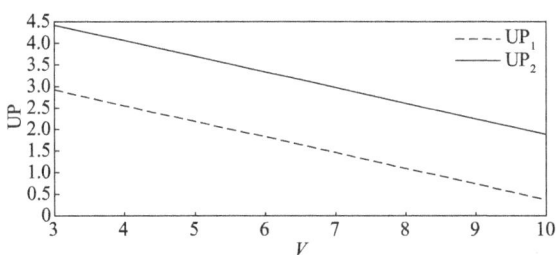

图 11.7 老股转让前后投资者情绪变化对 IPO 抑价的影响

图 11.7 中，UP_1 代表老股转让前 UP 与 V 关系（$V_2 - V_1 = 2$），UP_2 代表老股转让后 UP 与 V 关系（$V_2 - V_1 = 4$）。老股转让后的投资者情绪高于老股转让前的投资者情绪。从图 11.7 可以看出，老股转让前的 0.4<UP<2.9，而老股转让后 1.8<UP<4.4，由此可以看出，老股转让后的 IPO 抑价更高，即老股转让制度后的 IPO 抑价高于老股转让制度前的 IPO 抑价，与结论 11.1 完全相反。这也说明，当投资者情绪发生变化，尤其是投资者的情绪受证券市场制度变化的影响而产生非理性预期时，可能会产生恰好与预期相反的结果，投资者情绪的变化会抵消制度变化带来的影响。同时也说明，虽然政策的出台是为了提高 IPO 抑价，以缓解"三高"问题，但是由于我国特殊的投资者结构，散户投资者所占比例较高，而散户投资者所表现出的投机和从众心理，使得散户投资者对新股存在严重的非理性预期，从而提高了 IPO 抑价，降低了 IPO 定价效率。

通过上面的理论和数值分析可知，若老股转让前后投资者情绪不变，老股转让制度确实降低了 IPO 抑价，提高了 IPO 定价效率。然而，若老股转让前后投资者情绪发生较大变化，则可能导致这一结论发生反转，即老股转让后的 IPO 定价效率反而更低。对于尚未成熟的股票市场来说，投资者情绪可能更会随着制度变化而改变，从而导致老股转让后的 IPO 抑价更低。2014 年开始，我国开始借鉴成熟股票市场经验，引入老股转让制度，然而，实践结果不尽如人意。是否是投资者情绪导致了这一结果？我国老股转让制度是否引起投资者产生更高的情绪，进而导致更高的 IPO 抑价，降低了 IPO 定价效率？基于此，本章围绕我国老股转让制度改革前后投资者情绪对 IPO 抑价的影响进行实证分析，以检验我国股票市场实际情况是否与理论分析的结果相符，并从这一视角对老股转让制度的成效进行探讨。

11.4 实 证 分 析

11.4.1 样本与数据的选择

为了验证老股转让前后投资者可观测性异质对 IPO 抑价的影响，本章选取 2009~2012 年（转让前）以及 2014 年（转让后）沪深两市 A 股上市的所有 IPO 公司为研究对象，其间共有 1 010 家 IPO 公司。根据本章的需要，对数据做如下的筛选：①剔除中签率和网下累计超额认购倍数数据缺失的 6 个，异常数据 4 个；②剔除 2014 年数据中未进行老股转让的公司 74 个。最终得到 926 个有效样本，其中 2009~2012 年的数据 878 个，2014 年数据 48 个，2009~2012 年的数据来源 CSMAR 数据库，2014 年的数据其中一部分来源 CSMAR 数据库，另一部分由手工收集而来。

11.4.2 变量的选取

1. 被解释变量

借鉴汪昌云和武佳薇（2015）等的研究，以 IPO 首日抑价来衡量 IPO 抑价的方法，选取 IPO 上市首日抑价（UP）作为被解释变量。此外，2014 年根据窗口指导，IPO 公司上市首日的平均抑价不能超过 44%，所以在此期间其上市首日的抑价并不能来衡量 IPO 抑价，我们选取上市后涨停后一天的收盘价来计算抑价 UP=（涨停后一天的收盘价-发行价）/发行价。

2. 解释变量

在投资者可观测性异质代理指标的选择上，散户投资者所表现出的从众和投机心理，使投资者会根据上市前股票的价格和收益做出投资选择，如果上市前的股票收益高，那么散户投资者对即将上市的新股持乐观态度，从而导致 IPO 抑价的提升，所以我们选取上市前 5 只股票的平均抑价作为衡量散户投资者可观测性异质的代理指标，同时在借鉴 Chang 等（2008）、贺炎林（2011）等研究的基础上，以中签率（Lot Rate）作为衡量散户投资者的另一个代理指标。陈鹏程和周孝华（2016）认为，首日换手率可以代表机构投资者和散户投资者之间的分歧，可以作为衡量投资者可观测性异质的代理指标，所以选取首日换手率（Turn Over）来度量散户投资者和机构投资者之间的分歧，与上市首日抑价相同，首日换手率的数据选取的同样是上市后涨停后一天的数据。此外，我们选取网下累计超额认购倍数（OL）作为机构投资者可观测性异质的代理指标。同时，我们选取制度变化的虚拟变量（老股转让前为 0，转让后为 1）与代表散户可观测性异质的 UP_5 乘积来验证制度变化前后可观测性异质对 IPO 抑价的影响，用 $D \times UP_5$ 表示。

3. 控制变量

公司存在时间（CAT）：借鉴 Ljungqvist 和 Wilhelm（2003）、汪昌云和武佳薇（2015）等的研究，选取公司存在时间作为其中一个控制变量，公司存在时间越长，投资者对公司了解越充分，信息不对称的程度越低，所以公司存在时间与 IPO 抑价负相关。

发行至上市时间间隔（Lag）：发行至上市时间间隔即上市等待期，时间间隔越长，投资者承担的风险就越大，所要求的回报越高。

每股发行费用（Fee）：费用为发行过程中所花费的成本，每股发行费用越高，股票的价格就会越高，相对的抑价就会越低，所以每股发行费用与 IPO 抑价负相关。

11.4.3 初步描述性统计

表 11.2 给出了老股转让前后各相关变量的描述性统计结果,其中表 11.2 为老股转让前样本描述性统计,表 11.3 为转让后样本描述性统计,统计结果如下。

表11.2 老股转让前样本描述性统计

变量	极小值	极大值	均值	标准差
UP	−0.26	2.75	0.353 2	0.406 08
UP_5	−0.14	1.45	0.357 4	0.309 13
Turn Over	12%	269%	70.27%	21.364%
Lot Rate	0.10%	65.52%	1.458 7%	3.064 30%
OL	1.00	361.39	51.111 8	58.082 21
Lag	1	376	12.45	13.434
CAT	0.49	27.44	8.717 8	4.869 94
Fee	0.038	7.700	1.715 99	0.965 949

表11.3 老股转让后样本描述性统计

变量	极小值	极大值	均值	标准差
UP	0.187	2.942	0.887 65	0.607 103
UP_5	0.273	2.093	0.901 81	0.407 005
Turn Over	2.4%	97.0%	41.063%	24.548 5%
Lot Rate	0.30%	2.77%	1.553 3%	0.637 93%
OL	2.200	439.000	34.299 19	88.850 214
Lag	4	36	12.83	5.408
CAT	2.99	22.42	11.914 2	4.504 87
Fee	0.830	6.580	2.687 27	1.478 902

从表 11.2 和表 11.3 可以看出老股转让前后 IPO 平均抑价分别为 0.353 2 和 0.887 65,可以看出老股转让后的平均抑价高于老股转让前的平均抑价,这与前面的理论模型所得到的结论 11.1 恰好相反,制度的变化并没有降低 IPO 抑价,提高 IPO 定价效率。在数值分析中,当投资者可观测性异质发生改变时,投资者可观测性异质越大,老股转让后的 IPO 抑价明显高于老股转让前的抑价,即投资者可观测性异质是造成 IPO 高抑价的关键因素。

表 11.2 中上市前 5 只股票的平均抑价为 0.357 4,表 11.3 中上市前 5 只股票的平均抑价为 0.901 81,同样老股转让后的平均抑价高于老股转让前的平均抑价。UP_5 代表散户投资者对未来收益的期望,UP_5 越高表明散户投资者对股票未来收益过度乐观,从而指出老股转让后散户投资者情绪高于老股转让前的散户投资者情绪。从首日换手率可以看出,老股转让前均值为 70.27%,老股转让后的均值为

41.063%，老股转让前均值大于老股转让后的均值。主要原因是，在窗口指导将上市首日抑价限制在 44%以内后，投资者对于购买的新股相比较与窗口指导前上市首日抑价就出现过高的状况来说，对新股未来的涨势抱有非理性的过度自信，他们认为 44%的首日涨幅并没有达到其预期的涨幅，所以转让前的首日换手率高于转让后的首日换手率。从首日换手率的标准差也可以看出，老股转让前的标准差为 21.364%，老股转让后的标准差为 24.548 5%，这也说明老股转让后的首日换手率的波动更大，从而体现了投资者对新股的非理性预期。从中签率的均值来看，并无明显的差异，但是老股转让前的中签率极大值为 65.52%，而老股转让后的中签率极大值为 2.77%，老股转让前最大值远远大于老股转让后的极大值，这也说明老股转让下的投资者情绪更加非理性。从代表机构投资者情绪的网下累计超额认购倍数来看，老股转让前的均值为 51.111 8，老股转让后的均值为 34.299 19，老股转让前的均值大于老股转让后的均值，与散户投资者相反。发行至上市时间间隔和公司存在时间均值在转让前后并无明显差异。

11.4.4 散点图分析

为了验证 IPO 抑价与投资者可观测性异质之间的关系，我们以散点图来表现，具体见图 11.8 和图 11.9。

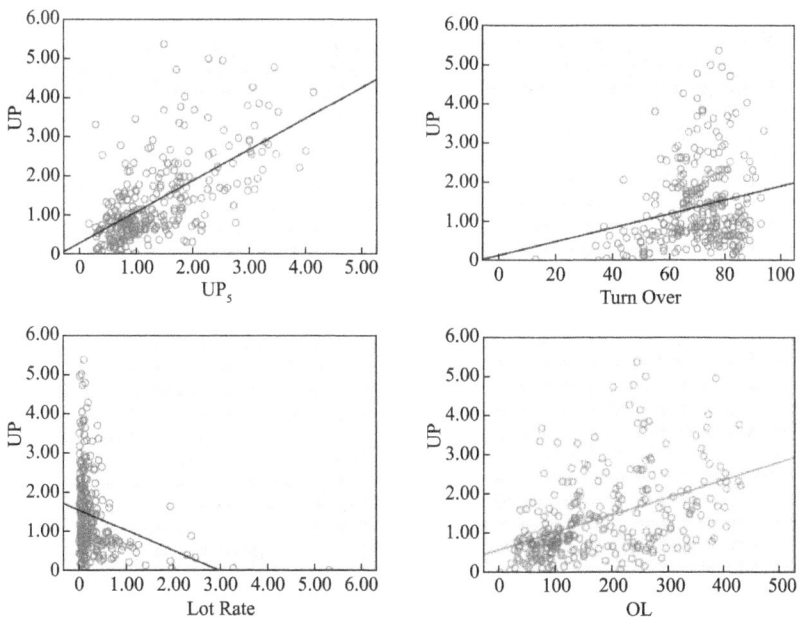

图 11.8　老股转让前 IPO 抑价与投资者可观测性异质代理指标关系

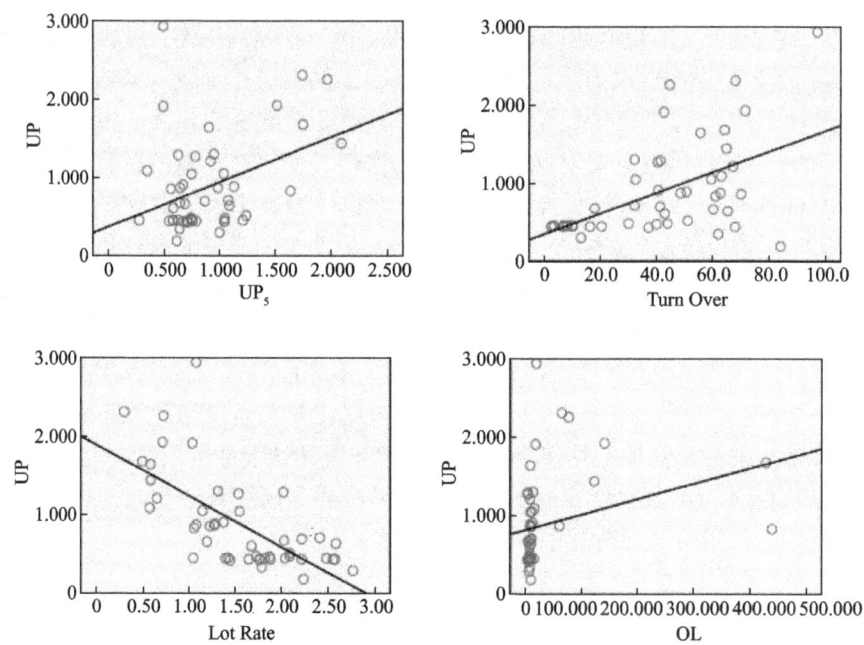

图 11.9 老股转让后 IPO 抑价与投资者可观测性异质代理指标关系

由图 11.8 和图 11.9 可知，IPO 抑价与 UP_5 和首日换手率正相关，与中签率负相关，即散户投资者越乐观，IPO 抑价越高，越悲观 IPO 抑价越低。IPO 抑价与网下累计超额认购倍数正相关。我们将在后面的实证中进一步论证各变量之间的关系。

11.4.5 检验结果

为了论证 IPO 抑价和投资者可观测性异质之间的关系，本章选取以下模型进行多元回归：

$$UP = \beta_0 + \beta_1 UP_5 + \beta_2 \text{Turn Over} + \beta_3 \text{Lot Rate} + \beta_4 OL \\ + \beta_5 D \times UP_5 + \beta_6 \text{Lag} + \beta_7 \text{CAT} + \beta_8 \text{Fee} + \varepsilon$$

借助 SPSS 得到回归结果，如表 11.4 所示。

表11.4 IPO抑价与投资者可观测性异质的回归分析

变量	预期符号	模型 1		模型 2		模型 3	
		系数	p 值	系数	p 值	系数	p 值
（常量）		−0.379	0.000	−0.421	0.000	−0.454	0.041
UP_5	+	0.506	0.000	0.507	0.000	0.513	0.068

续表

变量	预期符号	模型 1		模型 2		模型 3	
		系数	p 值	系数	p 值	系数	p 值
Turn Over	+	0.007%	0.000	0.007%	0.000	0.007%	0.056%
Lot Rate	−	−0.004%	0.261%	−0.003%	0.323%		
OL	−	0.001	0.000	0.001	0.000	0.001	0.000
$D \times UP_5$	+	0.420	0.000	0.408	0.000	0.398	0.000
Lag	+			0.000	0.710		
CAT	−			0.006	0.002	0.006	0.002
Fee	−			−0.010	0.299		
DW 值		1.864		1.855		1.858	
R^2		0.523		0.529		0.527	
调整后的 R^2		0.520		0.524		0.525	

表 11.4 中模型 1 检验了投资者可观测性异质对 IPO 抑价的影响，模型 2 囊括了所有变量对 IPO 抑价的影响，模型 3 则剔除了模型 2 中不具统计显著性的变量下的回归结果。

由表 11.4 可以看出，F 检验的 p 值为 0.000，回归模型在总体上是有效的，模型的 R^2 都在 0.5 以上，说明模型的解释力度较强。从模型 1 可以看出，代表散户投资者的指标上市前 5 只股票的平均抑价和代表机构投资者和散户投资者分歧的指标首日换手率其符号与预期一致，并且对 IPO 抑价具有显著的影响，上市前 5 只股票的平均抑价和首日换手率与 IPO 抑价正相关，即机构投资者和散户投资者之间的分歧越大，IPO 抑价就越高，IPO 定价效率就越低，从而论证了结论 11.2，也表明了老股转让前后投资者可观测性异质对 IPO 抑价产生较大的影响。代表机构投资者可观测性异质的网下累计超额认购倍数虽然是显著的，但是与我们理论预期的并不一致，其系数较小，影响并不大，说明散户投资者情绪是影响我国 IPO 抑价的主要原因。由制度变化的虚拟变量和 UP_5 的乘积可以看出，p 值为 0.000，在 1% 的水平下显著，这表明老股转让制度变化后，散户投资者情绪对 IPO 抑价有正向影响。也就是说，IPO 抑价并没有因老股转让制度的变化提高而降低，从而进一步解释了为何我国老股转让制度实践与理论研究结论相背离的原因，这恰好与数值分析 11.3.3 小节中的结果一致。这也进一步表明，受投资者可观测性异质的影响，股票市场化的改革可能会导致与监管当局预期恰好相反的结果，因此加强投资者尤其是散户投资者的理性培养已成为我国证券市场最为紧迫的任务。

11.4.6 稳健性检验

为了确保研究结果的有效性,我们将被解释变量首日抑价调整为经市场调整的抑价,将 UP=(收盘价-发行价)/发行价替换为 UP_5=[(收盘价-发行价)/发行价]-上市首日的市场回报率,以 UP_5 作为被解释变量重新进行回归,结果如表 11.5 所示。

表11.5　替换被解释变量后的回归结果

变量	系数	p 值
(常量)	−0.422	0.000
UP_5	0.506	0.000
Turn Over	0.007%	0.000
Lot Rate	−0.003	0.33
OL	0.001	0.000
$D×UP_5$	0.376	0.000
Lag	0.000	0.705
CAT	0.006	0.002
Fee	−0.011	0.279
DW 值	1.858	
R^2	0.528	
调整后的 R^2	0.521	
F 检验的 p 值	0.000	

由表 11.5 可知,以 UP_5 为被解释变量做回归结果未改变解释变量和被解释变量之间的关系和显著性,并通过了稳健性检验,说明模型是稳健的。

11.5　本章小结

通过构建老股转让前后的 IPO 定、抑价模型,研究了老股转让前后投资者可观测性异质对 IPO 抑价的影响,并进行了比较分析。理论分析表明,老股转让制度的实施并不能抑制 IPO 抑价,在其他情况相同的条件下,老股转让制度的变化降低了 IPO 抑价,提高了 IPO 定价效率。散户投资者情绪与 IPO 抑价正相关;而机构投资者情绪与 IPO 抑价负相关,且他们之间的可观测性异质分歧越大,IPO 抑价就越高,但当老股转让前后投资者可观测性异质较大时,并没有出现与结论相一致的结果,即老股转让后的 IPO 抑价反而高于老股转让前的 IPO 抑价。此外,本章选取 2009~2012 年（老股转让前）以及 2014 年（老股转让后）沪深两市 A 股上市的所有 IPO 公司为研究对象，对 IPO 抑价影响进行实证研究，实证分析表明，老股转让后的 IPO 抑价高于老股转让前的 IPO 抑价，得到与理论模型相反的结论，这也说明了投资者可观测性异质是影响我国 IPO 抑价的关键因素。

本章的结论揭示了老股转让制度前后投资者可观测性异质与 IPO 抑价之间的影响机理，同时也具有如下的政策启示：①老股转让政策是借鉴国外成熟资本市场的做法，在我国资本市场上并没有取得很好的成效，所以考虑我国证券市场的实际，防止盲目复制是在制定相关政策时必须考虑的。②从投资者结构来看，在我国证券市场上散户投资者占 80%以上，投资者的非理性行为是影响 IPO 抑价的主要因素，所以加强投资者的理性教育，使其树立正确的投资理念，是 IPO 制度市场化改革的重要前提。同时，提高机构投资者的比例，促进 IPO 合理定价，对我国证券市场的稳定也具有重要意义。③研究结论对监管当局未来制定相关的改革政策具有一定的借鉴意义。

第 12 章 研究结论、启示与展望

12.1 结 论

本书在结合我国 IPO 发行实际的基础上，进一步拓展可观测性异质理论，将投资者情绪分为可观测性异质和不可观测性异质，以投资者观测性异质为研究视角，构建不同观测性异质下的 IPO 抑价模型和制度变迁下的 IPO 抑价模型，分析了可观测性异质与不可观测性异质对 IPO 抑价的影响以及制度变迁下投资者观测性异质对 IPO 抑价的影响，厘清了投资者可观测性异质、不可观测性异质、制度变迁与 IPO 抑价之间的作用机理，通过本书研究，我们得到了如下结论。

（1）机构投资者在追求期望效用最大化时，都有有意抑价的激励，加之机构投资者和散户投资者之间的可观测性异质引起的无意抑价，从而导致我国 IPO 高抑价。我们通过实例模拟完全论证了 3 个结论，实例模拟也表明，增加机构投资者数量和降低新股配售比例可以降低投资者有意抑价行为，而消除投资者可观测性异质能进一步降低 IPO 高抑价或防止 IPO 首日跌破发行价。同时，以 1996~2008 年在沪深两市上市的 IPO 做实证研究，以论证投资者的可观测性异质对我国 IPO 抑价的影响，实证结果表明，可观测性异质在我国的确存在，并对 IPO 抑价造成较大的影响，实证结果支持了结论。

（2）当机构投资者同质（合谋）时，机构可以通过隐藏申购需求，降低 IPO 发行价，以达到有意抑价的目的，但可能会导致失去新股配售机制的调节作用；而当机构投资者可观测性异质时，由于信息不对称，机构投资者为规避"赢者诅咒"，与同质情况下相比，IPO 发行价更低，而 IPO 抑价更高；此时，单个机构投资者的申购需求的变化对 IPO 定、抑价影响不大。因此，减少机构投资者之间可观测性异质，可以降低 IPO 抑价，而防止机构合谋（同质），可以降低机构有意抑价和发挥配售机制的作用。

（3）在信息不对称条件下，机构投资者私人信息与 IPO 定价正相关，也就是说，机构投资者拥有私人信息越多，IPO 定价越高，IPO 抑价越低，即信息不对称程度越大，IPO 定价效率越低；无论散户投资者是否拥有私人信息，IPO 抑价都无法消除，当机构投资者数量较大时，散户是否拥有私人信息对 IPO 抑价影响不大；机构投资者对新股预期越乐观，IPO 抑价越低，IPO 定价效率越高；若过于乐观，则可能会导致跌破发行价，从而产生"赢者诅咒"现象，而机构投资者越悲观，可能会导致 IPO 发行失败，而散户投资者对新股预期越乐观，IPO 抑价越高；机构投资者和散户投资者可观测性异质越大，IPO 抑价越高，IPO 定价效率越低。无论散户投资者是否拥有私人信息，IPO 抑价与投资者的风险规避系数、新股配售比例和发行规模正相关，与机构投资者数量负相关。

（4）在完全信息下，IPO 抑价与机构投资者不可观测性异质程度正相关，也就是说，投资者不可观测性异质越大，其对 IPO 抑价的影响越大。当 $V_2>V_1$ 时，即机构投资者正向不可观测性异质越大，IPO 抑价越高；当 $V_2>V_1$ 时，即机构投资者负向不可观测性异质越大，IPO 抑价越低。无论投资者是否存在不可观测性异质，都不能消除 IPO 抑价。此外，无论机构投资者是否存在不可观测性异质，投资者对新股预期越乐观，IPO 抑价越低，若过于乐观则会跌破发行价，从而产生"赢者诅咒"现象，而二级市场投资者情绪与 IPO 抑价正相关，即二级市场投资者越乐观，可能会导致 IPO 高抑价。

（5）在信息不对称条件下，IPO 抑价与机构投资者不可观测性异质程度正相关。当机构投资者不可观测性异质越大时，IPO 抑价越高；当机构投资者不可观测性异质越小时，IPO 抑价越低。在机构投资者不可观测性异质下，IPO 抑价程度随机构投资者私人信息结构改变而改变，机构投资者无私人信息下 IPO 抑价最高，部分有私人信息下 IPO 抑价次之，有私人信息下 IPO 抑价最低。

（6）机构投资者和散户投资者对新股价值分歧（可观测性异质）程度与 IPO 抑价正相关，当机构投资者与散户投资者分歧（可观测性异质）越大时，IPO 抑价程度越高，且正向异质提高 IPO 抑价，负向异质降低 IPO 抑价；机构投资者不可观测性异质程度与 IPO 抑价正相关，当机构投资者不可观测性异质程度越大时，IPO 抑价程度越高，且正向不可观测性异质提高 IPO 抑价，负向不可观测性异质降低 IPO 抑价；同时，当机构投资者与散户投资者数量之比大于 1 时，不可观测性异质对 IPO 抑价的影响大于异质分歧，当机构投资者和散户投资者数量之比小于 1 时，异质分歧对 IPO 抑价的影响大于不可观测性异质；此外，进一步研究发现，当投资者不可观测性异质和异质同时存在时，IPO 抑价与一级市场机构投资者对新股的预期价值负相关，与二级市场机构投资者对新股的预期价值正相关，也与机构投资者对新股的预期价值正相关。

（7）固定价格发行和询价发行都不能消除 IPO 抑价；在两种发行机制下，投资者可观测性异质越大，无意抑价越高，IPO 抑价也越高；与固定价格发行相比，询价发行机制下由可观测性异质而引起的无意抑价越低，IPO 抑价越低。

（8）在其他情况相同的条件下，超募制度变化后的 IPO 抑价高于超募制度变化前的 IPO 抑价；无论是在超募制度变化前还是在超募制度变化后，散户投资者情绪和 IPO 抑价负相关，而机构投资者情绪和 IPO 抑价正相关，当散户投资者和机构投资者之间的可观测性异质越大时，IPO 抑价越高；此外，当超募制度变化后投资者可观测性异质很大时，将会抵消制度的变化带来的影响，这会导致 IPO 制度失灵。

12.2 经济学启示

本书的结论不仅揭示了不同信息下投资者观测性异质、制度变迁与 IPO 抑价之间的影响机理，也进一步拓展了信息不对称理论、IPO 行为金融理论和制度经济学理论，通过本书研究，我们得到了部分经济学启示，具体如下。

（1）无论是否存在信息不对称，降低投资者的观测性异质，可以降低 IPO 价格的波动幅度，同时也可以降低 IPO 抑价，因此，加大监管机构的监管力度，加强信息披露，可以减少投资者的观测性异质，从而降低 IPO 抑价，提高 IPO 定价效率。对监管机构而言，可以通过强化信息披露机制、降低机构投资者准入机制和优化新股配售机制等市场化改革措施来提高 IPO 抑价；对发行人而言，可以通过邀请更多的机构投资者参与申购、增加信息披露、降低发行规模等措施降低 IPO 发行风险和 IPO 高抑价；而对投资者而言，提高投资理性，加强信息收集，可以规避"赢者诅咒"风险。

（2）通过加强投资理性培养，从而减少机构投资者的观测性异质。投资者过于乐观的情绪，会引起二级市场股价偏高，使得 IPO 抑价提高，因此，监管当局首先应该加强机构投资者理性教育和培养，降低"逆向选择"风险，降低 IPO 高抑价；其次，监管机构、发行人和承销商应该降低参与申购的机构投资者的地域限制，允许全球机构投资者参与市场定价，进一步降低机构投资者之间的共谋，从而降低 IPO 高抑价，提高 IPO 抑价。投资者观测性异质、投资者机构、配售机制和发行规模都对 IPO 抑价产生较大的影响，因此，针对我国 IPO 长期高抑价，可以通过加强投资者理性教育、改善投资者结构、优化配售机制和适当控制发行规模等四个方面的共同改革，以达到降低 IPO 抑价、提高 IPO 定价效率的目的。

（3）投资者可观测性异质和不可观测性异质可能导致 IPO 高抑价，而信息不对称是引起异观测性异质的主要原因，因此，对监管当局而言，应强制执行严格的信息的披露机制，降低由信息不对称引起的投资者可观测性异质和不可观测性异质，优化投资者结构，降低 IPO 高抑价，提高 IPO 抑价。投资者观测性异质也可能导致"赢者诅咒"现象，因此，对投资者而言，应提高收集新股信息的能力，防止产生负向可观测性异质和不可观测性异质,从而规避"赢者诅咒"风险。对承销商和发行人而言,应执行全面的信息的披露策略,降低投资者观测性异质,这不仅可以降低 IPO 发行失败风险,也可以降低 IPO 高抑价。

(4)在我国证券市场上,由于我国特殊的投资者结构,散户投资者主导着我国证券市场交易,而投资经验缺乏、风险意识差和严重的从众心理等特点,使我国证券市场带有浓重的非理性预期,同时存在市场失灵所带来的风险,所以适当的政府干预对我国证券市场的健康有序发展具有重要意义。虽然市场化的制度改革有效地缓解了 IPO 抑价,但是投资者非理性行为造成了新股短期超额的收益率以及长期劣势的现象,所以要改善我国投资者的结构,提高机构投资者占比,突出机构投资者在证券市场中的引导作用。这不仅有利于证券市场的健康发展,对整个社会经济的发展也具有推动作用。

(5)本书的理论研究可以为监管机构制定下一步市场化改革措施提供理论指导,同时也为发行人和承销商降低 IPO 高抑价和防止发行失败提供实践参考。

12.3 展　　望

本书的结论不仅揭示了投资者观测性异质、制度变迁对 IPO 抑价的影响机理,也丰富和发展了 IPO 信息不对称理论、行为金融理论和制度经济学理论,同时也为未来对 IPO 抑价研究提供了许多有益的方向。首先,本书是在假定所有机构投资者和散户不存在观测性异质的基础上得到的结论,而机构投资者不存在观测性异质也代表投资者之间存在某种合谋,因此本书的研究既可以为未来对机构投资者合谋方面的研究提供借鉴,也可以用于分析机构投资者信息结构变化对 IPO 抑价影响。其次,本书的研究也有助于新股配售机制的设计和"赢者诅咒"理论的拓展研究。最后,本书的理论模型是在假定所有机构投资者对新股价值评估不存在观测性异质的基础上得到的,排除这一假设,当机构投资者之间存在观测性异质时,可能会更贴近证券市场实际的理论模型,这也是值得进一步研究的课题。

在研究制度变迁下投资者可观测性异质对 IPO 抑价影响的过程中,IPO 均衡定、抑价模型是在假定发行人和机构投资者风险规避且机构投资者和散户可观测性异质的基础上得到的结论,若排除这一假定,特别是当假定所有的投资者为可观测性异质或不可观测性异质时,要解出其在不同情形下最优报价策略的解析表达式异常困难。这是这部分内容的不足之处,同时也是值得进一步研究的问题。

同时,本书中对投资者可观测性异质精确度量非常困难。从广义上讲,除了我们所使用的几个指标外,其他任何因素都有可能包含投资者可观测性异质,如对同一公司的财务指标，乐观和悲观的投资者会形成不同的预期，从而影响其对公司的评价。然而，我们却无法从众多影响 IPO 抑价的因素中将投资者可观测性异质完全分离出来，由此所引申出的一个问题是，投资者可观测性异质究竟在多大程度上影响了 IPO 抑价？显然，简单比较模型的调整后的 R^2 值不可能得到正确答案，因此必须寻找新的方法来解决这一问题，这是本书的又一个局限，也是值得研究的问题。

参 考 文 献

曹凤歧，董秀良. 2006. 我国 IPO 定价合理性的实证分析[J]. 财经研究，（6）：4-14.
柴亚军，王志刚. 2012. 股权分置改革后 IPO 抑价与大股东的减持行为研究[J]. 管理学报，9（2）：309-314.
陈工孟，高宁. 2000. 中国股票一级市场发行抑价的程度与原因[J]. 金融研究，（8）：1-12.
陈亮. 2014. 信息不对称、会计稳健性和 IPO 抑价[J]. 经济经纬，31（6）：108-113.
陈鹏程，周孝华. 2016. 机构投资者私人信息、散户投资者情绪与 IPO 首日回报率[J]. 中国管理科学，24（4）：37-44.
陈胜蓝. 2010. 财务会计信息与 IPO 抑价[J]. 金融研究，（5）：152-165.
陈志启，柯捷. 2007. 基金持股变动对股价收益率影响的实证分析[J]. 商场现代化，（16）：394-395.
邓勇，汤大杰. 2007. 机构投资者对证券市场的影响[J]. 开放导报，（1）：110-112.
杜俊涛，周孝华，杨秀苔，等. 2004. 中国新股短期投资回报探讨[J]. 重庆大学学报（自然科学版），（1）：139-142.
杜莘，梁洪昀，宋逢明. 2001. 中国 A 股市场初始回报率研究[J]. 管理科学学报，（4）：55-61.
方军雄，方芳. 2010. 新股发行制度市场化改革与融资超募现象[J]. 证券市场导报，（12）：39-45.
方军雄，方芳. 2011. IPO 超募与资金滥用研究[J]. 证券市场导报，（9）：37-42，50.
方匡南，何纯，王郁. 2016. 基于 Sai-GA-SVR 的我国 IPO 制度与新股市场特征研究[J]. 管理科学学报，18（4）：98-110.
冯照桢，曹婷，温军. 2016. 异质性风险投资、联合持股与 IPO 抑价[J]. 中南财经政法大学学报，（2）：57-67.
高敏. 2006. 核准制下承销商声誉与 IPO 抑价研究[J]. 财会研究，（11）：48-50.
郭海星，万迪昉. 2011. 创业板 IPO 发行定价合理吗?[J]. 中国软科学，（9）：156-166.
韩德宗，陈静. 2001. 中国 IPO 定价偏低的实证研究[J]. 统计研究，（4）：29-35.
韩立岩，伍燕然. 2007. 投资者情绪与 IPOs 之谜——抑价或者溢价[J]. 管理世界，（3）：51-61.
郝项超，苏之翔. 2014. 重大风险提示可以降低 IPO 抑价吗?——基于文本分析法的经验证据[J]. 财经研究，40（5）：42-53.
何剑. 2008. 承销商作用与中国股市 IPO 抑价[J]. 广东商学院学报，（5）：68-72.
何平，李瑞鹏，吴边. 2014. 机构投资者询价制下主承销商声誉能帮助公司降低 IPO 抑价吗? [J].

投资研究, 33 (3): 35-53.

何巍巍. 2011. 投资者情绪、信息不对称对 IPO 抑价的影响——基于深圳创业板的实证研究[J]. 中国证券期货, (11): 10-12.

贺炎林. 2011. 询价制下公共信息在 IPO 抑价中的作用[J]. 经济科学, (6): 74-89.

胡昌生, 池阳春. 2013. 投资者情绪、资产估值与股票市场波动[J]. 金融研究, (10): 181-193.

胡丹, 冯巧根. 2013. 信息环境、审计质量与 IPO 抑价——以 A 股市场 2009-2011 年上市的公司为例[J]. 会计研究, (2): 78-85, 95.

胡援成, 管超. 2014. 媒体关注对 IPO 抑价影响路径探究——基于创业板的经验证据[J]. 商业经济与管理, (4): 83-91.

黄革, 李林. 2011. 机构投资者行为模式及对市场定价效率的影响[J]. 系统工程, 29 (2): 21-26.

黄俊, 陈信元. 2013. 媒体报道与 IPO 抑价——来自创业板的经验证据[J]. 管理科学学报, 16 (2): 83-94.

黄顺武, 贾捷, 汪文隽. 2017. 基于双边随机边界模型的 IPO 抑价分解研究——来自中国创业板的证据[J]. 中国管理科学, 25 (2): 21-29.

黄志忠, 张程睿. 2013. IPO 超募、过度投资与公司价值[J]. 证券市场导报, (8): 18-22, 29.

蒋顺才, 蒋永明, 胡琦. 2006. 不同发行制度下我国新股首日收益率研究[J]. 管理世界, (7): 132-138.

蒋欣, 李全. 2010. 创业板超募现象解析[J]. 中国金融, (2): 47-49.

兰霜霜, 程文莉. 2015. 内部控制信息披露对 IPO 抑价水平的影响研究——基于创业板截面数据的实证分析[J]. 会计之友, (9): 50-53.

李冬昕, 李心丹, 俞红海, 等. 2014. 询价机构报价中的意见分歧与 IPO 定价机制研究[J]. 经济研究, 49 (7): 151-164.

李乐, 罗慧颖, 杨之曙. 2014. 中小板及创业板 IPO 高定价问题研究[J]. 清华大学学报 (自然科学版), 54 (3): 394-401.

李胜利. 2007. 机构投资者股票投资行为与证券市场波动实证研究[J]. 经济纵横, (3): 20-22.

李翔, 阴永晟. 2004. 发行管制变迁下的中国股市 IPO 首日回报率研究[J]. 经济科学, (3): 43-53.

李晓龙, 易顺. 2014. 机构热度、IPO 超募和股价信息含量[J]. 贵州财经大学学报, (1): 21-27.

李心丹, 王冀宁, 傅浩. 2002. 中国个体证券投资者交易行为的实证研究[J]. 经济研究, (11): 54-63, 94.

李曜, 张子炜. 2011. 私募股权、天使资本对创业板市场 IPO 抑价的不同影响[J]. 财经研究, 37 (8): 113-124, 134.

李志生, 陈晨, 林秉旋. 2015. 卖空机制提高了中国股票市场的定价效率吗?——基于自然实验的证据[J]. 经济研究, 50 (4): 165-177.

梁彤缨, 陈波, 陈超辉. 2014. 高管薪酬激励与现金股利政策的协同效应——来自中国上市公司的经验证据[J]. 经济与管理研究, (2): 63-70.

廖士光. 2010. 中国股票市场定价效率研究——基于个股特有信息含量的视角[J]. 财经研究, 36（8）: 68-77.

林雨晨, 林洪. 2014. 承销商声誉的破发补偿效应——基于中国创业板 IPO 抑价率的实证研究[J]. 北京工商大学学报（社会科学版）, 29（1）: 76-82, 95.

林振兴. 2011. 网络讨论、投资者情绪与 IPO 抑价[J]. 山西财经大学学报, 33（2）: 23-29.

刘豪, 胡艳. 2015. 媒体报道、投资者注意力与 IPO 抑价[J]. 财会月刊,（29）: 110-114.

刘静, 陈璇. 2008. 基于信息不对称理论的 IPO 抑价实证检验[J]. 云南财经大学学报,（5）: 65-72.

刘力, 王汀汀. 2003. 不应忽略股票的流通权价值——兼论中国股票市场的二元股权结构问题[J]. 管理世界,（9）: 46-51.

刘祥东, 刘澄, 刘善存, 等. 2014. 羊群行为加剧股票价格波动吗?[J]. 系统工程理论与实践, 34（6）: 1361-1368.

刘晓飞. 2014. 上市公司 IPO 超募与投资不足的关系研究——基于我国创业板市场的经验证据[J]. 上海金融学院学报,（4）: 76-83.

刘煜辉, 熊鹏. 2005. 股权分置、政府管制和中国 IPO 抑价[J]. 经济研究,（5）: 85-95.

刘志远, 郑凯, 何亚南. 2011. 询价制度第一阶段改革有效吗[J]. 金融研究,（7）: 158-173.

逯东, 万丽梅, 杨丹. 2016. 创业板公司上市后为何业绩变脸?[J]. 经济研究, 50（2）: 132-144.

莫鸿徽, 陈彬. 2013. R&D 信息披露与 IPO 抑价——基于创业板市场的实证研究[J]. 会计之友,（1）: 100-106.

南晓莉. 2015. 政府管制变迁下 IPO 资源配置效率的实证研究[J]. 大连理工大学学报（社会科学版）, 36（3）: 68-73.

牛枫, 叶勇. 2016. 媒体报道影响中小板公司 IPO 抑价吗? [J]. 当代财经,（2）: 76-84.

祁斌, 黄明, 陈卓思. 2006. 机构投资者与股市波动性[J]. 金融研究,（9）: 54-64.

乔磊. 2012. 创业板 IPO 抑价问题研究——基于信息不对称视角[J]. 赤峰学院学报（自然科学版）,（4）: 67-70.

邱冬阳, 陈林, 孟卫东. 2010. 内部控制信息披露与 IPO 抑价——深圳中小板市场的实证研究[J]. 会计研究,（10）: 34-39, 95.

邵新建, 巫和懋. 2009. 中国 IPO 中的机构投资者配售、锁定制度研究[J]. 管理世界,（10）: 28-41.

邵新建, 薛煜, 江萍, 等. 2013. 投资者情绪、承销商定价与 IPO 新股回报率[J]. 金融研究,（4）: 127-141.

沈哲, 林启洪. 2013. 承销商声誉、信息不对称和新股抑价: 基于板块的新发现[J]. 上海金融,（4）: 84-89, 118.

施泽宇, 闫晓岭, 郭慧敏. 2012. 信息不对称与承销商能力对 IPO 抑价的影响——基于创业板上市公司的研究[J]. 海南金融,（7）: 60-63.

宋逢明, 梁洪昀. 2001. 发行市盈率放开后的 A 股市场初始回报研究[J]. 金融研究,（2）: 94-100.

宋顺林, 唐斯圆. 2016. 投资者情绪、承销商行为与 IPO 定价——基于网下机构询价数据的实证分析[J]. 会计研究, (2): 66-72, 96.

宋顺林, 王彦超. 2016. 投资者情绪如何影响股票定价?——基于 IPO 公司的实证研究[J]. 管理科学学报, 19 (5): 41-55.

孙建军, 王美今. 2004. 股市政策对个体证券投资者交易行为的影响——行为金融理论对我国股市低迷现状的解释[J]. 数量经济技术经济研究, (6): 141-146.

孙苗青. 2010. A 股市场中个人投资者的风险意识研究[J]. 中国证券期货, (6): 11.

谭洪涛, 蔡利, 蔡春. 2011. 公允价值与股市过度反应——来自中国证券市场的经验证据[J]. 经济研究, 46 (7): 130-143.

谭松涛. 2013. 自我归因偏差、学习与股民的过度自信[J]. 经济理论与经济管理, (11): 71-79.

谭雪萍, 孙自愿. 2014. 效率和公平视角下的 IPO 询价制改革有效性研究——来自中国 A 股市场的经验证据[J]. 南方经济, (10): 45-62.

唐炳南. 2016. 市场化改革下的 IPO 定价走向及效率研究[J]. 系统工程, 34 (4): 18-25.

田素华, 何仁科. 2002. 境外上市企业在国内融资的可行性与主要障碍[J]. 管理世界, (5): 116-125.

汪昌云, 武佳薇. 2016. 媒体语气、投资者情绪与 IPO 定价[J]. 金融研究, (9): 174-189.

汪炜, 于博, 宁宜希. 2013. 监督认证, 还是市场力量?——风险投资对创业板公司 IPO 折价影响的实证研究[J]. 管理工程学报, 27 (4): 33-40.

王成方, 宋夏云. 2016. 国有股权、IPO 抑价与长期收益率[J]. 南昌大学学报 (人文社会科学版), 46 (1): 72-77.

王晋斌. 1997. 新股申购预期超额报酬率的测度及其可能原因的解释[J]. 经济研究, (12): 18-25.

王军波, 邓述慧. 2000. 中国证券一级市场分析[J]. 管理科学学报, (1): 45-52.

王开国. 2001. 中国证券市场超常规创新的理性思考[J]. 中国社会科学, (1): 79-90, 206, 207.

王澍雨, 杨洋. 2017. 中国创业板 IPO 定价效率研究——基于 IPO 破发的视角[J]. 宏观经济研究, (7): 95-103.

王欣荣. 2014. 金融中介机构声誉对 IPO 融资超募有抑制作用吗?[J]. 经济问题, (3): 54-60.

文凤华, 肖金利, 黄创霞, 等. 2014. 投资者情绪特征对股票价格行为的影响研究[J]. 管理科学学报, 17 (3): 60-69.

翁宵暐, 王克明, 吕长江. 2014. 家族成员参与管理对 IPO 抑价率的影响[J]. 管理世界, (1): 156-166.

武龙. 2011. 信息不对称、噪声交易与 IPO 首日收益[J]. 管理评论, 23 (7): 43-52.

夏冬林, 钱苹. 2000. "搭便车"与公司治理结构中股东行为的分析[J]. 经济科学, (4): 14-20.

夏新平, 汪宜霞. 2002. 再次发行信号模型的实证研究[J]. 决策借鉴, (6): 41-44.

夏芸, 徐欣. 2012. 公司内部治理与 IPO 超募资金的使用——来自中国证券市场的研究[J]. 证券市场导报, (10): 28-34.

夏芸, 徐欣. 2013. IPO 超募融资、产权与企业投资行为——来自中国证券市场的研究[J]. 山西财经大学学报，35（2）：35-43，55.

谢汉昌，王金波. 2013. PO 抑价还是破发——基于股权结构的实证研究[J]. 山西财经大学学报，35（5）：45-57.

谢获宝，谭郁，惠丽丽. 2014. 上市公司 IPO 超募与投资效率研究——基于创业板市场的经验证据[J]. 证券市场导报，（1）：19-25.

熊维勤，孟卫东，周孝华. 2006. 新股询价发行中的配售规则对 IPO 抑价的影响[J]. 中国管理科学，（4）：100-107.

熊维勤，孟卫东，周孝华. 2007. 持股锁定期、信息动量与 IPO 抑价[J]. 中国管理科学，（1）：121-129.

阎登峰，李萍. 2016. 新股发行的"三高"问题及对策研究[J]. 山西财经大学学报，37（S2）：26-27.

杨丹. 2004. 上市公司壳资源价值与新股定价实证研究[J]. 经济学家，（2）：108-116.

杨公齐. 2007. 对机构投资者稳定证券市场作用的"辩护"[J]. 武汉金融，（5）：37-39.

杨平. 2001. 证券投资基金稳定市场功能的实证分析[J]. 经济理论与经济管理，（6）：21-24.

叶建华. 2017. 投资者情绪、公司信息透明度与股市极大日收益率效应——基于中国 A 股市场的经验证据[J]. 投资研究，36（7）：113-126.

于富生，王成方. 2012. 国有股权与 IPO 抑价——政府定价管制视角[J]. 金融研究，（9）：155-167.

俞红海，李心丹，耿子扬. 2015. 投资者情绪、意见分歧与中国股市 IPO 之谜[J]. 管理科学学报，18（3）：78-89.

俞红海，刘烨，李心丹. 2013. 询价制度改革与中国股市 IPO "三高"问题——基于网下机构投资者报价视角的研究[J]. 金融研究，（10）：167-180.

俞红海，陆蓉，徐龙炳. 2014. 投资者名义价格幻觉与管理者迎合——基于基金拆分现象的研究[J]. 经济研究，49（5）：133-146.

郁韡君. 2005. 我国 IPO 询价制度实施效果研究[J]. 证券市场导报，（9）：23-28.

张华，尹顺达，曲世友，等. 2014. 终极股东控制、私募股权资本与 IPO 抑价——来自我国中小板 IPO 公司的经验证据[J]. 预测，33（3）：57-62.

张继强，周勇，张秉麟. 2003. IPO 折价、逆向选择与分离均衡假说[J]. 预测，（4）：46-50，61.

张剑. 2014. 中国 IPO 询价制下发行效率的随机前沿分析[J]. 金融经济学研究，29（2）：53-61，118.

张强，张宝. 2012. 机构投资者情绪、承销商声誉与融资超募——来自中国创业板市场的证据[J]. 经济经纬，（2）：151-155.

张人骥，朱海平，王怀芳，等. 1999. 上海股票市场新股发行价格过程分析[J]. 经济科学，（4）：3-5.

张小成，关晓林，黄少安. 2016. 询价下机构投资者行为对 IPO 超募影响研究[J]. 金融理论与实践，（6）：75-81.

张小成，黄少安，周永生. 2012. 不同发行机制下 IPO 抑价比较研究[J]. 中国管理科学，20（6）：

35-42.

张小成, 孟卫东, 熊维勤. 2009. 投资者行为对 IPO 抑价影响的比较研究[J]. 中国管理科学, 17 (5): 175-182.

张小成, 孟卫东, 熊维勤. 2010. 机构和潜在投资者行为对 IPO 抑价影响[J]. 系统工程理论与实践, 30 (4): 637-645.

张小成, 孟卫东, 周孝华. 2008. 询价下异质预期对 IPO 抑价的影响[J]. 中国管理科学, 16 (6): 168-175.

张小成, 孟卫东, 周孝华. 2011. 机构投资者异质预期对 IPO 抑价影响研究[J]. 系统工程学报, 26 (2): 195-202.

张学勇, 廖理, 罗远航. 2014. 券商背景风险投资与公司 IPO 抑价——基于信息不对称的视角[J]. 中国工业经济, (11): 90-101.

张雅慧, 万迪昉, 付雷鸣. 2011. 媒体报道、投资者情绪与 IPO 抑价——来自创业板的证据[J]. 山西财经大学学报, 33 (9): 42-48.

甄丽明. 2013. IPO 超募与创业企业 R&D 投资行为——来自创业板的经验研究[J]. 证券市场导报, (9): 27-32, 46.

郑冠群, 宋林. 2016. IPO 超募对我国上市公司非效率投资的影响——来自创业板的经验证据[J]. 西安交通大学学报（社会科学版）, 35 (6): 30-37.

周孝华, 赵炜科, 刘星. 2006. 我国股票发行审批制与核准制下 IPO 定价效率的比较研究[J]. 管理世界, (11): 13-18.

周孝华, 唐文秀. 2013. 创业板上市公司融资约束、IPO 申购与超募[J]. 经济经纬, (3): 156-160.

周孝华, 孙川, 陈鹏程. 2016. 机构投资者异质预期下 IPO 配售策略[J]. 经济与管理研究, 37(4): 127-135.

朱宝宪, 王怡凯. 2001. 证券媒体选股建议效果的实证分析[J]. 经济研究, (4): 51-57.

邹高峰, 张维, 徐晓婉. 2012. 中国 IPO 抑价的构成及影响因素研究[J]. 管理科学学报, 15 (4): 12-22, 30.

Aggarwal R, Prabhala N R, Puri M. 2002. Institutional allocation in initial public offerings: empirical evidence[J]. The Journal of Finance, 57 (3): 1421-1442.

Aggarwal R K, Rivoli P. 1990. Fads in the initial public offering market?[J]. Financial Management, 19 (4): 45-57.

Aggarwal R K, Samwick A A. 1999. The other side of the trade-off: the impact of risk on executive compensation[J]. Journal of Political Economy, 107 (1): 65-105.

Aissia D B. 2014. IPO first-day returns: skewness preference, investor sentiment and uncertainty underlying factors[J]. Review of Financial Economics, 23 (3): 148-154.

Aissia D B. 2016. Home and foreign investor sentiment and the stock returns[J]. Quarterly Review of Economics and Finance, 59: 71-77.

Akyol A C, Cooper T, Meoli M, et al. 2014. Do regulatory changes affect the underpricing of European IPOs?[J]. Journal of Banking & Finance, 45: 43-58.

Alanazi A S, Al-Zoubi H A. 2015. Extreme IPO underpricing and the legal environment in wealthy emerging economies[J]. Journal of Multinational Financial Management, 31: 83-103.

Alexander J C. 1991. Do the merits really matter? A study of settlements in securities class actions[J]. Stanford Law Review, 43 (3): 497-598.

Allen F, Faulhaber G R. 1989. Signalling by underpricing in the IPO market[J]. Journal of Financial Economics, 23: 303-323.

Amihud Y, Hauser S, Kirsh A. 2003. Allocations, adverse selection and cascades in IPOs: evidence from the Tel Aviv Stock Exchange [J]. Journal of Financial Economics, 68 (1): 137-168.

Bakke E T, Leite E, Thorburn K S. 2017. Partial adjustment to public information in the pricing of IPOs[J]. Journal of Financial Intermediation, 32: 60-75.

Banerjee S, Dai L, Shrestha K. 2011. Cross-country IPOs: what explains differences in underpricing? [J]. Journal of Corporate Finance, 17 (5): 1289-1305.

Barber B M, Odean T. 2004. Are individual investors tax savvy? Evidence from retail and discount brokerage accounts[J]. Journal of Public Economics, 88 (1/2): 419-442.

Baron D P. 1982. A model of the demand for investment banking advising and distribution services for new issues[J]. Journal of Finance, 37 (4): 955-976.

Baron D P, Holmström B. 1980. The investment banking contract for new issues under asymmetric information: delegation and the incentive problem[J]. Journal of Finance, 35 (5): 1115-1138.

Beatty R P, Ritter J R. 1986. Investment banking, reputation, and the underpricing of initial public offerings[J]. Journal of Financial Economics, 15 (1/2): 213-232.

Beatty R P, Welch L. 1996. Issuer expenses and legal liability in initial public offerings[J]. The Journal of Law and Economics, 39 (2): 545-602.

Beneda N, Zhang Y. 2009. Heterogeneous relationship between IPO return and risk across idiosyncratic variance characteristics[J]. The Quarterly Review of Economics and Finance, 49 (4): 1298-1316.

Benveniste L M, Spindt P A. 1989. How investment bankers determine the offer price and allocation of new issues[J]. Journal of Financial Economics, 24 (2): 343-362.

Biais B, Bossaerts P, Rochet J C. 2002. An Optimal IPO Mechanism[J]. Review of Economic Studies, 69 (1): 117-146.

Boeh K K, Dunbar C. 2016. Underwriter deal pipeline and the pricing of IPOs[J]. Journal of Financial Economics, 120 (2): 383-399.

Boot A W A, Thakor A V. 1997. Financial system architecture[J]. Review of Financial Studies, 10 (3): 693-733.

Booth J R, Chua L. 2004. Ownership dispersion, costly information, and IPO underpricing[J]. Journal of Financial Economics, 41 (2): 291-310.

Booth J R, Smith R L. 1986. Capital raising, underwriting and the certification hypothesis[J]. Journal of Financial Economics, 15 (1/2): 261-281.

Bossaerts P, Hillion P. 2001. IPO post-issue markets: questionable predilections but diligent learners?[J]. The Review of Economics and Statistics, 83 (2): 333-347.

Brau J C, Li M, Shi J. 2007. Do secondary shares in the IPO process have a negative effect on aftermarket performance?[J]. Journal of Banking & Finance, 31 (9): 2612-2631.

Brav A, Gompers P A. 2003. The role of lockups in initial public offerings[J]. Review of Financial Studies, 16 (1): 1-29.

Brennan M J, Franks J. 1997. Underpricing, ownership and control ininitial public offerings of equity securities in the UK[J]. Journal of Financial Economics, 45 (3): 391-413.

Broussard D M, Priesol A J, Tan Y F. 2004. Asymmetric responses to rotation at high frequencies in central vestibular neurons of the alert cat[J]. Brain Research, 1005 (1/2): 137-153.

Brutonl G D, Chahine S, Filatotchev L. 2009. Founders, Private Equity Investors, and Underpricing in Entrepreneurial IPOs[J]. Entrepreneurship: Theory and Practice, 33 (4): 909-928.

Bondt W F M D, Thaler R. 1985. Does the stock market overreact?[J]. The Journal of Finance, 40 (3): 793-805.

Cai K, Zhu H. 2015. Cultural distance and foreign IPO underpricing variations[J]. Journal of Multinational Financial Management, 29: 99-114.

Campbell J Y, Kyle A S. 1993. Smart money, noise trading and stock price behavior[J]. Review of Economic Studies, 60 (1): 1-34.

Carter R B, Dark F H, Singh A K. 1998. Underwriter reputation, initial returns, and the long-run performance of IPO stocks[J]. Journal of Finance, 53 (1): 285-311.

Carter R B, Manaster S. 1990. Initial public offerings and underwriter reputation[J]. Journal of Finance, 45 (4): 1045-1067.

Chan Y C. 2014. How does retail sentiment affect IPO returns? Evidence from the internet bubble period[J]. International Review of Economics & Finance, 29: 235-248.

Chang E, Chen C, Chi J, et al. 2007. IPO underpricing in China: new evidence from the primary and secondary markets[J]. Emerging Markets Review, 9 (1): 1-16.

Chang E, Chi J, Young M, et al. 2008. IPO underpricing in China: new evidence from the primary and secondary markets[J]. Emerging Markets Review, 9 (1): 1-16.

Chemmanur T J. 1993. The pricing of initial public offerings: a dynamic model with information production[J]. Journal of Finance, 48 (1): 285-304.

Chen A. Hong C T, Wu C. 1999. The underpricing and excess returns of initial public offerings in

Taiwan based on the noisy trading: a stochastic frontier model[Z]. Social Science Network Electronic Library, March.

Chen Y, Wang S S, Li W, et al. 2015. Institutional environment, firm ownership and IPO first-day returns: evidence from China[J]. Journal of Corporate Finance, 32: 150-168.

Cheung Y L, Ouyang Z, Tan W. 2009. How regulatory changes affect IPO underpricing in China[J]. China Economic Review, 20 (4): 692-702.

Chi J, Padgett C. 2005. Short-run underpricing and its characteristics in Chinese initial public offering (IPO) markets[J]. Research in International Business and Finance, 19 (1): 71-93.

Chidambaran N K, Prabhala N R. 2003. Executive stock option repricing, internal governance mechanisms, and management turnover[J]. Journal of Financial Economics, 69 (1): 153-189.

Chua A. 2014. Market conditions, underwriter reputation and first day return of IPOs[J]. Journal of Financial Markets, 19 (1): 131-153.

Chua A, Nasser T. 2016. Insider sales in IPOs: consequences of liquidity needs[J]. Journal of Corporate Finance, 39: 1-17.

Clarke J, Khurshed A, Pande A, et al. 2016. Sentiment traders and IPO initial returns: the Indian evidence[J]. Journal of Corporate Finance, 37: 24-37.

Cornelli F, Goldreich D. 2001. Bookbuilding and strategic allocation[J]. Journal of Finance, 56 (6): 2337-2369.

Cornelli F, Goldreich D. 2003. Bookbuilding: how informative is the order book?[J]. Journal of Finance, 58 (4): 1415-1443.

Cornelli F, Goldreich D, Ljungqvist A P. 2006. Investor sentiment and pre-IPO markets[J]. Journal of Finance, 61 (3): 1187-1216.

Costa B A, Crawford A, Jakob K. 2013. Does culture influence IPO underpricing?[J]. Journal of Multinational Financial Management, 23 (1/2): 113-123.

Derrin F. 2005. IPO pricing in "hot" market conditions: who leaves money on the table? [J]. Journal of Finance, 60 (1): 487-521.

Drake P D, Vetsuypens M R. 1993. IPO underpricing and insurance against legal liability[J]. Financial Management, 22 (1): 64-73.

Edelen R M, Kadlec G B. 2005. Issuer surplus and the partial adjustment of IPO prices to public information[J]. Journal of Financial Economics, 77 (2): 347-373.

Ekkayokkaya M, Pengniti T. 2012. Governance reform and IPO underpricing[J]. Journal of Corporate Finance, 18 (2): 238-263.

Elston J A, Yang J J. 2010. Venture capital, ownership structure, accounting standards and IPO underpricing: evidence from Germany[J]. Journal of Economics and Business, 62 (6): 517-536.

Engelen P J, van Essen M. 2010. Underpricing of IPOs: firm, issue and country-specific characteristics[J]. Journal of Banking & Finance, 34 (8): 1958-1969.

Field L C, Sheehan D P. 2004. IPO underpricing and outside blockholdings[J]. Journal of Corporate Finance, 10 (2): 263-280.

Gao N, Jain B A. 2011. Founder CEO management and the long-run investment performance of IPO firms[J]. Journal of Banking and Finance, 35 (7): 1669-1682.

Gao S, Meng Q, Chan K C. 2016. IPO pricing: do institutional and retail investor sentiments differ?[J]. Economics Letters, 148: 115-117.

Gouldey B K. 2006. Uncertain demand, heterogeneous expectations, and unintentional IPO underpricing[J]. Finance Review, 41 (1): 33-54.

Greenwood R, Nagel S. 2007. Inexperienced investors and bubbles[J]. Journal of Financial Economics, 93 (2): 239-268.

Grinblatt M, Hwang C Y. 1989. Signaling and the pricing of new issues[J]. Journal of Finance, 44 (2): 393-420.

Habib M A, Ljungqvist A P. 2001. Underpricing and entrepreneurial wealth losses in IPOs: theory and evidence[J]. The Review of Financial Studies, 14 (2): 433-458.

Hanley K W, Wilhelm W J, Jr. 1995. Evidence on the strategic allocation of initial public offerings[J]. Journal of Financial Economics, 37 (2): 239-257.

Hanley K W. 1993. The underpricing of initial public offerings and the partial adjustment phenomenon[J]. Journal of Financial Economics, 34 (2): 231-250

Hao X, Shi J, Yang J. 2014. The differential impact of the bank-firm relationship on IPO underpricing: evidence from China[J]. Pacific-Basin Finance Journal, 30: 207-232.

Harris M. Raviv A. 1993. Differences of opinion make a horse race[J]. Review of Finiance Studies, 6 (3): 473-506.

Hearn B. 2014. The impact of institutions, ownership structure, business angels, venture capital and lead managers on IPO firm underpricing across North Africa[J]. Journal of Multinational Financial Management, 24: 19-42.

Hoque H. 2014. Role of asymmetric information and moral hazard on IPO underpricing and lockup[J]. Journal of International Financial Markets, Institutions and Money, 30: 81-105.

Hsu Y, Shiu C Y. 2010. The overconfidence of investors in the primary market[J]. Pacific-Basin Finance Journal, 18 (2): 217-239.

Hughes P J, Thakor A V. 1992. Litigation risk, intermediation, and the underpricing of initial public offerings[J]. The Review of Financial Studies, 5 (4): 709-742.

Ibbotson R G. 1975. Price performance of common stock new issues[J]. Journal of Financial Economics, 2 (3): 235-272.

Jegadeesh N. Weinstein M, Welch I. 1993. An empirical investigation of IPO returns and subsequent equity offerings [J]. Journal of Financial Economics, 34 (2): 153-175.

Jensen M C, Meckling W H. 1976. Theory of the firm: managerial behavior, agency cost and ownership structure[J]. Journal of Financial Economics, 3 (4): 305-360.

Jiang L, Li G. 2013. Investor sentiment and IPO pricing during pre-market and aftermarket periods: evidence from Hong Kong[J]. Pacific-Basin Finance Journal, 23: 65-82.

Joh S W, Kim Y H. 2017. Effects of institutional investors' bidding information on offer prices and initial returns of IPOs[J]. Asia-Pacific Journal of Financial Studies, 46 (1): 116-154.

Kim J B, Krinsky I, Lee J. 1995. The role of financial variables in the pricing of Korean initial public offerings[J]. Pacific-Basin Financial Journal, 3 (4): 449-464.

Kirkulak B, Davis C. 2005. Underwriter reputation and underpricing: evidence from the Japanese IPO market[J]. Pacific-Basin Finance Journal, 13 (4): 451-470.

Kling G, Gao L. 2008. Chinese institutional investors' sentiment[J]. Journal of International Financial Markets, Institutions and Money, 18 (4): 374-387.

Koh F, Walter T. 1989. A direct test of Rock's model of the pricing of unseasoned issues[J]. Journal of Financial Economics, 23 (2): 251-272.

Kyle A S. 1989. Informed speculation with imperfect competition[J]. The Review of Economic Studies, 56 (3): 317-355.

Lee P J, Taylor S L, Walter T S. 1996. Australian IPO pricing in the short and long run[J]. Journal of Banking and Finance, 20 (7): 1189-1210.

Leite T. 2006. Bookbuilding with heterogeneous investors[J]. Journal of Finance Intermediation, 15 (2): 235-253.

Leland H, Plye D. 1979. Information asymmetries, financial structure, and financial intermediation[J]. Journal of Finance, 32: 371-387.

Li O Z, Lin Y, Robinson J R. 2016. The effect of capital gains taxes on the initial pricing and underpricing of IPOs[J]. Journal of Accounting and Economics, 61 (2/3): 465-485.

Liang W L. 2016. Sensitivity to investor sentiment and stock performance of open market share repurchases[J]. Journal of Banking & Finance, 71: 75-94.

Lin J C, Lee Y T, Liu Y J. 2007. IPO auctions and private information[J]. Journal of Banking & Finance, 31 (5): 1483-1500.

LiPuma J A. 2012. Internationalization and the IPO performance of new ventures[J]. Journal of Business Research, 65 (7): 914-921.

Liu J, Uchida K, Gao R. 2014. Legal protection and underpricing of IPOs: evidence from China[J]. Pacific-Basin Finance Journal, 27: 163-187.

Liu X, Ritter J R. 2010. The economic consequences of IPO spinning[J]. Review of Financial Studies, 23 (5): 2024-2059.

Ljungqvist A P, Nanda V, Singh R. 2006. Hot markets, investor sentiment, and IPO pricing [J]. Journal of Business, 79 (4): 1667-1702.

Ljungqvist A P, Wilhelm W J, Jr. 2003. IPO pricing in the dot-com bubble[J]. The Journal of Finance, 58 (2): 723-752.

Loughran T, Ritter J R. 2002. Why don't issuers get upset about leaving money on the table in IPOs?[J]. Review of Financial Studies, 15 (2): 413-443.

Lowry M, Murphy K J. 2007. Executive stock options and IPO underpricing[J]. Journal of Financial Economics, 85 (1): 39-65.

Luo S M, Zhang X W, Cai Y C. 2001. The variational principle and application of numerical manifold method[J]. Applied Mathematics and Mechanics, 22 (6): 658-663.

Long J B D, Shleifer A, Summers L H, et al. 1990. Noise trader risk in financial markets[J]. Journal of Political Economy, 98 (4): 703-738

Makarov D, Schornick A V. 2010. A note on wealth effect under CARA utility[J]. Finance Research Letters, 7 (3): 170-177.

McCall J, Noll R, Spence M. 1983. Information economics and policy in America[J]. Information Economics and Policy, 1 (1): 11-12.

Michaely R, Shaw W H. 1994. The pricing of initial public offerings: tests of adverse-selection and signaling theories[J]. Review of Financial Studies, 7 (2): 279-319.

Miller E M. 1977. Risk, uncertainty, and divergence of opinion[J]. Journal of Finance, 32 (4): 1151-1168.

Muscarella C J, Vetsuypens M R. 1989. A simple test of Baron's model of IPO underpricing[J]. Journal of Financial Economics, 24 (1): 125-135.

Naes R, Skjeltorp J A. 2003. Equity trading by institutional investors: evidence on order submission strategies[J]. Journal of Banking & Finance, 27 (9): 1779-1817.

Nanda V, Yun Y. 1997. Reputation and financial intermediation: an empirical investigation of the impact of IPO mispricing on underwriter market value[J]. Journal of Financial Intermediation, 6 (1): 39-63.

Neupane S, Paudyal K, Thapa C. 2014. Firm quality or market sentiment: what matters more for IPO investors? [J]. Journal of Banking & Finance, 44: 207-218.

Ofek E, Richardson M. 2003. Dot-com mania: the rise and fall of internet stock prices[J]. The Journal of Finance, 58 (3): 1113-1137.

Park H D, Patel P C. 2015. How does ambiguity influence IPO underpricing? The role of the signalling environment[J]. Journal of Management Studies, 52 (6): 796-818.

Pham P K, Kalev P S, Steen A B. 2003. Underpricing, stock allocation, ownership structure and post-listing liquidity of newly listed firms[J]. Journal of Banking & Finance, 27 (5): 919-947.

Rahman M A, Chowdhury S S H, Sadique M S. 2015. Herding where retail investors dominate trading: the case of Saudi Arabia[J]. The Quarterly Review of Economics and Finance, 57: 46-60.

Rajan R, Servaes H. 1997. Analyst following of initial public offerings[J]. Journal of Finance, 52(2): 507-529

Reber B, Vencappa D. 2016. Deliberate premarket underpricing and aftermarket mispricing: new insights on IPO pricing[J]. International Review of Financial Analysis, 44: 18-33.

Ritter J R. 1984. The "hot issue" market of 1980[J]. Journal of Business, 57 (2): 215-240.

Ritter J R. 1991. The long-run performance of initial public offerings[J]. Journal of Finance, 46 (1) 3-27.

Rock K. 1986. Why new issues are underpriced[J]. Journal of Financial Economics, 15(1/2): 187-212.

Roll R. 1986. The hubris hypothesis of corporate takeovers[J]. The Journal of Business, 59 (2): 436-467.

Ruud J S. 1991. Underwriter price support and the IPO underpricing puzzle[J]. Journal of Financial Economics, 34 (2): 135-151.

Rydqvist K. 1997. IPO underpricing as tax-efficient compensation[J]. Journal of Banking & Finance, 21 (3): 295-313.

Schmeling M. 2009. Investor sentiment and stock returns: some international evidence[J]. Journal of Empirical Finance, 16 (3): 394-408.

Schnitzlein C R, Shao M. 2013. Capacity constraints and the winner's curse in multi-unit common value auctions[J]. The Quarterly Review of Economics and Finance, 53 (2): 188-201.

Shefrin H, Statman M. 1985. The disposition to sell winners too early and ride losers too long: theory and evidence[J]. Journal of Financial Economics, 40 (3): 777-790.

Stoughton N M, Zechner J. 1998. IPO-mechanisms, monitoring and ownership structure[J]. Journal of Financial Economics, 49 (1): 45-77.

Su C, Bangassa K. 2011. The impact of underwriter reputation on initial returns and long-run performance of Chinese IPOs[J]. Journal of International Financial Markets, Institutions and Money, 21 (5): 760-791.

Su D. 2004a. Leverage, insider ownership, and the underpricing of IPOs in China[J]. Journal of International Financial Markets, Institutions and Money, 14 (1): 37-54.

Su D. 2004b. Adverse-selection versus signaling: evidence from the pricing of Chinese IPOs[J]. Journal of Economics and Business, 56 (1): 1-19.

Su D, Fleisher B M. 1999. An empirical investigation of underpricing in Chinese IPOs[J]. Pacific-Basin Finance Journal, 7 (2): 170-202.

Subrahmanyam A, Titman S. 1999. The going-public decision and the development of financial markets[J]. Journal of Finance, 54 (3): 1045-1082.

Tian L. 2011. Regulatory underpricing: determinants of Chinese extreme IPO returns[J]. Journal of Empirical Finance, 18 (1): 78-90.

Tinic S M. 1988. Anatomy of initial public offerings of common stock[J]. Journal of Finance, 43 (4): 789-822.

Tourani-Rad A, Gilbert A, Chen J. 2016. Are foreign IPOs really foreign? Price efficiency and information asymmetry of Chinese foreign IPOs[J]. Journal of Banking & Finance, 63: 95-106.

van Bommel J. 2002. Messages from market to management: the case of IPOs[J]. Journal of Corporate Finance, 8 (2): 123-138.

van Bommel J, Vermaelen T. 2003. Post-IPO capital expenditures and market feedback[J]. Journal of Banking & Finance, 27 (2): 275-305.

Walker T, Turtle H J, Pukthuanthong K, et al. 2015. Legal opportunism, litigation risk, and IPO underpricing[J]. Journal of Business Research, 68 (2): 326-340.

Wang X, Cao J, Liu Q, et al. 2015. Disproportionate ownership structure and IPO long-run performance of non-SOEs in China[J]. China Economic Review, 32: 27-42.

Welch I. 1989. Seasoned offerings, imitation costs, and the underpricing of initial public offerings[J]. Journal of Finance, 44 (2): 421-449.

Welch I. 1992. Sequential sales, learning and cascades[J]. Journal of Finance, 47 (2): 695-732.

Willenborg M, Wu B, Yang Y S. 2015. Issuer operating performance and IPO price formation[J]. Journal of Accounting Research, 53 (5): 1109-1149.

Yao J, Ma C, He W P. 2014. Investor herding behaviour of Chinese stock market[J]. International Review of Economics and Finance, 29: 12-29.

Yu T, Tse Y K. 2006. An empirical examination of IPO underpricing in the Chinese a-share market[J]. China Economic Review, 17 (4): 363-382.

Yung C, Zender J F. 2010. Moral hazard, asymmetric information and IPO lockups[J]. Journal of Corporate Finance, 16 (3): 320-332.

Zheng S X, Li M. 2008. Underpricing, ownership dispersion, and aftermarket liquidity of IPO stocks[J]. Journal of Empirical Finance, 15 (3): 436-454.

Zhu B, Niu F. 2016. Investor sentiment, accounting information and stock price: evidence from China[J]. Pacific-Basin Finance Journal, 38: 125-134.